The Evidence
Liberal Arts
Needs

为人文教育作证

博雅教育如何成就大学之后的人生

Lives of Consequence, Inquiry, and Accomplishment

[美] 理查德·A.德特韦勒 —————— 著
Richard A.Detweiler

林静 ————————————— 译

世界图书出版公司

北京　广州　上海　西安

图书在版编目（CIP）数据

为人文教育作证：博雅教育如何成就大学之后的人生 /（美）理查德·A. 德特韦勒著；林静译 .—北京：世界图书出版有限公司北京分公司，2023.11
ISBN 978-7-5232-0492-4

I. ①为… II. ①理… ②林… III. ①人文素质教育 IV. ① G40-012

中国国家版本馆 CIP 数据核字（2023）第 137263 号

书　　名　为人文教育作证
　　　　　WEI RENWEN JIAOYU ZUOZHENG
著　　者　［美］理查德·A. 德特韦勒
译　　者　林　静
责任编辑　刘天天　余守斌
特约编辑　晁婉冰
特约策划　巴别塔文化

出版发行　世界图书出版有限公司北京分公司
地　　址　北京市东城区朝内大街 137 号
邮　　编　100010
电　　话　010-64038355（发行）　64033507（总编室）
网　　址　http://www.wpcbj.com.cn
邮　　箱　wpcbjst@vip.163.com
销　　售　各地新华书店
印　　刷　天津鸿景印刷有限公司
开　　本　880mm×1230mm　1/32
印　　张　11.25
字　　数　252 千字
版　　次　2023 年 11 月第 1 版
印　　次　2023 年 11 月第 1 次印刷
版权登记　01-2023-3026
国际书号　ISBN 978-7-5232-0492-4
定　　价　69.00 元

如有质量或印装问题，请拨打售后服务电话 010-82838515

致 卡罗尔 (Carol)

————— ∾ —————

我的人生伴侣，

为我们充实有为、勤学不怠的人生。

目 录
CONTENTS

前　言

　　依我所见，现今美国高等教育所面临的最为棘手的问题之一是博雅教育的角色。有人指责博雅教育使得大学教育过于昂贵、不切实际、一文不值，但也有人认为它使美国社会富有创新性、创造性和公民参与度。很久以前，当我还是一名准大学生时，我无意中选择了一所文理学院——之所以说这是一个无意的选择，是因为虽然我那时已经打定主意要上一所小型学院，但还没有意识到我同时也选择了一种具有人文性质的教育，更不知道博雅教育意味几何。当然，在那个年代，人们对大学里应该学习什么内容倒也没有多少争议，毕竟当时无论你就读于美国哪一所学院或大学，无论你的专业是什么，都需要学习人文学科、社会科学和自然科学的课程。因为无论在哪里，博雅教育方法所固有的学习内容的广度都是统一的，这一标准在美国这片大陆上已延续了几个世纪之久。

　　然而，受到经济、政治、社会和宗教方面的诸多因素的影响，在过去几十年中，许多存在已久的关于美国高等教育的假设面临着挑战。本科学历的成本和价值（以及与之相关的高等教育目标受众的问题）成为人们讨论的两个核心问题。成本（或者更准确地说，大学收取的学费）不断攀升，其中原因包括政府支持措施减少（特别是用于资助大学生学业的联邦助学金变成了学生贷款，以及州政府补助减少），高科技设备（特别是在科学技术领域）支出、教职员工薪酬和院校自身资助的助学金大幅增加，以及符合当下需求的便利设施不断完善，等等。由于大学费用水涨船高，人们自然开始关注其提供价值的问题：大学教育真的物有所值吗？

各所大学和学院最终还是回答了这个问题，他们认为大学毕业生收入更高，所以高等教育显然是一项极好的投资。研究结果也支持了这一观点，认为大学毕业生不仅在薪酬上更有优势，而且工作晋升机会更多，健康状况更好，其他种种好处自不必说。大学生毕业时的就业情况证明了高等教育能收回成本，这样一种容易衡量的结果使得大学在无意当中改变了人们对高等教育性质和目的的看法。既然拥有好的工作和收入是上大学的根本原因，那么大学生该学些什么呢？"实际、有用，毕业时能找到一份高薪工作"自然就成了学生、家长、监管机构和立法者的新口号。

长期以来，接受高等教育一直被视为实现社会流动的一种手段，这种全新的、强调个人享有的经济价值的看法使大学学历成为一种私人福利（就像买车一样，造福的是个人），而不是一项公众利益（这种公众利益一直以来都被认为是一个民主国家取得成功的关键所在）。随着这种视角的转变，许多新问题接踵而至：政府是否真的应当资助私人福利？大学如果想要吸引学生入学，需要提供些什么才能满足人们越来越高的期望？谁无权享受这种人生福利？无论是对于潜在的生源还是院校本身来说，大学的竞争都越来越激烈：当数百所大学都能提供优质教育时，学生往往觉得自己有必要进入名望最高的学校；而院校也需要通过奖学金、服务和多姿多彩的校园设施在竞争环境中吸引学生。

　　我又得说回前言开篇的第一句话：依我所见，现今美国高等教育所面临的最为棘手的问题之一是博雅教育的角色。

　　这个问题之所以棘手，从以下两个问题中可见一斑。第一，是否应该要求所有大学生除了历史和哲学课程之外，还要修读那些明显更为实用、能与良好的就业前景直接相关的课程？第二，拥有博雅教育经历的毕业生是否人生更加成功、生活质量更高？第一个问题认为学生所修的课程定义了博雅教育。但事实上，你将在本书中了解到，博雅教育不仅没有统一的界定或定义，研究结果更是表明其内涵远不只是所修的课程。第二个问题则假定我们知道哪些人生结果是最重要或最有价值的——到底是个人取得成功，是对社会做出贡献，是获得人生的充实感，抑或是其他成就？同样，你将在本书中看到，虽然在这一主题上已有众多书籍、文章和演讲，但人们在哪一种人生结果最重要这一点上却从未达成一致意见。

　　在开展本书报告的研究项目时，我的目标在于重新审视高等教育整体和博雅教育自身。我并没有采用某一理论或哲学立场，也没有拾人牙慧，直接采纳众多著名思想家探讨这一主题的作品中的观点，而是致力于客观地将几个世纪以来的博雅教育实践和众多院校为其毕业生设定的人生结果的目标进行分类。接下来的步骤就很简单了（其实是一个难度相当大的复杂过程）：根据大学毕业生的实际经历，探索博雅教育的具体方面与特定的人生结果之间是否存在关系。

你们将看到，我的结论是：博雅教育始终为一个（对社会和个人都有价值的）共同目的服务，它不仅关乎学习内容（即所选课程），还关乎学习环境（即教育环境的性质）。它期望带来的结果包括个人价值（个人成功和充实感）、社会价值（领导力和利他主义）和智力价值（终身学习和文化参与）。更重要的是，博雅教育的内容和环境中的一些方面与几种人生结果相关，还有其他方面与其他人生结果相关。因此，本书报告的研究结果能使许多人受益：学生可以根据自己的人生目标选择上哪种类型的大学，高等院校可以根据其期望产生的具体结果分配资源，监管者则可以决定如何督促大学，等等。

当然，在这一段艰辛的旅途中，我绝非孤军奋战。首先，我必须感谢的是美国以外的许多博雅教育院校的领导，他们让我有幸看到了博雅教育的不同方法，启发我对这种教育方法的本质提出新的问题。接下来，我要衷心感谢五大湖学院协会（Great Lakes Colleges Association, GLCA）的各位校长，他们鼓励我在博雅教育相关问题上投入时间和精力：布赖恩·凯西（Brian Casey）、格兰特·康韦尔（Grant Cornwell）、戴维·道森

（David Dawson）、肖恩·迪凯特（Sean Decatur）、莫里·迪茨勒（Mauri Ditzler）、格雷戈里·赫斯（Gregory Hess）、洛克·琼斯（Rock Jones）、约翰·纳普（John Knapp）、詹姆斯·马伦（James Mullen）、乔治亚·纽金特（Georgia Nugent）、亚当·温伯格（Adam Weinberg）和艾琳·威尔逊-奥伊兰（Eileen Wilson-Oyelaran）。还要感谢以下 GLCA 工作人员的鼎力支持：德里克·沃恩（Derek Vaughan）、格雷戈里·韦格纳（Gregory Wegner）、西蒙·格雷（Simon Gray）、科琳·莫纳汉·史密斯（Colleen Monahan Smith）、查拉·怀特（Charla White）和玛丽安·哈夫纳（Maryann Hafner）。另外，如果没有蒂格尔基金会（Teagle Foundation）、斯宾塞基金会（Spencer Foundation）和 GLCA 的慷慨资助，本书报告的研究恐怕要止步于起点。

在这个项目的实施过程中，许多个人和组织做出了重大贡献：感谢奋进基金会（Endeavor Foundation）主席朱莉·基德（Julie Kidd）始终坚定不移地支持博雅教育传统，感谢安得烈·W. 梅隆基金会（Andrew W. Mellon Foundation）对博雅教育院校的长期支持，感谢美国国内外多所学院和大学的校长、院长和教师拨冗参与工作坊和研讨会，感谢众多高等教育界的思想家和领导耐心回答我关于高等教育性质的问题，以及文理学科小组（Art & Science Group）的戴维·斯特劳斯（David Strauss）和沙内沙·索尔斯（Shanaysha Sauls），他们经过深思熟虑，将看似一团乱麻的概念巧妙地转化为可操作的访谈问题。我还要感谢过去几十年间毕业的 1000 名大学生，他们付出了大量时间接受访谈，反思他们的高等教育经历的性质。另外还有85 名毕业生对他们的大学经历做了长篇叙事。如果没有他们，我要做出这份研究结果的报告，只怕是巧妇难为无米之炊。最后，感谢埃法特大学（Effat University）校长海法·雷达·贾马尔·阿尔-莱尔（Haifa Reda Jamal Al-Lail）博士无私分享他的智慧，有力推动了我探索伊斯兰教及其在伊斯兰黄金时代的博雅教育历史和发展的有关进程。我还要感谢时任阿卡韦恩大学（Al Akhawayn University）校长、现任摩洛哥国民教育部长的部长级代表德里斯·奥乌伊查（Driss Ouaouicha）博士。

在初步结果公之于众后，我特别感谢斯科特·贾西克（Scott Jascik）热情报道了我的研究结果。我也特别感谢伊丽莎白·布兰奇·戴森（Elizabeth Branch Dyson），她鼓励我就这项研究撰写一本专著。在我艰难地进行详细分析的过程中，美国独立学院理事会（Council of Independent Colleges）的主席理查德·埃克曼（Richard Ekman）和哈佛大学教育研究生院（Harvard Graduate School of Education）的霍华德·加德纳（Howard Gardner）以热情洋溢的评论鼓舞了我。此外，我还要感谢苏珊·麦克隆（Susan McClung）对定稿做了出色的编辑。我还要郑重地向麻省理工学院出版社的本书责编苏珊·巴克利（Susan Buckley）表示深深的感谢，因为她的浓厚兴趣和不懈的支持，本书才能以现在的面貌问世。

最后，感谢为改进本研究提供意见和建议的所有人，他们中有我的专业同事、匿名读者，还有和我一同从事学术工作的家庭

成员，他们在以下方面向我提供了专业知识上的帮助：教育理念
［杰鲁沙·德特韦勒·比德尔（Jerusha Detweiler Bedell）］、分
析策略［布莱恩·德特韦勒·比德尔（Brian Detweiler Bedell）］、
出版流程［考特尼·希尔布雷希特（Courtney Hillebrecht）和卡
里克·德特韦勒（Carrick Detweiler）］、社会正义［娜塔莎·德特
韦勒·达比（Natasha Detweiler Daby）］和公众事件［道格·德
特韦勒（Doug Detweiler）］。在整个过程中，我的妻子，也是我
在高等教育研究路上和生活中的伴侣卡罗尔，让我始终能无后
顾之忧地埋头于这项工作，同时，她的勉励和对我无数版草稿
的坦诚批评，不断鞭策我奋勇前行。没有她，这本书绝无面世
的可能。

第 1 章

美式高等教育的谜题

"我到底是谁？啊，这就是最大的谜题！"

——《爱丽丝梦游仙境》（*Alice's Adventures in Wonderland*）

　　许多人视美国的高等教育为全世界同类中的佼佼者。每年有近 100 万海外学生赴美国大学求学[1]，这一数字是其他任何国家该项数据的两倍。同时，这些学生在很多时候需要为此支付高额费用，而如果他们在国内上学，这笔费用其实十分低廉，甚至是完全免费的。与此同时，许多其他国家的教育领导人声称，他们国家的高等教育体系应该通过采纳美国高等教育方式的基本特征加以改进。而在美国，我们中有许多人对这一赞许之声感到百思不得其解，因为这恰与（美国）批评者哀叹我们的大学业已衰败、低效的悲声形成了鲜明对比。

　　那么，到底是什么使得其他国家的人们认为，美国高等教育方法有着其他国家罕有其匹的卓越与高效？答案大概不会是美式橄榄球队，尽管这倒是地道的美国特色。应该也不是因为美国大学诺贝尔奖获得者辈出。因为尽管这项成就的确极为不俗，但诺贝尔奖得主很少承担教学任务，也鲜少花时间亲身教导本科学生。似乎也不是因为学生为获得入学资格需要付出多么大的努力，因为有些美国大学几乎对所有申请都来者不拒。事实上，在许多其他的国家，学生获得大学入学资格的要求比美国高太多了。

实际上，美国的本科教育之所以独特如斯，乃至成为全世界的宠儿，是因为其以博雅教育为基础。然而，美国大学目前正面临着巨大压力，各方都要求大学取消博雅教育，转而鼓励学生专注于掌握那些可以直接投入应用的职业专门知识。本书报告的研究结果表明，这种做法是一个严重的错误。**根据博雅教育传统，高等教育建立在教育的 6 个基本方面之上，由此而形成的教育生态对大学毕业生的生活与成就，以及他们所处的社会都具有无可替代的、巨大的积极影响。**这种影响不仅是所学科目（博雅教育的内容）带来的结果，更是精心打造教育环境（博雅教育的环境）的结果。我们正处在一个教育改革的时代，现今的高等教育所面临的挑战不应是取消博雅教育以实现那种所谓专攻职业教育才能产生的价值——这是一种误解。我们面临的挑战恰恰是如何强化博雅教育实践，从而提升这种教育方式已被证实能够提供的终身价值。

※　※　※

美式高等教育自诞生之始就被有意缔造成不同于其他国家的模式。两个世纪前，当欧洲的大学仍被视为全世界翘楚时，耶鲁大学的教师做了一个决定，从而引领美国走上了一条与众不同的高等教育之路。当时的美国教育家认为，这种方法不仅能更好地满足受教育者的个体需求，还能更具建设性地决定国家的发展方向。因此，美国的教育工作者没有试图效仿欧洲的做法，即专注于发展就业导向、专业化和职业化的教学，而是更重视让美国年轻人具备更广泛的才能和价值观，从而在一个充满挑战和变化的时代里茁壮成长，并为个人和社会的发展进步做出贡献。他们认为，从长期来看，这种方法能带来的回报将远远超过狭隘的专业性高等教育的短期收益。

美国高等教育没有选择追随当时的世界教育领军者，而是走上了一条与众不同的道路，这是一次勇敢的试验，用以检测这种不只以某一特定职业为目的，而致力于让人们为一生的贡献和成就做好准备的高等教育，能否成功地推动一个国家及其人民向前发展。从毕业生的成就、它对社会进步的贡献，以及它因影响力和高效率而获得的当之无愧的全球声誉来看，它的确是成功的。①

---

① 尽管本书的重点是针对本科教育而非技术类课程或职业教育课程，但本书对非本科教育课程也持同一观点，因为这些课程为社会培养了众多服务于关键岗位的工作者。如第11章所述，在这个不断变化的时代，人们在职业生涯中需要跨越10至15种不同的工作。同时，第11章中引用的世界经济论坛的分析报告，表明博雅教育能力——领导能力、高效沟通能力、解决问题的能力和协作思维能力等——对于那些非传统大学毕业的人士而言也同样重要，他们需要这些能力来武装自己，才能成功在这个不断发展变化的职场中运筹帷幄。——原注（本书脚注若无特殊说明均为作者原注，下文不再标示）

这种独特的美国高等教育方法被冠以"博雅"之名。此处的"博雅"不同于许多人的认知，它不仅描述了学生所修课程的类型，还描绘了课堂内外教育方法的全貌。近年来，不少报刊文章反复强调培养创造性、适应力、洞察力和个人责任感的必要性，而这些能力恰恰是国际观察员眼中博雅教育的标志性成果。因此，其他国家对这种教育形式燃起了浓厚的兴趣。在一百多年前的美国理想主义时期，美国之外的国家就建立了数家美式学院，如今这些学院重获关注，声誉日隆。传统的欧洲大学成立了新的文理学院，目前都已投入运行。非洲、亚洲和中东地区也开设了越来越多的文理学院。[①] 亚洲高校则竭力用博雅教育传统取代狭窄专业化、职业中心和死记硬背的模式，"大学引入更广泛的学科、激发更大的求知欲和培养创造性思维的时代已经到来。他们相信，这些变化将把劳动者建设为一支严谨而富有创造性的思想家队伍——这正是他们眼中应对全球经济转型中的瞬息万变时必备的条件。"[2]

在以拥有众多工程和技术大学闻名的印度，越来越多的人

---

① 这些院校有摩洛哥伊夫拉内阿卡瓦恩大学（Al Akhawayn University）、加纳贝雷库索阿希西大学（Ashesi University）、斯洛伐克布拉迪斯拉发文理学院（Bratislava International School of the Liberal Arts）、沙特阿拉伯吉达埃法特大学（Effat University）、印度浦那FLAME大学、科特迪瓦巴萨姆国际大学（International University of Grand-Bassam）、开罗美国大学（American University in Cairo）、希腊雅典美国学院（American College of Greece）、约拉尼日利亚美国大学（American University of Nigeria）、巴黎美国大学（American University of Paris）、中国香港岭南大学、厄瓜多尔旧金山基多大学（Universidad San Francisco de Quito）、新加坡耶鲁-新加坡国立大学学院（Yale-NUS College）等。

意识到，要想获得长远的成功，就要摒弃这些大学实行的狭窄专业化，转而通过"以整体发展为目标的广博教育"来培养"学生的探究精神、思辨能力和分析能力以及口头和书面沟通能力"[3]。印度政府的一项重大新举措是要求所有大学生接受博雅教育。政府为此新建了大量公立文理学院，同时实施大学课程改革，印度几所著名的技术学院也不例外[4]。如果你对这股逐渐席卷全球的博雅教育浪潮的重要性还有疑虑，只需阅读《海外美国大学》①（*American Universities Abroad*）[5]或《施行博雅教育——全球案例研究》②（*Doing Liberal Arts Education—Global Case Studies*）[6]等书，或查看由全球 30 所院校联合建立的世界博雅学府联盟（Global Liberal Arts Alliance, GLAA）等组织的报告[7]，就足以打消你的怀疑。

我初次意识到这一差异的重要性是在 1993 年，那时柏林墙才倒塌不久，西德和东德刚刚统一。我作为一所美国文理学院的院长，致力于支持那些来自东德顶尖高科技大学、有意向交流的学生来我院参加为期一年的学习，这样的机会在过去对他们是可望而不可即的。我们志在搭建美国哈特威克学院（Hartwick College）和德国米特韦达大学（Mittweida University）之间的桥梁，以帮助弥合东西方的鸿沟，我们也的确成功做到

---

① *American Universities Abroad*一书无中译本，此处为直译。——编者注
② *Doing Liberal Arts Education—Global Case Studies*一书无中译本，此处为直译。——编者注

了这一点①。但我后来发现，于我个人而言，这段经历也是一次宝贵的学习机会。这些学生经常来和我谈论修读文学、哲学、心理学和历史学等课程对他们产生的深刻影响，因为在他们就读的德国大学里，参加这一类与专业领域无关的课程是不被允许的。他们发现，通过学习更多领域的知识，并尝试理解不同领域的知识如何相互关联，他们对未来的生活和职业（许多学生来自工科专业）的看法发生了根本性的改变。

他们也满怀热情地谈到，他们在这所美国学院遇到的教授是如何不吝时间和精力，去了解每一位学生，尽己所能帮助他们取得成功。即便是在课外时间，教授也与学生一起探讨学术和非学术问题。他们采用以学生为参与主体的教学方法，而不是采用满堂灌输的方式。相比之下，他们在东德就读的大学是最典型的传统欧洲大学，其人才培养的核心是在某一特定的学科范围内教导学生专门化的知识，从而为这一特定职业储备能力。死记硬背是他们最重要的学习方法，同时，他们也缺少广博学习的机会。我的学生告诉我，在德国的这些大学里，教授关心的是学生能在多大程度上准确地重复他们学到的事实，而对提升学生智力或促进个人发展的兴趣则寥寥。

我们学院的教授在课外与学生相处的时间之多，学生所修课程的范围之广，再加上教授与不同价值观、不同生活经历的

---

① 感谢哈特威克学院的教职员工约翰·克莱门斯（John Clemens）、汤姆·西尔斯（Tom Sears）、史蒂夫·科伦达（Steve Kolenda）和道格·迈耶（Doug Mayer）推荐、开发和实施本项目。

学生积极互动，这一切都催生了全新的见解、广泛的兴趣、高涨的创造力。学生都渴望能有机会继续学习，也对未来自己能为国家发展做出的贡献有了新的认识，立下新的志向。一言以蔽之，他们认识到这段经历能帮助他们获得更大、更长远的成功，无论是他们自己，还是他们所处的社会，都能得益于此。这批学生回国后，他们对于这段求学经历的满腔热情打动了他们的大学校长，校长因此特意来美国访问我院，调研这种与他们截然不同的高等博雅教育方法。

　　"博雅"这一标签在美国常常含有贬义。在某种程度上，这是因为"博雅"一词常被认为带有政治性的意味，尽管实际上它的意义来源于拉丁语中的"liberalis"，意为"自由"，意即一种适合于自由人的教育。此外，有些人认为它代表的是一种不切实际、毫无用处的大学教育，专为那些不知道自己真正想要什么的迷失的灵魂而设计；它是一种毕业即失业的教育，学生都要面临毕业之日就是灰溜溜地搬回父母家之时的骇人结局。关于博雅教育有一个经久不衰的笑话。

　　　如何辨别不同大学专业的毕业生？

　　　理科专业毕业生会问："它为什么能运行？"

　　　工科专业毕业生会问："它是如何运行的？"

　　　会计专业毕业生会问："它的成本是多少？"

　　　文理学院毕业生会问："您需要配上薯条吗？"

因此，不少家长都希望自己的子女能学有专攻，选择那些能为第一份职业做好准备的课程。甚至有州长和立法委员已采取行动，禁止州立大学开设文理专业，或要求他们取消人文学科。这种教育形式也遭到了一部分时政评论家的奚落。《纽约时报》（*New York Times*）写道，就读于文理学院的学生，甚至仅是主修人文学科的学生，常常需要面对别人近乎嘲笑的惊讶，或者至少需要面对以下这种令人难堪的对话。[8]

家长：你学的是什么专业？

学生：历史和古典学。

家长：你学这些打算做什么？

然而，不少有识之士欣赏并尊重美式博雅文理学院毕业生所展现出的成功，无法认同这种对博雅教育的负面评价。事实上，美国社会中支持博雅教育的声音也十分有力：80％的雇主认为，每一个大学生无论其专业是什么，都应该具备广博的文理学科知识；93％的雇主认为"求职者所表现出的思辨能力、清晰沟通的能力和解决复杂问题的能力比他们本科所学的专业更重要"[9]。全美高校和雇主协会（National Association of Colleges and Employers, NACE）最近的一项研究表明，雇主希望求职者具备的前 10 大能力分别是沟通技能（82％）、解决问题的技能（81％）、团队合作能力（79％）、能动性（74％）、分析／量化技能（72％）、强烈的职业道德（71％）、表达能

力（67%）、领导力（67%）、注重细节（60%）和专业技能
（60%）。值得注意的是，排名前10的这些能力中有7个与博雅
教育有关，而专业技能虽然也位列其中，但在这个名单中处于
垫底的位置。科技企业家马克·库班（Mark Cuban）表示，非
技术性专长的长期价值是不言自明的："创造力、协作能力和
沟通能力，这些能力非常重要，足以决定成败……在这样一个
（人工智能）世界里，你总得对某些领域了如指掌，不是吗？"[10]

　　此外，著名新闻工作者法里德·扎卡利亚（Fareed Zakaria）
雄辩地写到了博雅教育的力量："博雅教育让我们有能力成为更
优秀的工作者。它也将赋予我们成为良伴益友、出色的父母和
优秀公民的能力"[11]。保守派社会和政治评论家戴维·布鲁克
斯（David Brooks）描述了人文学科对于培养具有坚毅"内在品
格"[12]的人的必要性，以及建设内心世界的重要性[13]。美国苹
果公司联合创始人史蒂夫·乔布斯（Steve Jobs）也曾年复一年
地强调博雅教育之于创新的重要性。尽管乔布斯从未获得大学
毕业证书，但他修读了大量人文学科的本科课程。他后来宣称
这些课程不仅塑造了他的人生态度，也影响了他开创性地将计
算机人性化的工作思维。他学习的课程之一是书法，对此，他
表示："它很美，富有历史感，还有一种科学无法解释的、艺术
上的精妙。我被深深地迷住了。当时这些东西在我的生活中全
然没有任何投入实际应用的可能。但10年后，我们设计第一台
Macintosh 电脑时，我又想起了这一切。我把那些东西全都放进
了 Mac 的设计之中"[14]。

最近，微软公司总裁布拉德·史密斯（Brad Smith）和微软公司人工智能研究执行副总裁哈里·舒姆（Harry Shum）在达沃斯（Davos）发行的一本关于未来的书中表示，他们最重要的论断可能与博雅教育的价值有关——"我们一个学的是计算机科学，另一个却是文理学院出身的。在微软共事多年后，我们都清楚地知道，未来这些领域之间的联结必将更加重要"[15]。

然而，颇具讽刺意味的是，在今天的美国，高等教育面临着来自公众和政府的巨大压力，要求其转型为更接近大多数其他国家做法的教育形式，如职业教育、专门教育和专业教育，而许多大学也渐渐屈从于这种声音。然而，这些变革正威胁着美国独特而强大的高等教育方法之根基。那些主张改革高等教育，使其专业化并为毕业生从事某一特定工作打下基础的人没有意识到，他们仿效的是一种最初为 19 世纪的普鲁士所推崇，随后在整个欧洲及其殖民地世界推广开来的高等教育模式。他们之所以呼吁教育改革，是因为对秉承博雅教育宗旨的教育模式产生了严重误解（或抗拒）。

在本书中你将了解到，在 3500 年的时间里，为使学习效果最大化，帮助学生取得正面的人生结果，高等博雅教育形式在历史上经历了反复试错，在当今通过严谨的研究论证，不断发展、演变和进步着。这里需要指出的是，尽管通常只有小型文理学院才有最完备的博雅教育，但几乎每一所美国学院和大学，无论其专业设置，都或多或少地包括一定的博雅教育要求或实践。本书中的分析表明，一个人在接受了博雅教育 6 个基本方面中的大部分内容之后，才可能过上更有影响力、更明智、更成功的生活。

本书详细阐发了秉承博雅教育传统的高等教育，同时将此概念应用于研究，并在本书中报告研究成果。此处"博雅教育"不仅指学习内容，还包括学习发生的教育环境——即整个教育生态系统。作为一种生态分析，这些特征都相互关联，因此我们必须将其放在一起考虑，才能充分理解博雅教育经历的全貌。如果能增进这种理解，美国高等教育方法就有可能提升其影响力；也正是由于缺少这种理解，目前美国高等教育方法发生的变革正削弱其影响并侵蚀其价值。因此，本书旨在通过对博雅教育的宗旨和方法进行全新解读，为博雅教育对个人生活及其所在社会的长期影响提供证据，从而使博雅教育重归高等教育的核心。

※　※　※

在本章中，我多次使用了"博雅教育"（liberal arts）这一说法。虽然几十年来我都在文理学院从事行政和教学工作，但在和十数所其他国家的学院和大学合作以后，我对博雅教育的意义才有了全新的见解。这些院校都根据本国在国情、文化和教育上的需求对博雅教育进行了调适。就像 150 年前法国政治思想家和历史学家亚历克西斯·德·托克维尔（Alexis de Tockeville）从一个局外人的角度书写美国一样，我以局外人的身份观察国外博雅教育的经历，这使我对这个本以为自己了如指掌的主题产生了新见解。

我与国外博雅教育者交谈时得知，在他们眼里美国本科教育（措辞上，他们有些使用"美式教育"，有些则用"博雅教育"）和他们本国的高等教育迥然不同。他们表示美国本科教育价值非凡，究其原因，包括以下几点。[16]

- 不将教育目标局限于让学生毕业时能胜任某一特定行业的工作，而是通过教导并培养人们引领社会进步的能力，让人们在一生当中获得成功。
- 尊重学生，欣赏学生，视学生学习为首要关切。
- 将教师本身定位为学习过程的参与者，同时也注重教师自身专业领域的发展。

以前，我和美国大多数博雅教育支持者一样，主要关注的是博雅教育的内容，即其必修课程设置。相比之下，这些国外的博雅教育者所表达的观点则更多侧重于教育经历的性质和预期带来的人生结果。这种朴实无华的见解让我踏上了一次崭新的博雅教育之旅，探索以下 3 个问题的答案。

- 什么是博雅教育传统？
- 博雅教育有何作用？
- 秉承博雅教育传统的教育的含义为何，价值何在？

这些问题都得到了非常积极正面的答案，而且这些答案具有惊人的说服力。如果你正在寻找"捍卫博雅教育的弹药"（这是一位学院校长的措辞），那么这本书就是你寻找的终点。

问题 1：什么是博雅教育传统

我将在接下来几个章节中探讨博雅教育的本质和发展历程。注意本书并不做哲学上的分析［在这个层面上，有美国学者金博尔（Kimball）的《雄辩家与哲学家》(*Orators and Philosophers*) 一书足矣[17]］，而是在实践层面上对博雅教育进行考察。在接下来的章节里，本书首先指出对"博雅"的五花八门的定义：有些人认为它指的是人文学科的学习（如哲学和历史）；有些人认为它指博学百科，专精一门；有些人认为它涵盖了自然科学、社会科学和人文学科；还有些人认为它旨在培养公民身份和责任感；也有些人认为它就是住宿制文理学院所教授的科目等，观点多样，不一而足。毫不夸张地说，要想系统性地回顾博雅教育的定义，我们能找到不下数百个由不同作者、教育家和大学使用的词汇和术语。虽然这些定义在措辞上大都十分考究，能够启发思考，但它们之间显然极度缺乏共通之处。

当代学者对博雅教育的含义在界定上就有诸多分歧，因此人们对其本质和价值的看法见仁见智，也就不足为奇。为了厘清这些纷繁复杂的观点，我断定，鉴于博雅教育在其自诞生以来的漫长岁月中不断发展，因此以全新的眼光审视博雅教育的特征将对我们有所启发。那么，博雅教育的哪些方面在今天被（或应该被）视为这种教育方法的基本特征，不同学者在这一点上是否存在共识？

我对博雅教育过去 3500 年的历史和当今的实践进行了研究，得出最重要的结论是我们必须从 3 个方面考量这种教育方法：教育结果（**博雅教育的目的**）、所学科目（**博雅教育的内容**）及教育环境（**博雅教育的环境**）。

博雅教育最早起源于古希腊，其目的是为义务兵役训练战士，这在当时是一种迫切的社会需要。考虑到现今不少人视博雅教育为一种绵软无力的教育形式，它的这一起源看起来相当令人意外。在接下来的 1000 年里，博雅教育增加了心智方面的学习，即艺术、音乐和哲学，而军事训练则为体操和体育竞赛所取代。人们认为有必要理解更加广泛的学科，因为只有这样才能引导公民通过知情的公民话语和决策为社会进步做出有效贡献。在博雅教育问世之初，教育发生的方式（即教育环境）是恒定的：共同参与学习过程的师生之间存在着密切关系。其目的虽不断发展变化，但始终建立在满足社会和个人的最高需求上，换言之，它始终服务于"公众利益"。[①] 然而，随着时间的推移，学习的内容发生了重大变化，开始服务于其目的中所

---

① 不少哲学家、经济学家、政治学家和社会活动家已经对这个术语给出了诸多定义和解释。它在佛教、儒学、基督教、印度教和伊斯兰教的思想和教学中也很重要。我使用这个术语的方法类似当代的常规用法，并且在很大程度上与亚里士多德的观念一致，即它指的是个人和社会更广泛的、共同的利益。

描述的社会和个人的发展结果。

这种高等教育方法从古希腊引入古罗马后，有证据表明其教学内容不断变化，最终博雅教育被定义为学习音乐、逻辑、修辞、语法、几何、算术和天文学。当时的人们认为，这些内容对教育出能最大限度地推动"公众利益"的个人非常重要，因为博雅教育在当时是一种自由人的教育，旨在将受教育者培养为高效、成功的社会贡献者。在古希腊和古罗马的几千年历史中，这种教学内容始终强调教师与学生用高度个性化的方式共同学习——即家庭教师面对个人或小组进行教学，教学的核心是两者在知识上的互动。

欧洲进入（或有"黑暗时代"之称的）中世纪早期后，古希腊和古罗马时期的大部分作品被视为异端，遭到蓄意销毁。熟知这些作品的学者被从欧洲驱逐到以伊斯兰国家为主的近东地区。历史表明，这一时期成为高等博雅教育方法发展的关键阶段。在史称伊斯兰黄金时代（Islamic Golden Age）的这一时期，不以宗派为限，公开追求知识被视为穆斯林的神圣使命。穆斯林学者竭尽全力搜集已知世界的知识，求索一切原始资料，其中就包括（但不限于）古希腊和古罗马的作品。他们建立了"智慧之家"（The House of Wisdom，位于今伊拉克境内），学术收藏家冒险穿越南亚，足迹远至中国，将众多璀璨的人类知识成就汇聚一堂。

当时的学者组成跨学科团队，将文献翻译成阿拉伯语以备后世之用。长达几个世纪的伊斯兰黄金时代不仅汇集了全世界的知识，也在数学、科学、天文学、医学、哲学和其他学科上取得了长足的进展。从西班牙到北非和中东，学院、大学和图书馆遍地开花。在这个时代，知识领域爆炸性扩展，学习内容也随之发生了巨大变化，但公众利益仍被视为崇高的目标；教育方法（或教育环境）也仍强调通过保持师生之间的密切关系以取得良好的教学效果，教学在众多环形学校（顾名思义，学生环绕一位学者而坐）开展，此外，学校还实行集中住宿制。

直至很久之后，欧洲才走出中世纪初期。在后来的几百年里，这些在伊斯兰黄金时代里发展、汇集而成的更具深度和广度的人类知识才被从阿拉伯语翻译成了欧洲语言。为了培养未来的教会和世俗领袖，欧洲大地上成立并发展起来多所大学。最初的课程设置对博雅教育的内涵界定颇为狭窄，但受到由阿拉伯语翻译而来的新文献的影响，加上欧洲在知识领域增添的重要成果，博雅教育所涵盖的学科范畴大大增加。教育环境也延续了伊斯兰世界的先例，包括为学生和教师提供住宿社区，让他们能够共同生活、学习。而公众利益被视为教育永恒的崇高宗旨，即追求同时为个人与社会带来福祉。最终，毕业于牛津大学和剑桥大学的英国人将博雅教育传统带到了殖民地时期的美国，并建立了哈佛大学和耶鲁大学等院校。

时过境迁，到了 19 世纪早期，一种全新的高等教育方法出现了，而这种方法与博雅教育可谓格格不入。当时，普鲁士国王弗雷德里克·威廉三世（Frederick William III）认为，各级教育必须服务于不同的目的。教育的目的不是实现公众利益，而是通过建立官僚机构来管理数量上不断增长的国家机构和研究人员，让他们为国家的经济繁荣发展做出贡献，从而提升国力，保护君主制。广博教育的理念被从中小学时期就开始的早期专业化取代，以便学生能在进入大学前就确定好自己未来的专业方向。整个欧洲的君主国家都采用了普鲁士的方法，因为他们自然都希望巩固自己的统治。同时，由于此时正值欧洲殖民帝国的时代，这种为君主制服务的普鲁士教育方法传遍了全世界。教育目的和内容上的改变也带来了教育环境的变化，教学的重点转变为掌握专业知识，而不再鼓励创造一种能让学生更广泛地学习知识和社交的环境。

作为对这一发展趋势的回应，1828 年，耶鲁大学的教师停下脚步，讨论耶鲁是否应效仿普鲁士的专业化教学模式。经过审慎的思考，他们决定摒弃此种方法，重新回归博雅教育。在得出这一结论之前，他们对真正有价值的高等教育应具备哪些特征进行了探讨，并提出一系列见解。首先，高等教育必须以公众利益为**目的**，即培养出的人才要能够在这一瞬息万变的时代里有效促进民主社会发展。这一目的不仅有利于个人发展，也有利于社会进步。其次，为实现这一目的，高等教育的**内容**必须包括熟练、全面地掌握全人类知识。最后，教育**环境**：教育应发生在住宿制教育共同体内，教师与学生共同居住，共同学习。这一点之所以被视为必要，不仅是因为当时人口相对分散，更是因为这种家庭式的方法是培养能服务于公众利益的"全人"（whole person）的最佳方法。除上述 3 个层面（目的、内容和环境）之外，博雅教育方法还增添了一抹独特的美国特色：**所有人都可以接受这种教育。**尽管接受高等教育在历史上是精英阶级独享的特权，但他们仍旧坚信这是所有人都需要的教育，因为美国社会中的每个人都应该掌握这些知识，拥有为社会做贡献的能力，成为富有责任感的公民[①]。随着数百所住宿制文理学院的建立，这种全新的博雅教育方法由美国东海岸开始，以燎原之势向西传播，迅速遍及快速发展中的美国各地。最后，几乎所有的美国学院和大学，连那些本已推出高质量专业化课程的学院和研究型大学都在本科教育中采用了博雅教育方法。在接下来的 3 个章节中，我将更加详细地叙述博雅教育的发展和演变，但截至目前对其极为精简的总结已足以指向博雅教育传统的以下 6 个特征。

- 关于博雅教育的**内容**：

  a. 博雅教育是非职业化的（即不为特定的工作或职业而设计）。

  b. 涵盖所有领域的知识（即广博学习，同时理解不同知识领域如何相互关联）。

[①]　当然，在19世纪早期，"所有人"一词只指白人男性。大多数黑人在1868年前仍处于奴役之下，直到1870年才获得了投票权。而妇女更是到1920年才终于获得投票权。除少数文理学院外，在19世纪60年代之前，女性和非白人族裔极少有机会接受高等教育。这种不平等待遇带来的长期影响现今仍然存在。而正如本书第11章所讨论的那样，高等教育能够成为那些为公平、包容和社会正义而斗争的人们手中的有力工具。

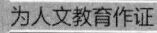

c. 培养智力技能（即分析和推理能力、创造力）。

- 关于博雅教育的**环境**：

    a. 采用参与式教学法（即学生积极参与的教学方法）。

    b. 使视野更加开阔（即拓宽了认识范畴，挑战了狭隘的思维）。

    c. 发生在真正的学习共同体中（即学生、教师和教职员工在课外以有意义的方式进行正式和非正式的互动）。

那么，博雅教育的目的，即社会需要的公众利益，指的是什么呢？为了界定何谓具有当代现实意义的公众利益，我们将对 241 所本科文理学院的使命陈述进行分析[1]。当代的使命陈述与历史上的崇高成果不谋而合，显示出文理学院毕业生能展现出以下部分或全部为社会或个人所看重的行为。

- 实现有影响力的人生：

    a. 作为社区、组织和人群的领导者。

    b. 作为利他主义者（公民参与和贡献社会）。

- 实现善于探究的人生：

    a. 终身学习（终身参与学习活动）。

---

[1]　此处感谢五大湖学院协会的科琳·史密斯（Colleen Smith）对这一分析的帮助。

b. 参与文化活动（艺术、博物馆、音乐和其他艺术活动）。

● 实现成就非凡的人生：

a. 获得充实的人生（对生活和事业的满足感，反思生活的意义）。

b. 获得个人成功（通过在专业上做出贡献，取得成功）。

当然，各所学院在这 6 种结果中的选择偏重各不相同，但绝大多数学院都表明他们的使命包括实现其中至少 1 种结果。

至此，第一个问题的答案明确无疑：博雅教育指的是通过创造一个同时包括教学内容和教育环境的教育生态，来实现教育符合公众利益的目的。

问题 2：博雅教育有何影响

著名企业家约翰·杜尔（John Doerr）常为慈善家和公司提供提高组织影响力方面的建议，用他的话说，每一个高效的组织都必须把精力放在最重要的事情上：明确其使命和目的，而后确定和评估少量真正关键的结果[18]。对于博雅教育而言，"最重要的事情"指的是教学内容和教育环境，而关键结果则是培养人们在成年后的生活中成为一个有用之人，满足这一公众利益。具体而言，**关键问题在于博雅教育的 6 个方面（即其内容和环境）中任何一个与其 6 个长期人生结果之间是否存在关系。**

　　本书将在中间 4 章给出这个问题的答案。首先，我们设计了一系列与**内容特征**（如人文学科学习量、课程作业种类、专业）、**环境特征**（如与教师和同学的课外互动、校园生活、接受的教学方法）相关的访谈问题，同时将每个**目的特征**都描述为成年后的人生成就（如领导力、利他主义、终身学习、文化参与、充实感和个人成功）。我们随后采用这些问题对 1000 名美国各类学院和大学的毕业生进行访谈，其中包括小型院校和大型院校、私立院校和公立院校、教学为主型院校和研究为主型院校。部分毕业生体验过博雅教育的数个方面，另一些毕业生的大学教育中却几乎没有这些方面的经历。正是由于存在这种差异，我们才能对那些体验过所有博雅教育特征的人群和没有完整经历过博雅教育的人群进行对比。比如，将非职业化专业的学生和职业化专业的学生相比较，将教学模式中参与度高的学生和个性化教育经历较少的学生相比较，或者将那些曾在课外与教师相处的学生与没有此类经历的学生相比较。同时，此次访谈的目的在于了解博雅教育对人们一生的影响，而不仅限于对大学应届毕业生的影响，因此受访者的年龄从 25 ～ 65 岁不等。

　　我们并未询问受访者如何看待大学经历和毕业后的人生活动之间的关系，而是将访谈问题设计为要求他们描述大学生活和成年后生活的各个方面。随后，我们对结果进行统计分析，评估文理学院教育的 6 个方面与成年后的 6 个人生结果之间是否存在关联。

那么，我们从本研究中得到了什么结论呢？访谈结果的统计分析显示，我们可以客观地证明博雅教育经历的多个方面与各种人生结果之间存在显著的实质性关系。**总体而言，虽然教学内容和教育环境都与重要的人生结果相关，但教学内容（即所学科目）与正面的人生结果之间的相关性不及教育环境（即是否经常在课外与教师讨论学术和非学术问题，教授是否知道学生的名字，是否为学生配备导师，是否经常与其他学生讨论不同的价值观和生活经历，是否参与校园活动等）与正面的人生结果之间的关系显著。**

除此之外，还有许多具有统计学意义的具体发现表明，有博雅教育经历的大学毕业生在其成年后的生活中能成为拥有如下特质的人。

- **领导者**——更可能报告自己培养了更开阔的视野，拓宽了理解范围，挑战了狭隘的思维，并更积极地与教师和其他学生一起参与了课外活动。
- **利他主义者**——更可能与学院社区内的教师和其他学生互动。
- **终身学习者**——更可能学习广泛的学科，主修非职业化专业，培养更开阔的视野和智慧技能，并参与他们的大学社区活动。
- **文化参与者**——更可能主修非职业化专业，学习广博的知识，与教师和来自不同背景的学生有更密切的课外关系，培养智慧技能，体验过参与式教学法。

- **充实感**——更可能修读人文学科课程，或修读大量需思考人文主题的课程，主修非职业化专业，体验过参与式教学法，由教授考验其思维和写作能力。
- **长期**（随着年龄增长和事业发展）**成功**（身处更高的职位，获得更高收入）——更可能在修读的课程中有半数以上为专业之外的课程，更积极地参与学院教育共同体活动，更经常与其他学生在课外讨论对人类有意义的话题。

无可否认，秉承博雅教育传统的学习有其巨大的影响力[①]。但有必要指出的是，通过本研究，我们发现博雅教育并不是一个单独概念。相反，"博雅教学"是一种教育生态，其中包括一系列不同的教育方法（亦即前文所述的博雅教育的几个特征），每一种方法都与成年后的生活有着独特且往往彼此相异的关系。

---

① 第10章和附录1中将讨论因果关系的问题。简而言之，要想证明长期因果关系的存在，最有力的论据是在教学实践中进行实验性的改革，等过25年或50年之后再来评估其影响。当然，问题在于彼时结果很可能由于失去时效性而变得毫无价值。因此，此处使用的方法是对调查对象所报告的大学经历和长期人生结果之间的关系进行统计分析，然后评估这些关系是否与对其有短期影响的实验性和非实验性研究结果相一致，是否也能得到来自人类学习和社会情感神经科学领域的实验结果的支持。事实上，本书报告的研究结果正与这些其他领域的研究结果一致，从而使人们能更加坚定地相信报告中的博雅教育带来的影响是有意义且重要的，相信并非像有些人报告的那样：他们18岁时就更愿意和教师共同生活在同一个环境中，他们本身就因自己的性格或个性注定成为领导者、利他主义者和文化参与者。

比如，"培养智慧技能"的学习经历和三种人生结果相关：终身学习、文化参与及充实感。而更积极地融入一个"真正的教育共同体"（即在课外与教师互动，在课外与其他学生进行严肃的讨论等）则与全部 6 种成年后的人生结果相关。正因为如此，大学、学生或决策者才可能考虑他们期望教育能带来哪些人生结果，并为这一目的量身定制相应的教育方法。

同时，值得注意的是，尽管职业化学习或专业化学习确有其价值（如毕业生第一份工作的工资可能更高），但从长期来看，此类学习方法和正面人生结果（包括领导力、利他主义、充实感和个人成功）呈不相关或负相关的关系。那些从长远来看更加成功的人，他们修读的课程中有超过半数是专业以外的课程，也更积极地与教师和其他学生互动。与专业化教育不同的是，大学的学习不仅包括主修专业，还覆盖人文学科、社会科学和自然科学，其学习内容常与许多更长期的正面人生结果密切相关，其中包括职业成就、终身学习、文化参与和自我实现。

总之，这项研究客观地证明了大学教育环境的各个方面与具体类型的人生结果之间的关系。因此，我们不仅可以有把握地描述博雅教育与成年后正面的人生结果之间的关系，而且可以界定具体是哪些类型的博雅教育经历与这些人生结果相关。

问题 3：博雅教育有哪些意蕴，价值几何

在本书的最后 4 个章节中，我探讨了高等教育研究结果的

启示。在我讨论的诸多具体启示中，有几个普遍的观点浮现出来。第一个是教育环境（即个人与教师的互动，导师制，经常与其他具有不同价值观和生活经历的学生进行课外讨论，参与校园活动）的积极作用。如果你关注霍华德·加德纳（Howard Gardner）关于大学如何影响学生的广泛研究，那么这个结论并不令人意外。"围绕认知个体的共同体是至关重要的"[19]，这一观点自彼时起就影响着加德纳在学习方面的开创性工作。

事实上，与学习内容相比，教育环境对人生结果的影响更为积极且长期。这是为什么呢？当代对于人类认知的研究——尤其是社会情感神经科学领域的研究——有力地证明了学习环境的重要性：只有当采用在更大程度上基于社会和情感的学习方法时，教育才能发挥影响；人际关系至关重要。当然，这并不代表学习内容就无足轻重。毕竟教育经历从定义上就指学习某种知识。但由于大多数关于大学经历的讨论都仅限于学习内容而非教育环境的意义，当我们发现教学内容的影响较小时，的确感到惊讶。事实上，如果我们希望自己所受的高等教育能对人生产生影响，那么过于关注大学学习的内容恐怕是一个巨大的错误。

第二个普遍的观点与大学学习的内容有关。我们发现，比起修读哪些具体课程，学习内容能够得到拓展这一方面才是主要的。比如，修读课程中半数以上都为专业以外的课程，在大多数课上讨论对人类有意义的话题，选择非职业化专业等。

第三个观点是对当前有关高等教育目的的争议的全新洞见。

我们是否应该重新规划大学教育，使其只关注实际结果，如获得特定工作或使收入最大化？还是应该秉承博雅教育历史传统，使其实现崇高的目的？正如约翰·尼姆（Johann Neem）对博雅教育的深刻论断："我们的目标不仅仅是给所有人他们想要的东西（这是实用主义的做法）或满足一切的世俗需要（如一些实用主义者所建议的），而是帮助学生和教授根据新的目标确定自己的人生方向。"[20] 尼姆认为这些目标绝不相互冲突，因为虽然博雅教育的确以实现最后一个目标为宗旨，但它也可以同时带来以上所有结果。好的消息是，本书报告的研究结果能客观地支持此种观点。虽然博雅教育的各个方面与人生结果有着不同的关系，但体验过博雅教育各方面的个人在成年后更有可能成为领导者、利他主义者、终身学习者、文化参与者、获得充实感和个人成功。

我们必须看到，当代美国教育正面临着来自学生、家长、立法者和监管者的压力，要求将其普鲁士化，即强调专业化，减少其他方面的学习。这种压力正在破坏高等教育对大学毕业生的人生和整个社会带来长期的、建设性的影响。因为从长远来看，那些不仅在专业上更为成功，而且感到人生更充实，能成为领导者，并且更多地参与到我们的社会进步中来的人，正是体验过完整博雅教育生态的人。

在最后一章中，我也探讨了研究结果带来的其他启示。比如，在哪里可以找到最有影响力的大学教育？未来的大学生应该如何决定选择哪所大学？教师应该如何看待他们提供的高等教育，以及他们的学术项目和职业生涯应以什么为先？大学如何制定政策以支持或干预有影响力的教育经历的创造过程？在这个博雅教育频遭质疑的时代里，大学应如何考虑改进自己的招生宣传工作？多样性、公平、包容和社会公正在教育实践中起到什么作用？技术为博雅教育方法带来哪些启示？有哪些政府政策鼓励或阻碍了这样一种能对地区或国家的进步产生积极影响的教育形式？在后疫情时代，我们在教育方面需要吸取哪些经验教训？博雅教育是否有助于应对我们这个社会在不平等方面面临的复杂挑战？大学的成本几何？总而言之，研究结果为学生和社会如何从博雅教育中受益，以及如何通过应用博雅教育理念使高等教育对所有人产生更大的影响都提供了丰富的见解。

博雅教育之于高等教育的价值

关于博雅教育和整个高等教育的价值所在，通常有 3 个问题：结果是否实用？成本是否合理？所有能从中受益的人都能够获得受教育的机会吗？就结果而言，本书回顾了迄今为止的研究结果，从而充分证明博雅教育经历与个人和社会两方面的积极的人生结果都高度相关。我将在第 10 章和第 11 章指出，目前仅有少数学院和大学全面实行了富有影响力的博雅教育，我们可以在更大范围内采用博雅教育方法，从而提高所有院校的高等教育成效。

采用博雅教育方法是否会提高高等教育成本？第 11 章也将证明，采用或加强博雅教育在大多数情况下都并不昂贵，其关键在于决定优先级和时间分配，而非增加昂贵的人员或课程。事实上，教育成本甚至可能因此降低，因为这些本科院校往往更以学生为中心，与那些更注重研究生和专业课程的著名研究型大学①相比，本科院校在教育和学生支持方面的人均支出更少[21]。

那么，学生取得大学学位的机会如何呢？没有理由不让所有希望通过教育来最大限度地影响长期人生结果的人都能有机会接受博雅教育。尽管几所顶尖文理学院公布于众的学费的确金额不菲，但它们仅占美国所有本科学院数量中极小的比例。事实上，根据佩尔助学金（Pell grants）的统计，与私立本科学院是"富人堡垒"的看法相反，这些院校的低收入家庭学生比例要高于其他类型的大学，包括最著名的几所研究型大学[22]。私立四年制学院始终为有需要的学生提供大量经济上的支持，从而使毕业率大大提高[23]，而债务违约率则显著降低[24]。因此，认为博雅教育缺乏亲民性的看法可能只是因为受到认识上的限制，即对其价值和学费的可承受水平缺乏了解。

那些追求价值的学生、高等院校、政策制定者和资助者都应从高等教育的目的是什么这一问题入手。假如你视帮助学生在毕业时获得一份高薪工作为高等教育的唯一目的，那么专业

---

① 鉴于美国国家教育统计中心（National Center for Education Statistics）并未根据不同的学位课程分别列出开支，因此无法计算这一巨大的差异中有多少可以解释为研究生与本科生在教育和学生支持上的差别。

化教育就是你需要的答案，而博雅教育就可以被抛弃。然而，假如你认为更长期的成功才是目的所在，那么大学经历中就必须加入博雅教育的几个核心方面。而如果教育目的是培养一个人具有领导力、为社会进步做出贡献、过上富有成就感的人生、能实现个人更长期的成功，并以此实现价值的最大化，那么博雅教育生态的各个方面都变得非常重要。因此，通过将与"目的"相关的问题设为起点，并思考本书中关于教学内容和环境的研究结果，个人和组织都能够就选择哪些方式能最有效地提高本科学位的价值做出知情决策。

总　结

本章简要概述了本书在接下来的部分将通过更多笔墨讲述的内容。它介绍了这本书如何在根本上不同于卷帙浩繁的其他关于博雅教育和高等教育的书籍和文章。**最重要的是，它超越了那些关于大学与人生之间的关系，或博雅教育与毕业后人生之间关联的宽泛结论，因为本书明确了是哪些特定类型的博雅教育经历与特定类型的长期人生结果直接相关。**此外，本书将包含以下内容。

- 通过对高等教育方法的本质进行全新的历史评价，确定了博雅教育的 6 个关键方面。

- 审视了博雅教育的目的，通过对大学使命陈述的详尽分析，确定了 6 类预期人生结果。

- 通过对 1000 名毕业院校包括小型文理学院和大型研究型大学，年龄从 25 ～ 65 岁不等的大学毕业生进行访谈，考察其长期而非短期的影响。
- 对特定类型的博雅教育经历和特定的成年人行为之间的关系进行统计分析，这些行为指向领导力、利他主义、终身学习、文化参与、充实感和个人成功等人生成就。

完成这一过程后，现在我们可以回答本章开头提出的问题了：博雅教育究竟是什么？此处提供的答案除了以历史为基础之外，也在各类学院和大学中都经过了实践证明。研究结果给出了以下经验。

> 通过教导人们过上有影响力的、善于探究的、成就非凡的人生，真正的博雅教育能带来深远的影响：满足公众利益，服务于个人和社会的未来。要想产生这种影响，在学习环境上需要师生在社会和情感方面的投入，在内容上要囊括对人类知识和心智挑战的全方位研究以及对人类面临重大问题时持有的不同观点的探索。

这一陈述不仅仅是对博雅教育的又一种措辞精妙的概括性描述。在本书报告的能够支撑这一观点的具体结果中，你可以找到大量深刻的见解，这些见解说明了如果学生、教师、大学院校和决策者以高等教育能够对大学毕业生的人生和我们的社会产生真正、持久的影响为目标，那么他们应该做出哪些选择。

虽然我在本书中的研究基于对博雅教育历史的系统性研究，并经常提到"博雅教育传统"，但研究结果及其启示并不是呼吁高等教育抵制变革，也不是要求高等教育回归理想化的过去。恰恰相反，这份报告敦促学院和大学摆脱许多当今已然根深蒂固的观念和做法，专注于那些对人生有明显影响的博雅教育方法。只有这样，我们才能有把握证明博雅教育的价值——造福个人和我们的社会——通过影响我们人生的教育来提高我们的能力。

※　　※　　※

为了对博雅教育传统能有全新的理解，你可能会选择性地阅读本书的其余部分。如果你想了解"博雅教育"这一术语的意义，请阅读第2章、第3章、第4章。你会发现其中没有常见的哲学层面的解释，也不对关于大学里必须学习哪些内容的特定理念进行辩护。相反，你将看到对一种教育方法的描述，其中包括了其历经数千年发展和完善后的具体做法和目标，这是一种合乎其崇高目标的教育方法，其采用的方法旨在最大限度地发挥影响，它的课程体系涵盖了广博的知识与见解。

如果最吸引你的是关于大学教育能带来哪些终身影响的研究结果，以及与这些结果相关的具体教育经历，请阅读第5章至第 8 章以及附录。你将在这些部分中看到我们是如何进行关于大学经历和人生结果的研究的，以及关于高等教育中哪些方面与长期的人生结果（即过一种有影响力的、善于探究的、成就非凡的人生）最为相关的重要结论。

如果你有兴趣了解研究和结果的更多情况，但不愿费劲读完这些章节里的细节和图表，那么只需阅读这几个研究章节的首尾几页便足矣，它们将为你提供研究结果的简介和总结。

如果你最感兴趣的是博雅教育传统的主要方面为什么能产生影响，怎样产生影响，以及这种理解为高等教育带来哪些启示，请阅读本书第 9 章至第 12 章。在这几章中，我探讨了由博雅教育构成的教育生态，讨论了为何在精心构建的社会环境中学习如此重要，并剖析了我们的研究观点对大学、学生和决策者的启示。

当然，如果你有意获得对何谓真正接受高等教育——最好地服务于个人和我们生活的社会的未来——的全新见解，那么每一章都将助你增进理解。

第 2 章

教育生态：
目的、内容和环境

人类是一件多么了不得的杰作！多么高贵的理性！多么伟大的力量！多么优美的仪表！多么文雅的举动！在行为上多么像一个天使！在智慧上多么像一个天神！

——《哈姆莱特》(*Hamlet*)

　　美国历史最悠久的高等教育方法被冠以"博雅"之名。那么什么是博雅教育呢？博雅教育常被视为一种独具特色的教育：有人说它是一种偏重哲学、历史和艺术等人文学科的学习，也有人将其定义为在专精一门学科的同时也博学百科，但除此之外，博雅教育的定义不下百种。尽管人们对博雅教育应带来何种成效尚无定论，但大都认为这种教育方法的结果应该包括培养善思考、懂学习、能创新和适应变化的人。

　　当然，对于博雅教育的怀疑者来说，这种教育方法不过是对一些缺乏实用的学科进行研究，其中包括了哲学、历史、艺术，以及大多数的社会科学。在怀疑者眼里，博雅教育只能带领学生走向失业或是低收入、无前途的工作。他们认为专业化才是成功之道，就业才是教育的成效，而最首要的核心指标自然当数工资收入了。

　　这些支持者和批评者都很擅长讲故事，他们讲述了不同毕业生或成功或失败的故事，以此佐证他们的立场，同时又辅以客观的成效研究（总结在附录 1 中），这些研究通常以大学期间的心智成长或毕业后的第一份工作为重点。

我的看法与这些观点不同。我认为对博雅教育传统的研究与任何其他领域的生态主义研究方法一样，也应纳入对其由 3 部分构成的教育生态的探讨，因为正是种种因素之间的关系网络带来了多种不同的结果。就博雅教育而言，其高等教育目的、学习内容和教育环境这 3 个组成部分相辅相成，缺一不可。目的阐明了博雅教育期望带来的人生结果，教学内容和教育环境的重要性则可以通过考察它们与人生结果之间的关系来检验。这一观点源于对博雅教育的历史和发展过程的反复品读。本书重温了博雅教育从古希腊和罗马而来，走过中东之后回到欧洲，又从那里来到刚独立的美国，再到如今遍布全球的这段旅程。

本章总结了高等博雅教育方法的**目的、内容和环境**的发展过程，使你能更好地理解后续章节中为何侧重于高等教育的这 3 个特征。你将发现，目前一些博雅教育支持者和批评者所持的观点，即博雅教育研究的内容不以时间的推移而改变（如认为它仅仅只是对人文学科的研究），实际上并不准确。尽管数千年来人文学科的确是博雅教育的一个重要组成部分，但自然科学也同样如此；随着知识的领域不断拓宽，博雅教育的教学内容也一直在相应增加。因此，与以上观点恰恰相反，教育环境（即教育的实施方法）和高等教育的目的（即预期的人生结果）一直都是同向而行的。

博雅教育传统的演变一直延续至今，这段历史既不枯燥，又不古板：尽管它总是以崇高利益的最大化为驱动力，但它的进程中也不乏讽刺、怪诞和幽默的成分。它不断革新的过程创造了一种教育经历，而这种经历对个人和全人类的进步和成功的贡献远比其他与之竞争的高等教育方式来得高效。当今那些呼吁将高等教育转向以就业为导向的人，并不理解高等教育的各个基本方面是如何相互关联以产生影响的；可以说，他们将大学教育之所以能为个人和社会都带来重大影响的核心要素置于岌岌可危的境地。

※　　※　　※

你可能会认为，既然博雅教育根植于数千年前的古希腊，在美国也已经历经两个世纪，那么教育工作者对博雅教育理应已有了清晰、简洁、一致的定义。然而，虽然我在文理学院学习、工作了 50 余年，读过无数相关主题的文章和书籍，也针对博雅教育发表了不少讲话，但我认为仍有必要系统地探讨这个问题，而不能简单地依赖我的个人经验。为此，我翻阅了数十本书和文章，研究了教育和学术组织关于博雅教育的报告，采访了大学校长、学术界官员、基金会主管和作者，就该主题开展了一项研究项目[1]，举办了教师研讨会以了解他们的观点，阅读了数百所学院和大学的使命陈述。我通过这些渠道获得了大量的描述性文字，并从中选取了 141 个单词和短语来定义博雅教育。

最终，我从关于博雅教育本质的上百种考虑周详，但又各不相同的说法中得出了 4 种有趣但又令人不安的认识。

- 教育工作者认为他们知道什么是博雅教育，他们总是说，"我一看到就知道"。
- 我们邀请教育工作者（教师、管理人员或两者兼有）参加会议，请他们为博雅教育商定出一个统一的定义，他们热情地参与讨论，无一例外地提出数条基本特征。然而，虽然每个小组都写下了雄辩而理由充分的定义，但每个小组的定义中被称为基本特征的内容却或多或少地存在差异。
- 不同人对博雅教育本质的描述常有共通之处，但几乎每个人在描述博雅教育的含义时都会用上自己喜欢的，而且常常独具一格的一套颇具启发性的词汇、语句或理论。
- 几乎所有定义都包含一些为教育工作者所推崇，但对非教育工作者而言却难以理解、令人困惑或晦涩难懂的术语或词语。

我之所以对这些认识感到不安，是因为如果教育工作者都做不到观点一致，也无法清晰地表达自己的定义，那么几乎所有外行人对博雅教育的理解至多停留在一头雾水的状态，甚至于坚信博雅教育只专注于毫无用处的目的，这样的情况又有什么可惊讶的呢？博雅教育方法又怎么能不受到来自四方的诟病呢？

要想在这种纷繁复杂的情况中参透"博雅教育"的定义，我不确定它到底是一个难以解开的"戈尔迪乌姆之结"（Gordian knot），需要用富有创造性的机敏才能化解，还是只是一个纠缠着的普通绳结，只需付出耐心就能打开。鉴于此，我决定采用另一种方法，尝试明确博雅教育的含义。我没有阅读他人关于博雅教育的结论或关于这一主题的无休止的哲学性论述，而是决定从基本入手，阅读博雅教育的目的、学习内容和方法的发展历程。事实证明，这段历史远比它通常呈现出来的有趣得多，因为人们一般只把它视作一系列学习内容的罗列，或关于良好公民身份的概括性陈述。而事实上，遵循博雅教育传统的教学是一种教育生态，它不仅包括学习内容，还包括教育的实施方式和待实现的目的。尽管博雅教育研究已有几千年的历史，但它的发展方式使其对当今生活的影响比古希腊时期更为深远。

在接下来对博雅教育发展史的总结中，我将专门探讨博雅教育研究的实然属性：目的、内容和教育环境。我鼓励读者阅读其他有关博雅教育的书籍，以补充了解因我认为不符合本书重点而未包含在书中的哲学和历史方面的内容。

古代渊源

博雅教育起源于 3500 年前的古希腊。它的**目的**在于培养那些能够满足当时社会最迫切需要的人，即为义务兵役训练精干的战士。从当代教育家的角度来看，这是一个颇具讽刺意味的目的，在当时却是社会的普遍需求，是一种崇高的共同目标，旨在提高个人与社会生存和进步的能力。

虽然希腊式教育的内容最初极为有限，注重的是能立刻投入使用，但它发生的环境需要学习者与教师和同侪之间都有直接且个人高度参与的互动。在此后的一千年里，随着希腊文明不断发展，博雅教育也随之发生了创新性的变化，包括**内容**上的变化（如用体育操练和体育竞赛等象征战争的行为替代军事训练），以及通过艺术和音乐课程增加文化内容的学习。[2]最终，古希腊的学校教育[3]在内容上发生了巨大变化，渐渐涵盖多个领域的智识学习，其中包括古典诗人和作家的作品、作曲、数学和音乐，这些学习"为更高级的教育和文化阶段做好了心智上的准备"[4]。虽然具体内容不尽相同，但"（在当时）最具高等教育特色的两个研究领域当数哲学和修辞学"[5]。教学内容的变化与更广泛的社会目的——在当时的统治者心目中，一个日益民主的城邦取得成功所需的特质——相关。这种教育正是为了让"自由公民为他们在民主城邦中的新角色做好准备"[6]。

在当时，这些所谓的自由公民指的是富有而有权势的男人（妇女、奴隶、劳工或异邦人从未位列其中），他们被认为需要具备特定的个人能力和人际能力，但对这些能力应达到何种熟练程度则并无普遍的共识。当时，关于高等教育有哪些最为核心的组成部分，各个流派各执己见，这在许多方面不免让人联想起今时今日的社会和政治争论。有些人认为首要的是教授演讲技巧，以便学生能够在公民话语中阐明和发表有说服力的论点。这一观点的拥趸包括高尔吉亚（Gorgias）和普罗泰戈拉（Protagoras）。而包括柏拉图及其追随者在内的另一流派则推崇苏格拉底的理想，关注发展智者理想，注重对真理的追求。还有人认为，人们应该学会过自己的人生，接受基于传统、高尚美德的公民价值观，这一流派以伊索克拉底（Isocrates）和他的雄辩术为代表。

因此，尽管在古希腊时期，这种高等教育的内容也随着社会需求的变化而变化，随着知识范围的增长而扩大，虽然在不同时间和地点都不尽相同，但其潜在的目的始终如一：通过培养一个负责任的成年人，来满足个人和社会的需求，服务于这一崇高的公众利益。教育涉及全人（"完全的人、身体和灵魂、感性和理性、人格和心智"）、道德的发展（"理想的标准"）及人的发展，而不是制造出一个专家。总而言之，"古典理想……先于任何专业的技术考虑。它之所以位居这些之前，是因为心智一旦得到训练，就能成为纯粹的力量，实现完全的自由，随时可以满足任何可能面对的要求"[7]。

在古希腊，教育始终以教师和学生之间的个人关系为环境。最常见的情况是，一名教师前往学生家中或其他社区地点，面对一位或一小群学生授课。此外，创建社会性教学环境的另一种方法是像柏拉图学园及后世承继其理念的组织一样，将教师和学生聚集到各个学习社区。值得注意的是，学生和教师之间的密切关系一直被视为是至关重要的："高等教育事关教师和学生之间深厚且极为个人化的纽带，在这种纽带中……情感（如果不是热情）起着相当大的作用"[8]。柏拉图也在《对话录》中敦促学生积极投入学习[9]。大部分知识都是通过这些人与人之间的口口相传而非书面材料习得的[10]。

公元前 2 世纪，罗马共和国征服了古希腊，消灭了后者作为一个独立政体的存在，但同时扩大了其在文化和教育上的影响。在受到古希腊教育规范的影响之前，罗马教育"与知识分子实在无甚关联"[11]，它是为农民和农场主设计的教育，旨在维护传统的价值观。但罗马很快就同化了早期希腊文化及其高等教育的目的、内容和环境。当时，是否能在罗马成为一名受过良好教育的贵族直接取决于能否拥有希腊式的教育环境："罗马贵族对其子弟采用了古希腊式的教育。他们在征服古希腊的过程中获得了大批奴隶，其中可充当教师者比比皆是……"[12]学习的内容有所改变：罗马人摒弃了音乐和体育（尤其是与后者密不可分的裸体传统）等学科，保留了古希腊哲学和科学，并在演说和古罗马医学中加入了西塞罗（Cicero）的拉丁语体系。非常有趣的是，雄辩的公众演讲被赋予至高无上的价值，这一点从当时修辞学教师能获得 4 至 5 倍于其他教师的工资[13]上可见一斑。

那么，这种罗马教育意在实现什么崇高目的呢？从其中的拉丁语单词"liberalis"（自由主义）来看，它旨在提供一种"自由的"教育。"在古罗马，'liberalis'意为'自由人的，或与自由人有关的'。必须一提的是，这个词意味着同时在社会和政治上享有自由的地位，与之相对的是奴隶的身份。它也代表着拥有财富，从而保证了拥有闲暇的自由时间。"[14] 这些人都是品行端正、知识渊博、口齿伶俐的人，他们可以通过参与公共辩论、在法庭上为自己辩护、担任陪审团成员以及担当军事领袖来为公众利益做出贡献。

颇具讽刺意味的是，直到罗马帝国覆灭——更准确地说，直到公元5世纪，此时离古罗马最终消亡仅余几十年，在当时还是罗马行省的阿尔及利亚，一位北非人写了一本书，博雅教育的常规内容才第一次确定下来。马尔提努斯·卡佩拉（Martianus Capella）在其著作《语文学与墨丘利的联姻》（*On the Marriage of Philology and Mercury*）[15] 中将博雅教育的内容界定为7门核心学科，它们加在一起即是一位博学之士需要掌握的必备知识。其中，前3门学科指逻辑、文法和修辞，后来被称为"三科"（trivium）。三科建立于古希腊时代，与思维和表达有关。这3门学科被认为是学习后4门学科的必要准备。柏拉图在《理想国》（*The Republic*）中又提出了4门与理解物理现实相关的学科，即算术、音乐、几何、天文学。这4门学科后来被称为"四艺"（quadrivium）。

马尔提努斯在书中叙述了一个在今天看来略显怪诞的寓言故事：一个男人向他的儿子描述了一位名为"语文学"（Philology，意为"热爱学习和文学"）的年轻女子和墨丘利（Mercury，商业和交通之神）的婚事。婚礼上，墨丘利向语文学献上礼物——7位侍女，每一位侍女都代表着一门博雅教育核心学科。作者用寓言的形式详尽描述了每一门学科。比如，在作者笔下，名为文法（Grammar）的侍女带着一个精美的抛光盒子，"她从盒子里拿出一把修枝刀，刀尖锋芒闪耀。她用这把刀来修剪孩子们的发音错误，然后又用一种黑色粉末让他们恢复健康"[16]。马尔提努斯描写了每门学科的代表性特点。比如，文法兼具机械性和智识性，因而侍女说道："我早期的职责是准确阅读和写作，但现在我又有了额外的职责，那就是充满智慧地理解和批判"[17]。其他每一位侍女的故事也都详细阐释了其所代表的核心学科的特点。

在此我必须重申，尽管此时教育服务于崇高的共同目标——推动个人和社会进步——的宗旨不变，也继续采用个人参与其中的教育环境，但学习内容已然发生变化，不再局限于古希腊哲学家的思想。随着人类知识在数千年的时光里不断增长，人们有必要通过增加研究领域的数量来进行创新。早期接受高等教育的人仅需学习音乐和修辞学，但随着新知识领域的拓展，数学和天文学也被纳入核心课程中。

知识跨度的全球化

不幸的是，自欧洲进入中世纪早期以来，高等教育陷入了一个恶劣的环境，古希腊的知识大量失传。公元 529 年，东罗马帝国（拜占庭）皇帝查士丁尼（Justinian）禁止并下令销毁古希腊作品，因为他认定这些著作都是异教作品，与他对基督教宗旨的看法相悖。开办了将近千年的柏拉图阿卡德米学园也被下令关闭。

　　然而，这些发展从根本上看还使得高等教育的**内容**大幅增加，并将在未来欧洲的博雅教育中再次亮相。希腊古典文化的学者在位于欧洲之外的波斯贡德-沙普尔（Jundhi-Shapur，位于现今伊朗西部的一座城市）学院找到了避难所。在那里，"他们保留了这些传统，并加以改进和补充"[18]。在一个世纪后的公元636年，伊斯兰军队征服了这个近东地区，但贡德-沙普尔学院安然无恙。事实上，它"作为一个巨大的知识宝库蓬勃发展，对伊斯兰世界的学习产生了巨大的影响"[19]。

　　又过了一百年之后，在公元8世纪中期，哈里发曼苏尔（Caliph al-Mansur）建立巴格达城，定为穆斯林新都。这座城市本欲成为一个帝国的中心，从西班牙延伸到中东，再深入南亚腹地，直至中国的边缘。古代巴格达的核心特色便是智慧之家。在"追求知识是接近神的一种方式"[20]这一伊斯兰理念的引导下，曼苏尔有志于让这个全新的学习中心成为一个超级学术殿堂，他为此投入了大量资金，通过购买或商谈的手段搜集到源自不同国家、不同时代的数千份手稿，从而将希腊、苏美尔、波斯、拜占庭、印度和中国的知识齐聚一堂。① 他的使者游历四方，从

————————

① Cheng和Wei在文章中指出，值得注意的是，古代中国教育拥有广泛的课程，重视基于儒家博雅或"文化素质"原则的全人发展。古代佛教教育也包含了密切的师生关系，实现了改良社会的崇高目标。2500～3500年前，古印度的纳兰达大学（Nalanda）和古塔克西拉大学（University of Ancient Taxila）开设了一系列带有博雅教育方法特征的学科课程。我们有理由认为，智慧之家收集的诸多思想理念中很可能就包括了这些方法。

整个已知世界获取知识，甚至常常要付出生命的代价。他召集了来自不同背景、不同专业领域的学者——穆斯林、基督徒、犹太人、印度斯坦人、佛教徒——相互交流思想和教学。他对知识的追求跨越了学科、文化、国界乃至宗教的界限。他组织人员将包括古典希腊哲学家到印度科学家在内的学者作品翻译为阿拉伯语[21]，这些作品因此得以完好地留存于世。中国的造纸术被引入巴格达后，这些翻译被制成书籍，成为一种比兽皮和卷轴更实用、更紧凑的信息存储形式。他还建立了一个王室图书馆，为其配有一个学者团队，享受行政和财政支持。[22]

这些行动和政策将过去追求促进知识增长的使命推到了前所未有的高度，造就了一个被称为"伊斯兰黄金时代"（公元 750—1258 年）的时期，一个以公开追求知识为神圣使命的时代[23]。学者谨遵《古兰经》（Holy Koran）中的第一个字 Iqra（意为"阅读"）之教诲，施行与当时的欧洲截然不同的政策，即不允许神学及其教条限制学术研究。那是一个"建立在理性和发明之上"的社会，是一个"透过理性的镜片滤过了信仰的世界帝国"[24]，它带来了"延续数个世纪的数学、哲学、天文学、医学、光学和其他领域持续而高效的研究和稳步的发展"[25]。当时，科学和所有其他高级知识领域都使用阿拉伯语。事实上，正是通过这些阿拉伯语译本的形式，我们现在掌握的那些伟大的古希腊和罗马哲学家、作家的作品才得以留存于世。而在欧洲这些知识被视为是反基督教的，因而已被完全摧毁。

科尔多瓦（Cordoba，现位于西班牙境内）地处伊斯兰世界的最西北端。哈里发在此建立了伊斯兰黄金时代数百所图书馆中最著名的一所，同时设立了 27 所免费的学校，使这座城市成为一个学术中心。这使得"科尔多瓦的学术声誉在整个欧洲传播开来，吸引了基督教学者和穆斯林学者，更不用说生活在伊斯兰统治下的犹太人了"[26]。本章接下来将会谈到，该地区后来在将古典和更现代的知识重新引入欧洲的过程中发挥举足轻重的作用。如前所述，阿拉伯语是受过教育的人和在学术话语中使用的语言。这是一个充满活力的环境，改革将教育打磨成更接近现代博雅教育的形态。学习继续服务于一个崇高的共同目标，即通过个人和公众的启蒙来取得人性的进步。随着伊斯兰学者在艺术、哲学、医学和科学方面不断提出新观点，来自当时已知的所有民族和文化的人类知识急剧增长，并与那些源自古希腊和罗马的知识内容融为一体。

在古希腊和罗马，教育环境由精心构建的个人和人际社区构成。学生长途跋涉，只为与一位良师同席而坐，在被称为"环形学校"的集会上聆听和讨论他的讲座内容。在这种真正的学习共同体里，"学生对老师崇拜有加，他们往往更愿意与老师直接进行学术交流，而非从老师的作品中得到指教"[27]。伊斯兰世界建立了许多伟大的大学，包括至今仍在办学的摩洛哥卡鲁因大学［al-Karaouine，由一位名为法蒂玛·菲赫利（Fatima al-Fihri）的女性创建于 859 年］和创建于 970 年的埃及爱资哈尔大学（al-Azhar）。这些大学创造了以完备的住宿学习社区为中心的多元教育环境，包括宿舍、厨房、浴室和医疗服务。[28] 师生关系是首要的，"这种教育模式不仅依赖于对文本的仔细研究，还依赖于与一位谢赫（shaykh，即学者）进行密切的个人互动"[29]。参与式教学法的重要性得到了重视："因此，摸清学生的资质，并引导他学习最合适的学科是教师的职责所在"[30]。不仅如此，这些大学还"鼓励学生与老师就他们的观点进行辩论"和"就任何问题向老师提出质询，敢于不同意老师的观点，乃至于质疑和纠正他的言论"[31]。直到 11 世纪前，这些学院和大学都是由私人出资开办的世俗学校，但随着伊斯兰宗教学校的兴起，教育成为国家的一项职能，宗教和政治教育也随之增加。[32]

伊斯兰黄金时代使得古希腊和古罗马的知识得以保存，同时使得知识的广度大大增加。在这个时代里，数学、自然科学、工程学、社会科学、卫生和医学、艺术、诗歌、建筑学和许多其他研究领域的内容都得到了拓展。然而，在东西方的双重入侵下，伊斯兰黄金时代开始陷入快速衰弱的时期，开明的知识探究精神逐渐受到宗派主义的束缚。11 世纪至 13 世纪的"十字军"摧毁了中东伊斯兰学术和知识的场所，而西班牙人在伊比利亚半岛消灭了伊斯兰统治之后也重蹈其覆辙。1258 年，成吉思汗带领大军摧毁了巴格达和智慧之家。"13 世纪成吉思汗的第三次西征使穆斯林学术遭受灭顶之灾，且摧毁了大部分著名的学术机构……清真寺、大学、图书馆都难以幸免。在这之后，这些伊斯兰大学再也没有恢复昔日的活力和美丽。"[33]

牧羊男孩与博雅教育在欧洲的再引入

　　幸运的是，在伊斯兰黄金时代结束的几百年前，一位隐修院院长偶遇一位法国贫农牧童，对话中，院长为男孩展现出的聪明才智深深打动，故而为他提供了一个修道院学校的入学名额。[34] 这个名为（奥里亚克的）热尔贝（Gerbert of Aurillac）的男孩告别了他的羊群，搬进这个修道院学校。他也确实是一位聪慧的学生，短短几年之内，就已经尽数学完了学校的所有学术资料。在 10 世纪中后期，修道院成为欧洲仅存的学校和图书馆，但其藏书量和当时的阿拉伯图书馆不可同日而语，常常只有十数本藏书。当时，就算是欧洲的大型图书馆里也只藏有寥寥数百本书。[35]

　　此时，热尔贝已经穷尽法国境内所有学习资料，通晓文法、逻辑和修辞学。法国已经没有任何一处能满足他继续学习更多更高级课程的雄心。因此，"967 年，修道院院长派热尔贝到西班牙加泰罗尼亚（Catalonia）地区的比克修道院（the monastery of Vich）进修三年。当时那里还是一个位于基督教地区边缘的偏远村镇，与之毗邻的就是穆斯林统治下的西班牙的科学和文化中心"[36]。他在那儿不仅可以受教于更加博学多才的教师，还能借阅邻近的伊斯兰城市科尔多瓦图书馆中约四万本阿拉伯语书籍。[37] 热尔贝虽然是基督徒，但这一身份没有带来任何不便，当时在西班牙，穆斯林、犹太人和基督徒共同居住和工作。他当然也熟练掌握了阿拉伯语，因为阿拉伯语就是当时的通用语

（西班牙的基督徒甚至用阿拉伯语唱弥撒）。[38] 据古卡鲁因（al-Karaouine）清真寺的一位伊玛目（imam，伊斯兰教教职称谓，阿拉伯语音译，意为"领拜人"）说，热尔贝一路游历来到摩洛哥，求学于那所古老的大学。[39]

因此，热尔贝不仅修习了阿拉伯语，学习了发展于伊斯兰黄金时代的各门学科，如自然科学、数学、社会科学、艺术、诗歌等，而且还培养了宗教宽容和思想开放的精神，这是两种并不属于欧洲基督教的品德。他把这些新知识和开放的观点带回法国，开启了他的教学生涯。他将自己在科尔多瓦学到的一系列创新理念引入欧洲，其中不仅包括对算术和几何等学科的新理解，还包括阿拉伯数字、算盘和星盘。他声名鹊起，受神圣罗马帝国皇帝奥托二世（Otto II）委任成为意大利一座修道院的院长。这所修道院拥有 690 本藏书，在当时的欧洲几乎可用"汗牛充栋"来形容了[40]。983 年，欧洲进入大动荡时期，热尔贝逃离了意大利，但又在几年后重归旧地，并于 998 年被任命为大主教，成为奥托三世（Otto III）皇帝的心腹顾问。最后，999 年，热尔贝受奥托三世任命为教皇。他自称教皇西尔维斯特二世（Pope Sylvester II），鼓励知识和开放性思想从伊斯兰世界流入欧洲。也因为如此，尽管他尊为教皇，但由于他不同常规的知识，一些人指责他为巫师。尽管他担任教皇仅仅 4 年之后就去世了，但他从伊斯兰黄金时代引入的知识和教育观点为欧洲带来了一股新知识的浪潮，数百年前，希腊文本被翻译成阿拉伯语；而此时却反了过来，阿拉伯语的文本开始被翻译成拉

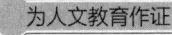

丁语和其他欧洲语言。

公元 9 世纪，一位在欧洲旅行的伊斯兰学者"发现欧洲人'缺乏幽默感、粗俗、无趣'"[41]，但如今他们又重拾过去的学术生活。欧洲学生和热尔贝一样，不惧险阻前往伊斯兰大学和图书馆学习从哲学到宇宙学等广泛的学科。马尔提努斯的《语文学与墨丘利的联姻》一书，以及他确定的博雅教育学艺的 7 个组成部分"迅速成为博雅七艺的教科书"，并成为当时西欧最受欢迎的书籍之一。[42]

然而，伊斯兰世界浩瀚的知识宝库回流到欧洲的速度十分缓慢。教皇西尔维斯特二世离世一个世纪后，大约在 1100 年，一位名叫（巴思的）阿德拉德（Adelard of Bath）的英国人在中东度过了 7 年。他在那里收集了大量的"阿拉伯人的学问"（Studia Arabum，在阿拉伯语中意为"学术资料"），此后他将一生都投入翻译这些资料的工作中。除了阿德拉德之外，当时还有许多学者致力于将阿拉伯语著作翻译成拉丁语或其他欧洲语言。通过他们长达近三个世纪的努力，伊斯兰教黄金时代的知识才完全进入欧洲。①

在东地中海，以今天的土耳其为中心的拜占庭帝国当时仍是古希腊学者的家园。15 世纪初，意大利学者随着与拜占庭人进行贸易的意大利商人一同东游，与这些古希腊学者交流学术，

---

① 这些阿拉伯文学术资料的数量庞大，浩如烟海，即便到了今天人们也未能完成对所有资料的研究和翻译。比如，柏林国家图书馆就藏有大量原始文件（详见 blog.sbb.berlin/uncovering-the-history-of-islamicate-astronomy/）。

为知识回流到欧洲创造了另一条通路。这导致了学者专家从东方向西方的迁移，在那里，"在意大利教书的拜占庭学者向他们的西方崇拜者展示了他们丰富的古希腊遗产"[43]。在与来自四面八方的入侵者缠斗多年后，1454 年，拜占庭帝国为奥斯曼帝国所攻陷。此后，越来越多的学者逃往西方，也同时带去了更多古希腊的智慧和作品，从而为文艺复兴的发展注入了动力。

这股缓缓流动的知识洪流影响深远，为欧洲高等教育的复兴奠定了基础。大量译著"被运往意大利、法国和英国。13 世纪初期，大批学者和学生汇聚一堂，在博洛尼亚、巴黎和牛津创办了西方最早的大学"[44]。这些大学的开端"晦暗不明"且"错综复杂"[45]。事实上，当时的学生并不认为自己在上大学，我们也不将这些早期的院校视为今天的大学，而"universitas"（即拉丁语中的"大学"）一词更是直到 1215 年才第一次出现。[46]

这些大学尽管多有相似之处，但区别也不可谓不大。首先，管理方式上差别很大。比如，巴黎大学由教师掌管校务，他们"效仿那些长期掌管其他行业的人"，也组织成一个行会。而博洛尼亚大学则由学生统领，"结果，任教的博士被贬低至一种令人几乎难以相信的屈从地位。学生通过代表委员会选聘和解雇教师，决定他们的薪俸，要求每一位教授宣誓效忠和遵守颁布的法规，给予和限制休假，并以其他方式掌控日常学术生活中哪怕最琐碎的细节"[47]。

这些新兴的欧洲大学有着重要的共同特征：它们通常都是由某一所大教堂修道院的附属学校发展而来，吸引了来自四面八方的各国学生。这些学校都位于城镇之中，以便能将更多学生安置在一起，提供饮食和住处。所有教学都使用拉丁语进行，因为尽管此时欧洲有数十种语言，但只有拉丁语才是教育和受过教育的人所通用的语言。学生需要远行、离家生活、能使用拉丁语学习和交谈，这些特点结合在一起，意味着通常只有那些家庭有足够的财力来担负入学前的拉丁语家教、能够支付离家生活费用和教学费用的特权阶级才能享有这种教育。虽然所有学生在接受专业教育之前都必须先完成宽广的博雅教育，但这些学校往往是专业化的，比如，博洛尼亚大学（建于 1088 年）以法律为专业，而巴黎大学（建于 1150 年）则专精哲学和宗教 [48]。在当时，高等教育的基本目的在于为社会的建设性发展提供知识和支持。由于大学源于大教堂学校，再加上天主教在那个时代的统治地位，神职人员享有高等教育的优先权也就不足为奇了。

　　在学习内容上，马尔提努斯的"博雅七艺"（即 7 个博雅学科领域）"成为学习圣经中的至高真理所必备的教育" [49]。获得（博雅）文学学士学位（bachelor of arts）是获得法律、医学和神学等更专业的领域硕士学位的先决条件。巴黎大学和牛津大学都要求在申请专业化学习之前，先进行 4 至 5 年的博雅学科学习，包括深入研究语法、修辞学、逻辑、算术、音乐、几何和天文学相关知识的拉丁语译本（这些译本最初是由阿拉伯语译为拉丁语，后来则是由希腊语译为拉丁语）。[50] 由罗马法转变为教会法的法律进程也是必修内容："法律被视为修辞的一部分，应该被正式纳入博雅学艺。" [51]

在教育环境方面，教学围绕着一个住宿制的教学社区展开，其中包括来自不同背景、文化，拥有不同生活经历的人。学生们一起生活、学习，来自许多国家的人们不远万里前来加入这些教育共同体。比如，在1265年，一所大学以阿尔卑斯山为界做了一项统计，仅山北面就有来自14个不同国家的学生。[52] 在这个时代，这些不同民族、不同语言的人带来了生活经历、文化和信仰上巨大的差异，因此，争端频发，负面的刻板印象泛滥于世[53]。必须指出的是，博雅教育学习正是在与这些形形色色的人进行学术和个人互动的过程中得到了丰富。

在牛津大学和剑桥大学，住宿学院是一种常态。多个学院组合在一起，形成一所规模较大、组织略显松散的大学。每个学院都有自己的教师和教学空间，教室和餐厅通常在一楼，学生和教师的住所则在楼上。每个学院的大门处都有一位门房执勤，此处的"门房"不同于其当代意义，并非一个负责搬运包的人。相反，他是一名备受尊敬的校方人员，对社区的一切可谓了如指掌，手握决定人员是否可进入校门的权力。"真正的学习共同体"这一概念又有了更进一步的完善。

在当时的时代，学生人数众多，书面材料却极为匮乏，讲座因此成为欧洲高等教育的主要方式。但讲授法并不意味着课堂缺乏热情和互动。欧洲大学参照伊斯兰黄金时代建立起来的对学生有效参与的重视程度，制定了教学指南。高效的讲授法要求讲座要做到"明了、简洁、切题、易于聆听"，要"以大家都已知的内容为导入，逐步深入材料，（帮助学生）学会区分重点和非重点内容"，还应该能引导学生"在课堂之外进行独立思考，带着问题进行人际互动……从而长久地为学者提供'一种内心充满喜悦的生活，为悲伤的心谷带来一切可能的安慰'"。[54]这些建议哪怕到了现代也仍不乏价值。一位教学效果良好的教师被比作一位"'课堂上的演员'，他要大胆自信、与众不同、头脑清醒、犀利善辩，总是充满创意、激励人心，并且'能够让严肃的人开怀大笑'"。[55]学生则被鼓励就某一主题或问题向学者发起辩论，从而创造课外教学的机会。[56]

像古希腊和古罗马一样，中世纪欧洲的高等教育只提供给少数所谓的社会上层人士。当时民间有众多区域性语言，因此高等教育采用拉丁语为受教育者的语言，从而导致只有少数人能接受大学教育。通常只有在本国担任要职的男性能为子女提供必备的知识和经济来源。接受高等教育是有权有势之人的专属权利，而这些知识又是学习一门专业的必要先决条件。

现在，我们将从最早的欧洲大学建立之日起向前跨越500年，来到英国殖民北美的时代。美国高等教育发端于17世纪至18世纪的殖民时期，教育机构多由新教徒成立，采用牛津大学和剑桥大学模式，他们期望将文明播撒到新开发的大陆上，促进人类的进步。美国历史最悠久的大学——哈佛大学的创建过程如下。

截至1646年，约有100名剑桥人和30多名牛津人移民至新英格兰，其中就包括哈佛大学的创始人和第一代哈佛学生的父辈。他们在各自的雄心壮志中，夹杂着一份想要在美国重现一缕老英格兰荣光的心。当然，作为一个宗教性质的英联邦国家，美国需要受过教育的神职人员，但它也需要受过知识和学问规训的领导者，需要接受过领导者规训的追随者，需要秩序[57]。

当时的美国高等教育以"培养文雅、有文化、有责任感和领导才能的人"[58]为崇高目标，课程内容在很大程度上以古典课程为主，包括修辞学、哲学、伦理学和数学。但由于美国人以英语为母语，高等教育也因此对他们提出了全新的要求，包括学习拉丁语、古希腊语（这是古典文本中使用的语言）和希伯来语。伊斯兰学者的探索和随后欧洲的科学革命带来了从物理学到经济学和社会学等全新的知识领域[59]，极大地拓展了博雅技艺研究的学科范围。在这种拓宽后的博雅教育基础之上，兴起了专业化学习。当然，这个时代的专业化教育通常是通过法律和医学等职业的学徒制而非学术研究来完成的。

1636～1769 年，北美共成立了 9 所学院，其中哈佛大学、威廉与玛丽学院（William and Mary）及纽黑文大学学院（Collegiate School of New Haven，后更名为耶鲁大学）历史最为悠久。[60] 这些机构建立之初常常只有唯一一栋同时作为教学场地和宿舍的建筑，并尽可能地广纳周边土地。[61]

有些人将这些大学的教育环境描述为"学院派风格"，他们认为"仅有课程、图书馆、教职员工和学生并不足以成就一所大学。要想成就大学，就要坚持一种基于住宿制的全局安排"[62]；此处"基于住宿制的全局安排"指的是一个有明确目的的学习共同体，包括学生和教师在课堂内外的活动。这些住宿学院通常都有严格的行为准则。联合学院规定，禁止"打牌、说脏话、酗酒、殴打教师或将他们锁在房间里"。普林斯顿大学的学生则"被要求在10杆（约5米）的距离外向校长举帽致敬，在5杆（约2.5米）的距离外向导师举帽致敬"。位于西部开发地区边缘地带的大学则要求"学生应发誓未携带枪支或博伊刀（一种猎刀）"[63]。在欧洲中世纪甚至更早的年代，尽管学业要求很高，学生却常常惹是生非，放浪形骸，偶尔还发生暴动骚乱；有关这些极端事件的报道并不少见，不过现在看来都有些诙谐幽默。

与古希腊和古罗马以及中世纪和文艺复兴时期的欧洲一样，这种教育是专为精英设计的。如果你不相信，只需读一段17世纪70年代哈佛大学毕业典礼演讲的摘录。这位演讲者宣称，如果不是哈佛教育，管理权可能会落入"普通人"之手，"统治阶级将受制于技工、鞋匠和裁缝……法律不再由执政官制定，以法令的形式出现……而变成公投、诉诸鄙俗的激情和革命性的夸夸其谈"[64]。当时威廉与玛丽学院的成立被认为能够"确保'年轻人……在良好的文字和礼仪方面受到虔诚的教育'"[65]，这一说法正是那个时代的观念的体现。

17世纪至18世纪，这种高等博雅教育方法在刚成为殖民地不久的北美地区生根发芽。和欧洲一样，博雅技艺是高等教育的第一个层次的第一门课程，接下来学生可能还要接受职业教育（通常是学徒制的形式）。博雅教育的宗旨在于提升那些被遴选出来的少数人的能力。这些人是这个时代的领导者，他们将在未来进一步实现社会的目标，即强调"公民德行胜于个人利益"[66]。

教育生态：目的、内容和环境

纵观数千年来高等教育方法的发展，有几个结论浮出水面。首先，这种高等教学方法一直都服务于同一个**目的**：使人们能以对个人和社会都有价值的方式在社会中发挥重要作用，保证崇高的公众利益。正如经济学学者罗伯特·赖克（Robert Reich）所言，这一公众利益代表着"作为在同一个社会中彼此联系在一起的公民，我们对彼此都负有的责任"，同时，它还"认识到我们每个人都身处其中"[67]。

其次，博雅教育的**内容**在时代的发展中发生了变化。虽然博雅技艺最古老的起源是对战士的专门训练，但随着社会需求和复杂性的增加，它的范围扩大到包括今天被称为人文学科（诗歌、音乐、哲学、公共演讲）和理科（包括数学和物理学）的学科。在伊斯兰黄金时代，知识由从欧洲到亚洲的不同国家汇集在一起，在伊斯兰学者的努力下，大量学科向前发展，文理学科领域的知识范围扩大了。当博雅技艺再度回归知识匮乏的欧洲，此后又来到北美殖民地时，其研究领域进一步扩大到包括数学、自然科学、工程学、社会科学、卫生和医学、艺术、诗歌、建筑学、哲学和其他学科在内的新知识、新见解。

最后，教与学的途径，即教育**环境**，学生始终是在社会或社区的环境中学习，师生之间存在密切的关系，采用行之有效的教学法。古希腊和古罗马最常见的高等教育途径是一位教师（通常在家中）教导一名或一小群学生。在伊斯兰黄金时代，教育途径变得丰富，这显然受到了追求高等教育的人数激增的影响。学生前往教学场所，或聚集在环形学校的学者周围，或就读于住宿制大学。尽管在此时这种教育途径中一位导师不再仅负责一位学生，而是同时教授一群学生，但师生之间的密切个人互动仍被认为是必不可少的。

随着高等教育在中世纪早期重返欧洲，那些希望接受高等教育的人来到了城镇，那里有丰富的藏书和大量学者，同时也发展起了诸多大学。这些大学都是住宿制社区，为所有人提供了共同居住、就餐、交谈和学习的地方，有的时候这些社区仅限于学校围墙内，但大多数时候整个城镇都包括在其中。由于不同国籍、民族、思想、文化和知识的人齐聚一堂，教师和学生之间的个人关系就更显重要，课堂内外的参与式学习方法也得到了重视。

当然，这种基于关系的经历若想具备教育意义，还必须加入基于内容的学习；而要使它符合博雅教育的性质，如本章最后一节所述，它还必须包括人类知识的全部范围以及知识领域之间的相互关系。

　　总的来说，目的、内容和环境相互结合，成为一种教育生态，它的存在就是为了改变人生。这几个特征相互依存，因此我们必须将它们综合考虑，才能理解博雅教育经历。几个世纪以来，这种博雅教育方法一直是西半球高等教育的标志，直到它为一种目的完全不同的方法所取代。这一不同的方法就是我们在下一章要讲述的主题。

第 3 章

与世界潮流相悖的博雅教育

　　一所学院不应是一个远离尘世纷争的避风港，而应该是一个年轻人于相互之间、于自身内心之中不断斗争，找寻人生意义的地方；同时，在这里，他们会发现，维护自身利益不一定就和互相关心格格不入。

——安德鲁·德尔班科（Andrew Delbanco）

　　截至 1769 年，北美地区的博雅教育传统已经发展成熟。博雅教育从英国引入北美地区，服务于在精心设计的教育环境中培养杰出公民这一崇高的公众利益，其学习内容不断发展更新。然而，19 世纪初，欧洲君主产生的新需求向这种教育方法提出了挑战，他们要求施行一种服务于不同目的的高等教育，因此高等教育的内容和环境都需要做出改变。

　　彼时正是欧洲殖民列强的时代，这种君主制的方法因此被传播到世界各地，但当时年轻的美国却成为例外。在美国，君主制高等教育的目的和方法遭到摒弃，取而代之的是符合博雅教育传统的目的和方法。接下来的内容既不是要回顾美国高等教育的发展史，也不是对其进行分析，毕竟这些内容值得专门用一本书的篇幅来介绍，此处特别推荐美国社会评论家安德鲁·德尔班科的《大学》（*College*）[1] 一书，这本书是对这一复杂主题的深刻洞见。如上一章所述，本书专注于探究美国博雅教育传统的目的、内容和环境。我们的分析从普鲁士开始，因为这个古老的欧洲国家代表着美国博雅教育复兴的背景。

源于欧洲的发明：服务于国家的专门教育

18 世纪，博雅教育在北美地区生根发芽。与此同时，欧洲正沦为一块帝国纷争之地。欧洲诸国动荡不安，分合无定，皇帝或国王统治着多民族、多语言的地区，其边界因通婚和冲突而时时改变。19 世纪初世界局势的特点是异常动荡，随着支持和反对拿破仑的同盟起起落落，战争时胜时败，国家之间的边界也发生了变化。在此过程中，欧洲高等教育遭受了灭顶之灾，普鲁士 50％的大学和整个欧洲 40％的大学消失了。[2] 但民族国家时代已然兴起，在这样一个时代里，国家边界越来越被视为不可侵犯。这就要求存在一个国家赋予的民族身份，用以团结大多数时候在种族和语言上各不相同的群体。

由于各州必须"提高治理效率和（拥有）充满活力的工业经济"[3]，一种迥然不同的教育目的出现了。拿破仑"把法国的大学改造成专科院校，为国家培养高效的官员"。[4] 随着大多数普鲁士大学的覆灭，整个教育系统陷入一片混乱，普鲁士国王弗雷德里克·威廉三世任命当时在罗马任职的外交官威廉·冯·洪堡（Wilhelm von Humboldt）为普鲁士内政部教育大臣。国王要求他"为普鲁士全新的教育体系奠定基础"[5]，这种教育体系应以满足国家需求为宗旨。洪堡本人就是博雅教育的受益者[6]，他认为教育应该是"对人格的全面训练"，即便是最贫穷的社会成员也不应例外[7]。他表示："无论是最普通的散工，还是最出色的毕业生，从一开始都必须接受同样的心智训练。"[8]他还认为这种教育方法应该从年少时开始，往后贯穿整个大学阶段。总之，他认为大学教育应该是"一个提供通识教育的机构"[9]。

我们需要意识到，洪堡关于大学教育的理念与博雅教育传统中存续数千年的教育目的、内容和教育环境高度一致。比如，他主张教师和学生之间应该有密切的关系；学生应在教师的指导下从事独立研究[10]；课程设置应向学生开放，让学生在了解课程后再做选择，而不是只包括固定的几门课程。[11]

讽刺的是，尽管洪堡通过注重专业化来改革普鲁士（和欧洲）的教育，因此常被视作教育革新者和现代研究型大学的创始人，事实上，普鲁士高等教育并未采纳他关于教育的博雅性质或参与式教学方法的重要性的任何观点。洪堡的影响力被视为一个谜[12]，因为他的教育思想直到一个世纪后才被重新发现。在领导教育部仅仅 16 个月（实际上只在职 9 个月，因为其中他还休假了 7 个月）之后，由于政府拒绝采用他的计划，他感到心灰意冷，希望回到仍住在罗马的妻子和孩子身边，从而辞去了教育部的职务，重新担任外交职务。

尽管洪堡关于博雅教育和提升大学教学效果的观点遭到否决，但他的其他一些观点被采纳了。这些观点对普鲁士、欧洲乃至世界其他大部分地区的各级教育都产生了可以算是立竿见影的影响（虽然在很大程度上他属于"无心插柳"）。第一种观点认为，在学生开始接受高等教育的几年前就应该在学校开始接受专业教学。这是因为他坚信教师和学生必须能进行大学水平的研究。他认为国家若要进步，教学法若要有效，这一点是必不可少的。大学生要想具备科研的能力，就需要在进入大学之前的几年里专攻一门学科。这样一来，学生进入大学时已经选择了专业，并完成了相关的课程准备。洪堡的博雅教育理念是：高等教育意味着更广博的学习和个人成长与发展，随着当时的人们越来越强调教授专业知识，这一理念渐渐变得无人问津。在 19 世纪的那几十年里，人们逐渐形成了这样一种观念：研究才是大学的根本所在。这并不是因为洪堡认为研究是能使大学实现有效教学的利器，而是因为研究本身就自成目的。最终，与教学型大学相比，专业化研究型大学的概念应运而生。

洪堡关于教育改革的第二个主要想法是提高教师素养，当时在低级别教学层次上，教师素养之低有目共睹。为了让教师能达到职业要求的水平，他建立了从小学到大学的各级教师专业能力考试制度。

第三，他主张政府出面管理学校的师资、课程和教材。教师资格考试和国家管理这两个理念的结合带来了政策上的变化，人称"自上而下的专业化"[13]。随着普鲁士官僚化程度的急剧加深，"大学越来越受制于国家官僚机构，这些机构将大学事务作为国家教育政策的一部分来管理"[14]。政府官员根据各个学科对国家实力的贡献程度来决定哪些领域的研究是最重要的，他们通过管理复杂而严格的国家考试来决定越来越多职业的从业资格[15]，同时规定教师都是国家雇员。"最终，政府官僚机构和各行各业白领员工的增加使得大学毕业生的职业逐渐从传统的自由职业转向公共服务和商业。"[16]

至此，普鲁士的高等教育开始带有与博雅教育传统截然不同的特征：它"自始至终，彻头彻尾，都是一所职业学校"[17]。它的目标是培养一种新型精英，这些精英将根据国王的首要关切捍卫君主制和国家。年轻人经由出身阶层或初等、中等教育的筛选，要么进入实用行业，要么选择进入大学，为未来适应"更高层次的造诣"的专业职务做准备。

这一时期，普鲁士大学教育的首要目的是"为国家培养受过教育的官职人员，其次是进行以产生新知识为目标的研究"[18]。为实现这一目的，此时高等教育的内容不是涵盖对人类知识的广博研究，而是完全围绕掌握某一特定职业所必需的知识展开。最后，教育环境由以参与式教学社区为基础转变为有效地教授某一特定职业所需的知识。大型讲座变得普遍起来，国家统考成为检验知识掌握程度的标准。

1810年，一所新大学——柏林大学（后更名为洪堡大学，以此纪念威廉·冯·洪堡和他更负盛名的兄弟，自然科学家亚历山大）成立了。柏林大学的教育面向官员和研究者，即那些能帮助国王统治下的普鲁士走上康庄大道的专家。此外，在19世纪的几十年间，柏林大学还改良了行业研究型大学的模式。

这种普鲁士式的、以专业为基础的教育方式对满足民族、国家的需求产生了有益的影响，因而被许多人（包括美国的许多学者）视为世界上最好的教育方式，并被几乎所有其他欧洲君主采纳。此外，这个时代（19 世纪）正是欧洲主要大国的帝国扩张时代，这种教育模式通过欧洲殖民主义传播到全球各地，成为世界上几乎所有地区高等教育的标准方法。只有一个地区例外：年轻的美国。

《耶鲁报告》确立新型博雅教育框架

18 世纪末，也就是新普鲁士专业化大学成立的 34 年前，发生了一件大事，导致这种高等教育方法在美国遭到了彻底摒弃。这一事件就是 1776 年的美国独立战争，它的重要意义不仅在于使一个民族从殖民大国的统治下独立出来，还在于创造了一种与欧洲和世界大部分地区截然不同的教育方法。

在美国独立战争后的几十年里，剑桥大学、牛津大学的高等教育模式在美国日益受到威胁。这种高等教育模式的创设初衷是服务于英国王室中享有特权的少数人，但为了适应（英国）皇家殖民地的具体情况，它需要接受一个刚刚独立的民主共和国的思维方式——在这个共和国中，领导权不再仅赋予少数的精英。与杰斐逊总统的思想相呼应，美国新兴起一种信仰，即每个人（当然，女性、奴隶和非白人族裔并不包括在其中，因为当时他们无权塑造这个社会）接受教育的方式都需要服务于更崇高的利益。此处以"每个人"为重的要求与具有历史价值的博雅教育为"更崇高利益"服务的宗旨，有别于普鲁士时期的欧洲为少数人服务并致力于推进国家目标的博雅教育目的。由于这个时代中最杰出的知识分子都任职于欧洲大学，专注于专业教学工作，世人对博雅教育也渐渐失去了兴趣。

为了应对这些挑战，耶鲁学院（即今天的耶鲁大学）的教师对高等教育进行了详尽的审视和评估。高等教育的目的应该是什么？它应该为谁服务？随着普鲁士式的专业教育蓬勃发展，人们对美国高等教育提出了质疑。"把我们的大学变成德国式大学"[19]似乎已是大势所趋。重视专业训练的教育应该取代旨在培养有识公民的教育吗？教师撰写的报告（通常称为1828年《耶鲁报告》[20]）对当时的浪潮做出了精彩的论述："欧洲大陆的大学，以德国大学为代表，最近受到本国消息灵通人士的关注和尊崇……但我们质疑它们是否确是美国大学在每一个方面都可以效仿的榜样。我们希望，至少我们所在的这所大学可以避免因一次荒唐的尝试而受辱。"

那么，为什么不该效仿欧洲的做法？为什么照搬欧洲高等教育模式对美国而言可谓荒谬？耶鲁大学的教师总结道，在美国的情境下，高等教育的目的以及服务对象从根本上有别于他们称为"东边的大陆"的欧洲想要实现的目标。

我们的共和政体决定了有必要赋予大多数人享有完整教育的权利。在东边的大陆上，只有少数注定要进入政治圈，任职于某个部门的人才能获得此种教育机会，

而大多数人只能安于相对的蒙昧无知。但在我们这个国
度里，只要有相关资质的人就有机会获得职位，更高层
次的知识造诣不应成为任一人群的特权。无论是商人、
制造商和农民，还是专业的绅士们，在我们的政务委员
会中都有一席之地。因此，完整教育应该将受教育对象
扩大到所有阶层。他们要有准确的判断力，能够在重大
的国家问题上做出明智的决定并进行无言的投票，但这
些还不够。他们还需要能影响他人的思想，而这种影响
力仰赖于知识的广度和雄辩的力量。[21]

与欧洲精英主义和独立战争前美国高等教育的精英主义不
同，在独立、自治的美国，教育被认为对每个人来说都是必要
的。同时，一个代表大众的政府能成功运转，需要一种以更崇
高的公众利益为根基的教育。①

《耶鲁报告》不仅重申了博雅教育为更崇高的利益服务的宗

---

① 《耶鲁报告》中使用"男人们"（men）和"绅士们"（gentlemen）的措辞并非无心
之失。在1828年，人们通常使用的是"男人"（man）而非"人"（person）一词，
实际上，它指的是"白人男性"，因为当时非白人族裔和女性还没有投票权，女
性和非白人接受高等教育的情况并不常见。非白人族裔在1870年才获得了选
举权（尽管美国某些州的法律从事实上废止了这一权利），女性更是在1920年
才获得了选举权。然而，在这个问题上，恰恰是一些博雅文理学院走在前列，
实施包容性政策。比如，在19世纪60年代美国内战前的几十年里，奥伯林学院
（Oberlin College）和安提俄克学院（Antioch College）就已经有了黑人和女性毕
业生。目前，美国高等教育中女性的比例较高（56%为女性，44%为男性），而
白人的比例仅相对略高（18至24岁人口中54%为白人，56%的本科生为白人。
非白人群体之间仍存在显著差异）。

旨，其中明确叙述的教育内容和环境也与过去几千年形成的博雅教育理想并无二致。教育内容"没有被设计为包含职业技能的学习"，而是"为所有职业都需要的品质打下基础"[22]。课程的内容必须包括从文学到科学的所有人类知识。学习全面知识的教育目标不是在学生头脑中创造一些专业知识，而是让他们理解各学科之间的相互关系。人格和智力品格需要得到平衡：数学培养学生的推理能力，科学提高学生的思辨分析能力，文学训练学生有效沟通的能力，哲学向学生展现思考的艺术，等等[23]。

教育要在住宿制教学社区中进行，即"学生应该聚集在一起，组成一个家庭；这样他们才能和导师进行频繁、亲切的交流"[24]。应实施高效的教学策略，可采用的教学方法包括讲座法、背诵，以及非正式的和即兴的讨论，要避免学生"静坐在自己的座位上，被动地听教师讲课，却从不动用自身心智的积极能动力量"[25]。

因此，为了鲜明地区别于专业化方法，耶鲁学院决定采用美国式的高等教育方法，这一方法毫不动摇地以博雅教育从过去几千年中发展而来的目的、内容和环境为基础。通过确保每一位公民（而非少数精英）都能成为参与社会建设的成功一员，教育的使命在于为更崇高的利益服务。无论是在个人层面还是集体层面上，人民（而不只是国家及其统治者）都将受益于这一方法。

耶鲁大学教师所倡导的这种新型的、更开阔的博雅教育方法在当时尚处于发展中的美国引起了轰动。随着殖民者的不断西进，这种高等教育方式所激发的乌托邦思想使得"创办大学之热潮以不可阻拦之势蔓延至全国各地"[26]。与欧洲相比，美国学院和大学的数量令人叹为观止。比如，1830 年前后，"坐拥 2300 万人口的英国仅有 4 所高等院校，而人口不过 300 万的俄亥俄州……却拥有多达 37 所高等院校"[27]。从比率上看，欧洲每 100 万人有一所大学，而美国每几万人就有一所大学。随着时代的前进，这一现象更加快了脚步："从独立战争时（1776 年）到 1820 年，平均每 18 个月就有一所新学院开办……从 1830 年到 1845 年，这一比率上升到每年有 3 所新学院开办。在接下来的 10 年里，这一比率再次翻了一番，在美国内战的前 5 年里，这一比率激增到每年开办 10 所新学院"[28]。

事实上，"一旦某个地区决定开设一所大学，该地区的各个城镇之间会进行激烈的竞争，都希望把大学建在本城镇上"[29]。城镇居民通常会为大学提供土地，出资捐助大学建筑，并供给额外的资金；他们"争取并欢迎大学在本城镇建立，不仅是希望本城镇因此成为经济活动的交汇点，也是为了填补教育和文化上的真空状态"[30]。

这段历程的一个例证是纽约州的哈特维克学院（Hartwick College）[31]，我有幸在那里当了十多年的校长。哈特维克学院的创建过程错综复杂但不失趣味。其捐助者约翰·克里斯托弗·哈特维克（John Christopher Hartwick）是一位路德派巡回传教士，他于 1746 年从德国来到这里，在殖民地时期的美国东北部骑马旅行了半个世纪，巡回在各个社区传教。他是一位博学之士，收藏有近400本书，在当时可以称得上"汗牛充栋"，考虑到他的整个牧师生涯都在不断地从一个城镇旅行到另一个城镇，这一藏书量更是令人叹为观止。虽然他在宗教观和行事风格上近乎独断专行，但他同时也是一个乌托邦主义者，他希望创造一个人们可以和平、积极地生活在一起的地方。为了创建一个理想的社区，他从美洲原住居民莫霍克人（Mohawks）那里购买了大片土地，在那儿，人们可以共同生活，并在周围的公共土地上耕种。但当时那些不敬畏上帝、有独立思想的边疆人并不愿意在这样一个乌托邦里一起生活。因此，一位竞争对手、开发商威廉·库珀（William Cooper）（纽约州库珀斯敦村的创始人）开始在未经哈特维克本人许可的情况下将他的土地卖给殖民者。为了掩盖这一非法行为，库珀设计取消了哈特维克土地抵押贷款的赎回权，并在扣除抵押贷款金额后向哈特维克支付了3.3万美元[32]，这在当时是一笔巨额财富。

失去了土地的哈特维克开始考虑另一种方案：他决定用这笔资金建立一个教育机构，因为他相信教育是人类实现一个生机勃勃且富有建设性的未来的关键所在。他于1797年去世，在遗嘱中他明确说明希望创建一个"神学院"（seminarium），这里的"神学院"区别于现代英语中的seminary（神学院）一词，指的是一所高等学府：它能"使恰当的人具备学习或了解美国学院中普遍教授的工具性文学（Instrumental Literature）的能力、基础和资格"[33]。当时所教授的科目通常包括从古典课程到部分社会科学和理科在内的更宽广的博雅教育学科。

　　由于多年来哈特维克骑着马从一个城镇游历到另一个城镇，在此过程中他不断地在遗嘱中添加内容，最终遗嘱变成了一份逻辑混乱，令人费解的文件；他在这份文件的开头部分宣称他的财产要献给耶稣，之后又描述起他建立神学院的愿望。在他去世后，三所学院为了争抢这笔大学的创建资金而同时建立：一所在纽约市，一所在奥尔巴尼市（Albany），还有一所在库珀斯敦附近与他同名的纽约州哈特维克镇。三所学院都声称自己应得到这笔财产。位于奥尔巴尼的那所学院甚至将哈特维克的遗体从原来的墓地里挖了出来，沿着哈德逊河一路运向遥远的南方，重新安葬在奥尔巴尼的一座教堂里。他们认为这样做能更加名正言顺地继承这笔财产。①

　　最终，哈特维克镇在这场争夺中胜出，但这个故事并没有结束。一个世纪后，在"大哈特维克"梦想的推动下，在距离哈特维克镇约 20 英里（约 32 千米）的奥尼昂塔市（Oneonta），镇长们希望创建自己的文理学院。他们在能俯瞰这座城市的山坡上提供了一块土地，如果学校愿意在这个新址重建，他们还愿意出资建造一栋宏伟豪华的学院大楼。后来事情就完全照此发生了。一所美轮美奂的谷景文理学院从那时创建开始，一直存续至今。

---

① 极具讽刺意味的是，多年后，由于奥尔巴尼重新规划市内道路，哈特维克埋葬的墓地需要搬迁，他的遗骸丢失，很可能现在就躺在奥尔巴尼某一条街道的地下。不过他的墓碑被抢救出来，后来被送到哈特维克学院。

美国学院的教育生态

新型美国文理学院在 19 世纪蓬勃发展，其目的秉承 1828 年《耶鲁报告》所拥护的理念，认为受过教育的民众对人类和社会进步而言至关重要。在一个发展中的民主国家，这一理念更显其重要性。比如，加利福尼亚学院（College of California）[①]董事会主席的职责是"让男人更有男子气概，让人类更具人性，增强理性、智慧和信仰的话语，并在所有存在的巅峰点燃真理的灯塔之火"[34]。但女性的教育相对滞后，尤其是在 1890 年之前。不过 1890 年时该学院已有 40%的女性学生。[35]

和哈特维克学院的情况一样，在那个时代创建的数百所学院中，大多数都属于与当地社区和那个时代发展起来的众多基督教教派之一合作创办的"教派学院"（denominational colleges）[36]。尽管初期高等教育的首要任务是教育神职人员，但随着高等教育的吸引力与日俱增，它对宗教的重视程度也大幅降低。"在殖民时期的哈佛大学和耶鲁大学，大约有 70%的毕业生从事神职，而 1810 年这一比例仅为 10%。"[37] 这些学院接纳不同信仰的人，"尽管有时教育或培养神职人员确实是一个必须考虑的因素，但主要的目的还是在于通过对一般民众施行庇护式教育（sheltered education）来维护社区"[38]。随着对宗教的重视程度逐渐降低，高等教育的目的被提炼为"公共服务、年轻人的文化适应和公

[①] 这所私立大学成立于1853年，15年后，它并入一所新成立的州立大学，1868年更名为加利福尼亚大学。

民社区"[39]，从而成为一种服务于更高公众利益的教育。

就连宗教组织也接受了这一立场，俄亥俄州浸信会在丹尼森大学（Denison University）成立时的以下陈述就证明了这一点："我们的目标一直是建立一个有益的机构：满足需求，并以增进一个快速发展的自由国家之福祉为宗旨，在这个国家，高尚的智识、勤奋和进取心都会很快获得回报"[40]。

同样，长老会在伍斯特学院（College of Wooster）创办时写道："授儿子以一个农场，不如授他以完整的教育。如此，他一年的收入将远超一个农场的产出，而且他还可能对社会产生巨大、久远的影响"[41]。这份陈述表明，虽然个人利益得到承认，但为公众利益做奉献的承诺仍被视为根本。这一目标是始终如一的："通过富有奉献精神的毕业生的人生实践活动，大学得以服务社会。这一观念并不新鲜。作为大学的宗旨，它永远不会消失。"[42]

美国学院的学习内容在数十年间不断演变。多年来，除了自然科学、数学和社会科学等更宽广的人类知识，古典学科一直是这些学院的常规课程。学生被要求能使用古希腊语和拉丁语完成古典学科作业，有时还需要使用希伯来语。虽然学院可能更愿意录取精通这些语言的学生，但与剑桥大学和牛津大学不同的是，他们并未将熟练掌握这些语言的要求列入录取标准，因为这将提高入学门槛，从而与美国高等教育的"全民"目标背道而驰。由此产生的结果是，大学课时的很大一部分不得不分配给这些语言的教学，挤压了学习古典学科本身的时间，也减少了学习教育工作者认为高等教育中应有的、必不可少的所有其他科目的时间。[43] 为了能有更多时间进行更广泛的学习，大学将古希腊语和拉丁语替换为相应的英语译本，以方便课程内容随着新知识领域的发展和研究领域的增加而及时进行扩展。这引起了很大的争议，但也因此才得以将更广泛的人文学科、社会科学和自然科学纳入课程设置。

最后，与教育目的一样，教育环境也经受了时间的考验，始终如一。这些院校被称为 colleges（学院）并非偶然。这个词源于拉丁语 collegium，意思是"社区"、"社会"或"姐妹情谊或兄弟情谊"。不同背景、不同人生阅历的教师和学生在住宿社区共聚一堂，在课堂内外共同生活，一起学习。虽然这种安排在一定程度上是因为当时人口密度相对较低，人们为了学习不得不离开家乡，但它也反映了《耶鲁报告》中描述的理念，即教育共同体是学习的最佳环境。

这种目的、内容和环境结合在一起，构成了这个时代大学的特点。在下一章中你们将看到，这也正是当代文理学院的特点。当然，现在美国的学院和大学类型众多，这一特色是由美国高等教育史上的其他重大演进决定的。

这些重大演进之一是 1862 年和 1890 年的《莫里尔法案》（Morrill Acts）。建立"赠地"（land grant）大学的目的在于发展农业和机械技艺，从而为当时还是新兴发展中国家的美国增添活力。最终，76 所大学顺应该法案成立，使得每个州都至少拥有一所赠地大学，其中包括许多在当今美国首屈一指的公立大学。这一历史进程极大地提高了高等教育的地位，降低了接受高等教育的门槛，扩大了高等教育在推动区域和国家进步中的作用。然而，尽管这一新法案听起来与普鲁士的做法类似，但其仍旧对博雅教育内容做出了重要保证。国会立法表示，这些院校将纳入古典学科研究，以"壮大在生活中做了好几种事业和职业的产业工人阶级所接受的自由和实用教育"[44]。

19 世纪 70 年代，约翰斯·霍普金斯大学（Johns Hopkins University）于巴尔的摩创建，这是美国高等教育史上的第二个重大演进。虽然人们常常说该校的建立是将杰出的德国研究型大学引进了美国，而且其创校校长也的确在制定该校规划方案的过程中参观了欧洲大学，但他是这么描述该方案的："我们不完全照搬任何先例，不试图建立一所德国大学、一所法国大学或英国大学，而是从一切渠道获得可能适用于本国的经验和建议，终有一天必能建起一所以我们自己的教育体系为基础的美国大学"[45]。与欧洲模式一样，该校在各个层次上都注重研究风气，但根据美国传统，教学仍是第一要务，研究"绝不允许——至少在本校的理论基础上——有损教学职能"[46]。

虽然该校的建设理念在早期有所变化，但宣称它与德国大学卓越的质量相仿，显然只是为了提高它自身的信誉。到 1883 年，它已发展出一个大学的概念，包含一个实力强劲的本科"院部"（collegiate section），教授博雅教育学科内容，将外语、英语写作和文学、逻辑学、伦理学、古代历史和其他学科都列为必修课程，授予学士学位；同时还设有专业教育，供获得学

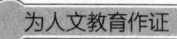

士学位者进修，授予硕士和博士学位。

在普鲁士传统的高等教育中，学生从一入学就开始进行专业化学习。这种传统为世界上大多数地区所采用，但美国却另辟蹊径。在出现能提供多层次学位的大学后，美国的本科生教育通常侧重于博雅教育学科的学习，而专业化教育则通过后续的在职培训或硕士、博士阶段的学习来实现，美国综合性研究型大学由此诞生。这些大学同时拥有本科博雅学位和研究生专业学位，从普林斯顿大学（Princeton）到哈佛大学（Harvard），再到州立大学中的佼佼者都采用了这种方法。

当然，在那个时代之后，美国高等教育还有许多其他重大演进，包括1869年哈佛大学启用选修制，取消了固定课程设置，允许学生自主选择课程；19世纪末开始出现学系，将教师和知识的领域分门别类；20世纪30年代发展出了"学生人事"（student personnel）的观念，使学生生活开始职业化；1944年通过了《退伍军人权利法案》（GI Bill），为数百万第二次世界大战退伍军人提供大学费用，从而大幅增加了大学毕业生的数量；校外教育活动日益增加，如20世纪60年代的出国留学和实习热潮；1965年颁布了美国《高等教育法》（Higher Education Act），为大学生提供经济援助；从20世纪70年代开始，技术在教育中的作用得到了重视；必须一提的还有最近发展起来的"高影响力教学实践"（high impact practices），即基于研究来评估教学方法的有效性及教学模式改革的成效。

然而，以上这些改革，以及当代认为博雅教育由其学习内容界定的观点，并未削弱其目的-内容-环境框架的重要性，因为这是理解博雅高等教育特征更全面的方法。同样，它们也未能改变博雅教育的宗旨，即通过建立在内容和环境之上的本科教育来实现更高的公众利益。在下一章中，我们将探讨近年来这些理念在美国博雅教育中的体现。但首先我想谈谈博雅教育目前不被看好的"落后者"地位。

领跑的专业教育和落后的博雅教育

从根本上说，世界上许多人所说的"美国式"教育，或是有些人口中"极富美国特色的"教育，虽然的确独一无二，但却并不是由美国人发明的。事实上，这种方法的精髓是经过数千年的发展和完善而来的。不过，在将博雅教育从历史的"垃圾堆"中拯救出来的同时，美国人确实做出了独特的贡献：不同于几千年前博雅教育的特点（也不同于普鲁士 / 欧洲的专业化方法），即高等教育主要向精英阶层开放，为了能使社会不断发展、欣欣向荣，美国式的博雅教育现在被认为是所有人都必需的。

无论是从院校总数还是入学学生总数上看，普鲁士的专业化模式都是全球领跑者，而博雅教育却是落后者。但这是否就意味着高等教育的专业化方法在引领社会进步或个人成功上是更好的策略？不知你是否还记得，为了追求这种"美国式"的方法，来到美国学习的人数远远超过去往任何其他国家的人数。

无可否认，在其他国家，人们对美式或曰博雅教育的兴趣也越来越浓厚：报纸文章和舆论普遍表达出支持的观点，各国教育部纷纷召开会议并制定新政策，美国以外的其他国家的博雅院校数量持续增长。从长远来看，获得美国式本科学位的人往往被认为更富有创造性、更成功。

博雅式的教育和普鲁士式的专业教育，哪个更具有影响力？这个问题的答案是可检验的。只要能够清楚地界定带有博雅教育内容和博雅教育环境特征的具体大学经历是怎么样的，我们就可以分析出这些经历与实现人们渴望的、社会也需要的人生结果是否有关。在接下来的几章中，我将详细探讨这个问题。

第 4 章

秉承博雅教育传统的当代教育

让我们把教育看作激发我们最大潜能的手段，因为在我们每个人身上都有一份属于个人的希望和梦想，一旦实现，每个人都能得益于此，我们的国家也能获得更大的力量。

——约翰·F. 肯尼迪（John F. Kennedy）

　　尽管几乎所有美国学院和大学都包含了博雅教育的某些方面——大多数院校至少保留了"宽广的内容"这一组成部分——但如今，只有较传统的博雅文理院校才能呈现出最完整的博雅教育生态，包括更高的目的、更广博的内容和参与式的教育环境。因此，在本章中我们将通过分析博雅高等院校的以上特征，来理解在当代情境下博雅教育的目的、内容和环境。

※　※　※

　　如前几章所述，博雅教育传统的特点在于其由 3 个部分组成：目的、内容和教育环境。我们可以认为这 3 个要素回答了博雅教育"为什么"、"是什么"和"怎么样"的问题，其具体内容介绍如下。

- **为什么**　指的是**目的**，它关系到这样一种理念，即人生结果不仅应该造福于个人，也应该有助于全人类的福祉（此处将这种同时面向个人和人类的福祉命名为"公众利益"）。

- **是什么**　指的是它的**内容**，即广博的、主要是非专业化的知识，用以帮助人们培养理解和思考的方式，从而在生活和社会中提高效率。

- **怎么样**　指的是教育**环境**，也就是一个以社区为基础的、个性化的、高参与度的学习环境。

此处最关键的问题在于"是什么"和"怎么样"是否会影响"为什么"；也就是说，专门接受过博雅教育的人和那些从未接受过博雅教育的人是否有不同的人生？如果答案是肯定的，那么到底是博雅教育经历中的哪些部分和成年后的行为相关呢？是否真如持怀疑态度的人所说，博雅教育必将对未来的自己、对社会都毫无价值？还是说这些人才更有可能成为人生赢家？

要想回答这些问题，我们需要清楚地知道博雅教育的每一个要素分别指的是什么。博雅教育的发展史告诉我们过去的博雅教育服务于什么目的。比如，在古希腊，一个人需要学会成为一名能言善辩的演说家，他才能获得成功并为社会做出贡献；在中世纪早期的欧洲，学生需要学习拉丁语，才能在一个缺乏共同语言或强势语言的时代有效地阅读、学习和交流。显然，当代的博雅教育并没有这样明确的指标。那么，现今的博雅教育需要实现哪些目的？为了实现这些目的，又需要提供什么样的教育经历呢？

接下来，我将说明自己如何确定当代描述新型博雅教育及其成果时最常使用的词语。对此，我总结出 3 个步骤。关于这些步骤的更详细的信息将在本章下面的内容中介绍。

第一步：目的

大学的使命陈述常常包括对一所院校提供教育的目的——期望为学生带来的人生结果——的描述，因此我收集了 241 所本科博雅学院的使命陈述。这些使命陈述中所述的结果目标被汇编在一起（共 450 项，其中部分院校只给出一个明确的目标，而有些院校则列出多个），并按其相似度归类整理。共有 95% 的陈述符合 6 种目的中的一种。按其频率排序，这些目标是：

（1）利他主义（为他人和社会的福祉做出贡献）。

（2）终身学习（大学毕业后继续学习，主动追求新知）。

（3）人生充实（反思生活是否富有意义）。

（4）领导力（运用在个人日常生活和社区中）。

（5）个人成功（个人成功和职业成就）。

（6）文化参与（对文化、音乐、艺术和其他创造性的活动抱有兴趣）。

第二步：内容和环境

　　为了确定当代博雅教育的特点，我使用了第 2 章中给出的博雅教育描述语汇编。你可能还记得，在系统性评价博雅教育特点的过程中，我对以博雅教育为主题的著作、演讲和讨论进行了评述，并对相关书籍和文章进行了综述；对教育工作者（大学校长、学术界官员和基金会管理人员）进行访谈；召开教师研讨会，请教授对博雅教育的手段和方法进行具体描述；对文理学院的学生进行访谈，请他们描述博雅教育经历。我把这些不同出处的对属性的描述集中起来，得到了一个很长的列表，其中包括 140 个关于博雅教育的内容和教育环境的不同描述性语句。

　　我将这些语句分为两组：一组用于描述教育内容，另一组用于描述教育环境的属性。在每一组之内，我又根据相似度将描述语进一步分为数个亚组。在此过程中，我发现内容中的 3 个方面和教育环境中的 3 个方面最常被视作博雅教育的特征。

　　（1）教育内容

- 包含非职业化的研究领域。
- 培养对世界的全面了解。
- 培养智力技能。

　　（2）教育环境

- 采用参与式教学法。

- 使视野更加开阔。
- 发生在真正的学习共同体中。

需要指出的是，这个过程的目标并不是要纤悉无遗地找到可归入博雅教育经历的所有教育特征。如前所述，各家对博雅教育的看法之丰富令人咋舌，根本不可能列出一份所有人都认同的显著特征。因此，我的目标并不是将所有可能出现的特征都包括在内，也不是列出一份每个人都接受的清单，而是列出人们对教育经历的描述中最常出现的、有可能合理地将博雅教育和其他高等教育方法区分开来的内容。当然，这些内容是否能够完美地描述博雅教育，甚至成为博雅教育唯一的描述语，还有讨论的余地。但这不是一个孰对孰错的问题。真正的问题是：这些教育实践在多大程度上能与毕业生的生活方式有关。换句话说，在这些基于博雅的教育经历中，是否存在一些方面能够预测人们毕业后作为成年人的行事方式？

第三步：经历和行为

尽管博雅教育的一些特征不难评估（比如，学习从本质上到底是职业化的还是非职业化的），但它也有一些相对不那么容易评估的特征（如培养更开阔的视野）。因此，最后一步是弄清楚应如何判断一个人是否曾接受过博雅教育内容和环境的某一方面，以及一个人成年后的行为是否实现了博雅教育的 6 个目的（领导力、利他主义、终身学习、文化参与、充实感和个人成功）中的任何一个。我们邀请一个由教育工作者和研究人员组成的团队①制作了一个多步迭代程序，得出了一系列用于描述高等教育经历各方面的呈现方式的语句，以及那些可以表明教育目的正在实现的成年人行为类型。在这一过程中，我们对几个具体概念的显著性（即一个词或短语是否描述了教育经历中一个有意义的方面）以及独特性（即它是否区分了博雅教育和非博雅教育经历）做出了判断。最终，我们为博雅教育传统的目的、内容和环境的每个方面都制定了一个或多个"指标项"。需要注意的是，单个指标不能用于描述博雅教育的全部特征或目的，只能用于描述这些构成学生所受教育或成年人行为特征或目的的其中一个方面。

　　在下一小节，我将更加具体地描述所有的这些教育特征和成年人行为，解释我们如何制定有意义的指标。

----

① 感谢戴维·斯特劳斯（David Strauss）、沙内沙·索尔斯（Shanaysha Sauls）和他们在巴尔的摩艺术与科学集团（the Art & Science Group of Baltimore）的同事，他们在带头完成此过程时贡献出了才华横溢的工作和精彩见解，也感谢以下教育工作者在我整理这些观点时提供的建议和帮助：乔伊斯·巴比亚克（Joyce Babyak）、布赖恩·凯西（Brian Casey）、苏珊·康纳（Susan Conner）、格兰特·康韦尔（Grant Cornwell）、戴维·道森（David Dawson）、肖恩·迪凯特（Sean Decatur）、琳达·德梅里特（Linda DeMeritt）、迈克尔·弗兰德森（Michael Frandsen）、格雷戈里·赫斯（Gregory Hess）、罗克·琼斯（Rock Jones）、约瑟夫·克莱斯纳（Joseph Klesner）、约翰·纳普（John Knapp）、格雷戈里·马勒（Gregory Mahler）、詹姆斯·马伦（James Mullen）、卡罗琳·牛顿（Carolyn Newton）、加里·菲利普斯（Gary Phillips）、理查德·雷（Richard Ray）、劳伦斯·斯汀佩特（Lawrence Stimpert）、亚当·温伯格（Adam Weinberg）和艾琳·威尔逊—奥伊兰（Eileen Wilson-Oyelaran）。

为什么：高等教育的目的

博雅教育的发展历史表明，实现更高的目标——造福社会和个人自身这一公众利益——一直是这种高等教育形式的理想结果。这一思想存在于古希腊和古罗马哲学家的思想中，存在于伊斯兰黄金时代，彼时人类通过个人和公众的启蒙而进步。而随着博雅教育为中世纪的欧洲带来了受过良好教育的神学家、律师、医生和众多其他专业人才，社会由此取得长足进步，欧洲教育得以在中世纪重新崛起。美国1828年的《耶鲁报告》指出，高等教育应该培养出对社会做出广泛贡献的人。

> 但是，如果他的思想之脚步从未踏足其他学科，如果他从未将目光投向文学和科学的广袤天地，他的思维习惯就会变得局限，性格就会变得怪异，这必将使他成为一个观点狭隘、造诣有限的人……那些不仅在职业生涯中出类拔萃，而且拥有渊博常识的人，必然有高尚的品德和尊贵的人格，从而能够对社会产生举足轻重的影响力，并在极为广泛的领域中都有所作为。
>
> 难道一个人除了通过职业谋生以外，就没有其他追求了吗？难道他对他的家庭、同胞公民和国家就没有责任了吗？而要想承担这些责任，就需要丰富多样的知识素养。
>
> 难道我们不希望他们是受过高等教育的人，拥有全局而开明的观点和坚实而优雅的造诣吗？难道我们不希

望他们不仅仅是拥有财产，还能够提升到一个更高的水平，懂得利用自己的财富，从而实现最为高尚的自我，并对他们的国家最为有益吗？[1]

那么，在当代的背景下，这种已有千年历史的高等教育的目的观又是如何体现的？我在本章开头的概述中说过，为了寻求这个问题的答案，我汇总了 241 所本科院校的使命陈述和办学宗旨，从中得到这些院校希冀创造的总共 450 个结果，并根据它们的相似性将其分为 6 类。[①] 以下将这 6 个类别按其出现频率排序，并举例说明使命陈述中用于每一个类别的语句类型。[2]

（1）尽职尽责地参与公民活动和非营利性活动（占办学宗旨的 28%）

- 公民身份
- 尽力服务
- 融入世界
- 解决社区问题
- 服务

（2）终其一生不断积极获取新知识和新见解（22%）

---

① 这些使命声明都来自美国教育部归类为四年制文理院校的美国学院和大学。此外我还分析了其他国家的17所博雅大学的使命陈述。我发现了这些院校也使用了相似的结果描述语（尽管各个院校在表述上的侧重点不尽相同）。美国五大湖学院协会的科琳·史密斯在这一过程中对我鼎力相助，对此我深表感激。

- 追求真理

- 思辨者

- 探索知识

- 学者

- 终身学习

（3）深思熟虑地做出能够创造有价值感和充实感的人生选择（21%）

- 充实、有价值的人生

- 体面地生活；负责任地生活；正直地生活

- 为他人的福祉做出贡献

- 有意义的人生；令人满足的人生

- 非凡的人生；改变世界

- 反思性的人生

（4）建设性的领导者品格（17%）

- 坚定的领导者

- 明智的领导

- 有道德、品行端正的领导者

- 高效的领导者

- 具有领导者的品格

（5）在个人层面、职业或经济上获得成功（12%）

- 职业发展顺利

- 事业生机勃勃

- 卓越的职业和专业水平

- 胜任本职领域工作

- 令人充实满足的事业

- 个人成就

- 成功

（6）致力于更广泛地了解全人类的文化成就（1%）

- 文化自觉

- 投身艺术

- 投身人文学科

这 6 类办学宗旨可分为 3 个相互关联的组，标记如下。

（1）有影响力的人生，担任：

- 领导者（17%）

- 利他主义者公民（28%）

（2）善于探究的人生，进行：

- 终身学习（22%）

- 文化参与（1%）

（3）成就非凡的人生，过上：

- 充实的生活（21%）

- 个人成功的生活（12%）

不难看出，这组办学宗旨都带有"公共利益"的性质，因

为它们同时包括了对个人成就和全人类进步做出贡献的描述。

是什么：学习内容

学习是高等教育不可或缺的一部分，因此学习内容，或者说人们认为学生需要学习的内容，自然也成为我们要在此处探索的博雅教育特征之一。我们自然会像思考小学或中学的学习内容（包括阅读、写作和算术等具体能力）或提倡职业培训的人思考学习内容（包括技术专长和对具体某一类工作的深入了解等符合市场需求的技能）一样，思考这个问题的答案。然而，历史已经向我们表明，博雅教育传统不同于 19 世纪普鲁士发展出的专业化模式，注重的始终是培养高效思维和有效行为，而不是掌握特定领域的专业知识。博雅教育被视为一个人在接受专业化教育之前必需的高等教育，并且无论此人后来是否选择专业化，博雅教育对其职业生活、社会生活和个人生活而言都是必不可少的。

我们将考虑以下 3 个方面的内容：教育在多大程度上脱离了专业化或职业化的性质、所学知识的跨度多大以及在多大程度上培养了必要的智力技能。

内容一：非职业化

博雅教育传统始终以培养更广泛的能力为目标，避免专业化或仅为某一特定的职业或事业打基础，这并不是因为将课程内容狭隘化不可行，而是因为这一行为被认为与获得第一个高等教育学位的目标相矛盾。[①] 各位读者应该还记得，1828 年《耶鲁报告》指出博雅教育方法的目的在于避免狭隘或专业化，其中说道："本学院为本科生开设的教学课程中不包括专业学习。我们的目标并非教授任何特定职业所需技能，而是为所有职业的共同点打基础"[3]。

大学本科专业这一概念是 19 世纪末美国的又一项发明。它的重要性与日俱增，使得深入学习（大学专业）成为几乎每一所美国大学在广博学习知识之外的另一项课程要求。然而，在博雅教育框架下，本科专业从来都不是为一种职业本身打下基础，而是通过后续的学习和经历为更成功的人生和职业奠定根基。

因此，当今区分职业教育与非职业教育的指标之一是本科专业是否归属于商科、会计学、工科、教育学和护理学等专业领域，而非人文学科、社会科学或数学和科学专业。

[①] 从原则上说，专业课程并不需要将博雅教育课程排除在外，因此对于那些为特定工作或职业而学习的人来说，博雅教育的潜在价值仍然可以实现。但实际上，普遍存在的情况是即便是在那些将博雅教育式学习列入专业课程要求的院校，博雅教育也仅起到次要作用。这往往是因为专业课程希望能确保毕业生全面掌握其学科的方方面面，使得能留给广博式学习的时间所剩无几，从而无意间导致了这种结果。比如，你将在本书后面的章节中了解到，博雅教育式学习有两个方面影响深远，其一是需要选修一半以上的专业之外的课程，其二是需要思考大多数课程中所学内容的伦理或哲学含义。这两种经历都可以作为专业课程要求的组成部分，但出于实际原因，很少有院校采取这种做法。

内容二：学习跨度

　　长期以来，学习大量不同学科是博雅教育的特点之一。随着人类知识范围不断扩大，研究的领域也不断增加，尤其是在伊斯兰黄金时代和之后的文艺复兴时期及其往后的时代。此处特意选用了"跨度"一词，因为它有两个不同的含义。首先，它形容的是事物由一端到另一端的全距。就学习而言，学习内容必须涵盖人类知识从人文学科到社会科学和自然科学的全部范围。就像前文所说，博雅式学习既不能不包括人文学科，也不能只包括人文学科。如果不能覆盖人类知识的整个范围，学习就不能称其为秉承博雅传统的学习。哈佛大学于1636年创立，其章程指明高等教育旨在"促进所有优秀文学、艺术和科学的发展"[4]，从而明确了这一理念。

　　"跨度"的第二个含义是用于连接或联系互不相连的区域的事物，如"桥跨"。在学习这一情境中，理解范围全面的知识固然重要，但如果不能同时理解不同领域的知识之间的联系，学习的价值也就极为有限了。这一概念的内在理念是学习应该带有多学科或跨学科的属性。[①] 比如，秉承博雅传统的教育对哲

---

① 近几十年来，通过教师合作将两个或多个学科有意联系起来的跨学科学习已变得相当普遍。事实上，学科交叉并不是一个新兴的概念，早在古希腊哲学中就能找到其身影。古希腊哲学综合了多种知识领域，以增进更广泛、更深入的理解。许多年来，这种概念上的方法一直是博雅教育的一个特征。当今，专业学科日益狭窄，有必要将不同的研究领域联系起来，以便更好地理解各种现象（比如，将经济学和社会心理学结合以了解政治行为，或将生物学和化学联系在一起以了解疾病），因此再次凸显出这种方法的重要性。

学研究和生物学研究同等推崇，但是只学习单个领域，而不考虑它们之间的相互关系，是不够的。也就是说，要想理解操纵染色体对人类的影响，就需要同时掌握相关的两门学科的知识，博雅教育必须有意识地帮助学生在他们将要学习的诸多领域之间建立起联系。每个组成部分（学科）都必须被理解为整体的一部分，学科之间相互关联，重要的见解均建立在理解各知识领域之间如何相互联系这一前提下。

通过了解人类的全部知识，并洞察它们之间的相互关系，一个人在一生中能够更有效地持续学习，理解自己在不断变化的生活和工作环境中需要做出的众多选择将带来哪些结果。在美国的社会背景下，《耶鲁报告》中关于这一点有大量精彩论述。[5]

> 我们能从知识文化中获得的最重要的两点是思维的训练和心灵的丰盈；加强心智的力量，增加知识的储备。两者之中，前者更为重要。
> 为了打好完整教育的基础，学生所有重要的心智能力都必须得到锻炼。

博雅教育方法的教学内容围绕心智能力展开，不同领域的学习都在推动更广泛的理解中起到不可替代的作用。《耶鲁报告》中对其重要性有如下论述。[6]

> 他要熟悉自己所在的领域，要在履职时做出更加合

理的行为，并因具备知识，他在处理任何事务时都能获得能力超群之评价……接受此种教育的好处除前文提到的心智训练之外，还能使他扩展思维的界限，在他卓越的知识中发掘有益于他人、影响他人的新途径，他的思想也因自由的知识得到大大的解放。

以上这些观点，至今仍受到我在完成本书时访谈过的几位教育工作者推崇。他们经常提及博雅教育必须包括广泛的课程（如理科和数学、社会科学、人文学科、历史、语言和艺术等课程），包括增进对于知识之间的相互关联性的理解，培养开阔的视野（如积极思考当下和长期悬而未决的重大问题和道德困境）。

那么，如何判断学生的教育是否广博、多样，是否包括理解不同知识领域之间如何相互联系、相互影响？最好的方法自然是查看大学成绩单和课程大纲。但这种方法有可能无法阐明学科间相关性研究的实现程度。如果没有这一层次的分析，那么一个人能讲述哪些实际经历——而不仅仅是对大学经历的看法——来表明他们的学习过程既包括知识的广度，又包括各个领域之间相互关联的方式呢？通过教育工作者和社会学家之间的深入讨论，我们发现以下几个类型的经历共同构成了一个人在大学期间是否完成学习跨度的当代指标。

- 一个人完成的与专业或相近领域无关的课程数量。
- （对于非人文学科专业学生而言）学习的人文学科课程数量。

- 在大部分课堂上从哲学、伦理学和文学的视角讨论有关
  人类处境的问题。

内容三：培养智力技能

教育工作者和雇主都看重那些具有思辨能力、能进行高效推理的人。这些标准到底有什么含义？自古希腊以来，人们在这个问题上就一直争论不断，"早在公元前 5 世纪和公元前 4 世纪，希腊就开始了关于在自由公民的教育中理性的艺术与言语的艺术何者为先的辩论"[7]。逻辑学在伊斯兰黄金时代处于发展的中心[8]。尽管随着黄金时代的落幕，其目的转变为证明信仰的教义[9]（后来的欧洲基督教地区就是一个例子），但在 1828 年《耶鲁报告》中，出于对代议制民主的需求，教育出能够理性思考和批判性思考的人被摆到了重要的位置上。

> 集中注意力，引导思路，分析拟调查的主题；用精确的辨别力遵循论证过程；对所得证据不偏不倚，做出判断；唤醒、提升、控制想象力；有技巧地整理记忆中的知识宝藏；激发并引导天赋的力量。
>
> 博雅教育……的最高目的……在于强化、拓展心智的能力，使其熟知人类研究和探索的那些伟大课题的主要原理。博雅教育显然不同于专业教育：前者旨在让学生通晓那些……在生活的一切场景下都必要而实用的话

题，而后者则致力于让学生了解那些能使一个人胜任某一特定职位、行业或工作的知识。[10]

那么，我们如何知道采用的教学方法是否培养了学生进行理性和批判性思维的智力习惯和技能？教育工作者和社会科学家经过深入讨论，认为能够用于判断当代本科经历是否能够培养推理能力和思辨能力的指标可能有如下几项。

- 教授鼓励学生检验自身观点优劣之处。
- 课程作业常强调要对不一定有标准答案的问题进行讨论。
- 大多数课程都要求学生撰写论文。

需要说明的是，对于博雅教育而言，这些指标是（或应该是）同等地适用于所有学科的。无论是自然科学、社会科学还是人文学科的研究，都可以包含这些经历。换言之，如果只在人文课程中考虑自己的观点带来的影响，就难解之题进行讨论和撰写论文，那么博雅教育事实上并未发生。虽然对于一些非人文学科的教师来说，要在教学中纳入这些学习体验可能要打破他们的舒适区，但如果他们想要遵循博雅教育方法，这些行动就是必不可少的。

总而言之，一名学生在大学阶段所学的内容包括 3 个部分：是否接受非职业化教育，知识的跨度是否包括（但不限于）人文学科，以及是否能培养必要的智力技能。

怎么样：学习环境

似乎几乎所有人——教育工作者、学生、家长、博雅教育史学家、立法者、记者等——都习惯只从内容角度来描述博雅教育。博雅教育价值的捍卫者或抨击者，他们总是从所教科目（如人文学科）是否具有现实或实用价值角度，或从其缺少职业专门化内容角度展开论证。但当他们需要描述教育环境时（如班级规模、师生互动、住宿性质），却往往使用类似生活设施便利这样的措辞。也就是说，这些特征被认为营造了一种愉快的氛围，也许使得大学更像是一所乡村俱乐部，大学因此成为一个更美好的地方，但它们对教育的价值或影响不大。

但是，如果我们更仔细地研读几千年来博雅教育的历史，就会发现人们一直都在努力创造一种个人参与、基于共同体的教育环境，并使之成为高等教育方式的一个基本特征。事实上，古代教育家似乎早就知道了教学研究者和神经科学家最近才通过实证方法得出的结论：在学习环境中融入行为维度和情感维度以构建人际互动，这一方式可以极大地提高学习效果（第 9 章将详细介绍这一主题）。

接下来，我将探讨教育环境的 3 个方面：教育经历在何种程度上采用已被证实能够让学生参与其中的教学方法，培养更加开阔的视野，以及包含真正的学习共同体。

环境一：参与式教学法

博雅教育传统的第一个内容特征是使用的教学方法。当今的高校教育工作者将对高效教学法的关注视作一种发展趋势。不可否认，最近的确有大量关于"高影响力"教学策略的研究，但事实上博雅教育自创立以来就一直以优先考虑学生的学习为特点，历史上也有大量相关论述，认可一些能让学生深入参与学习和思考过程的教学法对教育的重要性，其中包括从个别辅导和讨论，到开设引人入胜的讲座等不同教学法。第 2 章中提到，柏拉图主张学生积极参与学习；伊斯兰黄金时代的学生被鼓励与老师辩论，挑战他们的观点；中世纪的欧洲也列出了高效教学的要求。

在美国，《耶鲁报告》对参与式教学法的重要性也做了相似的论断。[11]

然而，在我们的课堂上，有机会就书面和即兴辩论的主题进行充分研究和讨论，这是我们课程学习的重要组成部分……我们将学生的任务设置成连续且具体的，就是为了保证学生能不断努力地锻炼智力。

通过分配比例适当的教授和导师，我们可以将经验优势与热情和活动融合在一起；将深入研究的长处与对基本原理细致入微的观察融合在一起；将个人信念和个体责任与对构成制度的各部分的改进融合在一起，从而实现整体的统一、均衡。

当代，博雅教育工作者同样重视学生的学习投入。他们指出，以下指标体现出学生参与了学习。[①]

- 在大部分课程中，学生都需要积极投入课堂活动。
- 大学第一学年的班级人数不超过 30。
- 研讨会构成学习过程的重要部分，特别是在大学前两年中。

环境二：培养更加开阔的视野

在古希腊，教育意味着"全人、身体和灵魂、感官和理性、性格和思想"。[12] 在伊斯兰黄金时代，为了实现拓展知识、挑战狭隘思维的明确目标，人们旁搜博采欧洲、中东和亚洲的知识。这种思想的多样性为中世纪的欧洲所承继，拓宽了知识的边界，推动了文艺复兴。在美国的历史背景下，《耶鲁报告》雄辩地谈到了人们对不同类型学习的需求，它们使人们能够高效地为当代社会做出贡献。[13]

[①] 大量有关教学方法的文献采用高影响力教学实践。此处列出的问题包括这些教学方法的其中一些方面，但并未收录最近的高影响力实践清单，这是因为我们采访的对象在这些方法问世之前就已毕业，并且其中许多相关术语（如第一年研讨会和服务学习）也未发生改变，一直沿用至今。

难道一个人除了通过职业谋生以外，就没有其他追求了吗？难道他对他的家庭、同胞公民和国家就没有责任了吗？而要想承担这些责任，就需要丰富多样的知识素养。

应该让他在每一个重要问题上能有充裕的时间，从容不迫地比较和权衡他人相互冲突的多元观点，进而确定自己的观点。

教育工作者和社会学家将以下经历视为大学教育是否培养了更开阔的视野和感受力的指标。

- 将了解来自不同文化背景的人作为大学教育的重要组成部分。
- 经常与宗教信仰、政治观点或个人价值观迥异的人进行严肃的讨论。
- 与其他学生讨论和平、正义、人权、平等和种族关系等问题。

环境三：包含真正的学习共同体

美国人经常认为，大学校园指的不仅仅是教室。美国学生实际上居住在既有教学设施又有休闲设施的校园内或附近，这一做法与欧洲大相径庭。在欧洲，大学就只是学生上课和考试的地方，学生生活的其他方面在别处进行，如学生俱乐部、体育运动的队伍和其他组织都在校外运行。学习共同体这一理念很少被视为创造有效教育经历所必需的要素。

然而，以社区为环境的教育有着深厚的渊源。在古希腊和古罗马，教育环境由家庭教师构成，他前往学生家中或其他社区地点，通常是面对一小群学生授课。在伊斯兰黄金时代，"环形学校"为师生之间密切的个人互动创造了条件，早期的几所大学也都实行全面住宿制，教师和学生之间能够进行课堂内外的互动。在欧洲中世纪早期，由于学生来自十数个国家，他们需要共同生活、学习，教育围绕着创建和维护住宿制教育社区展开。这种以社区为中心的方法在当时尤其重要，因为当时书籍和书面文献数量稀少，受过良好教育的学者更是凤毛麟角。

在北美殖民地时期，哈佛大学的创始人希望复刻这种"学院即社区"的模式，在此之后建立的几所院校也都采取了这种模式。1828 年，《耶鲁报告》正式宣告了学习共同体的重要性。

> 本国大学最重要的一个特点是，学生由于自身的年龄层特点，普遍还需要一个代行家长监督职责的角色。当他们离开父母的羽翼，面临从未经受过的诱惑时，有必要让可靠而亲切的监护人手把手地指引他们的脚步……大学管理的家长属性要求学生像一个家庭一样聚集在一起，这样他们和导师之间才可能进行频繁而密切的交流。[14]

因此，典型的美国学院或大学，无论其大小，校园里不仅会有教室和图书馆，还配备有住宿区、学生中心、体育和娱乐设施等。然而，目前各大学之间为拥有最具吸引力、最完善的设施而展开了激烈竞争，甚至常常被形容成一场"设施大战"，在各大学欲营造乡村俱乐部氛围的愿望的推动下，这种"战况"更是愈演愈烈。这种近些年才出现的发展模式成本高昂，也曲解了一个真正的教育共同体在有影响力的博雅教育中的意义。

然而，仅仅拥有吸引人的校园设施并不等同于一个真正的参与性的学习共同体；事实上，一个拥有完善的便利设施和大众体育活动的校园可能没有真正的学习共同体，而一个设施有限的校园却可能拥有真正的参与性的学习共同体。足球比赛可以带来热情，去健身中心可以促进活动，在图书馆学习可以激发思考，但在博雅教育传统中，这些经历都不属于能够创建真正的学习共同体的类型。"真正"这一概念指的是教师、学生和教职员工无论在课堂内外都要以在智力和个人层面上有意义的方式进行正式和非正式的互动。

19世纪，在发展中的美国的大小城镇上创建的数百所住宿学院几无例外，都以住宿制为特征，教师和学生的生活都围绕住宿生活和学习共同体展开。在这种教育环境中，教师、学生和教职员工在课堂内外一起工作、相互熟知，这种模式对个人意义重大。在美国，拥有这样一个精心设计的学习共同体仍然是博雅教育的一个关键特征。

那么，我们如何判断学生的课外时间是否也以真正的学习共同体为特征？有哪些实际经历——而不仅仅是停留在对大学经历的看法上——能体现出存在真正的学习共同体呢？通过教育工作者和社会学家的讨论，如果满足以下几项指标，则可以认为存在个性化的和参与性的教育经历。

- 教授能叫出学生名字。
- 学生在课外和教师探讨学术问题。
- 学生在课外和教师探讨非学术问题。
- 有一位或多位能长期影响学生目标、智力发展或个人成长的导师。
- 住在学校或是由学院或大学资助的地方。
- 积极参加学院或大学开办的俱乐部或组织。
- 担任校园组织的领导人。
- 参加体育运动。
- 奉行校园行动主义。

需要再次说明的是，这些问题都不能定义什么是真正的学习共同体，这些元素只是衡量这样一个教育社区是否存在的**指标**。

总而言之，有关博雅教育传统"怎么样"（即其教育环境）的问题包括 3 个特征：采用能够让个人参与其中的教学方法，培养更加开阔的视野，以及包含真正的学习共同体。

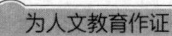

包含"为什么"、"是什么"和"怎么样"的
教育生态

　　显然，博雅教育传统的"为什么"（即其目的）自其发端以来始终如一。博雅教育一直以更高的公众利益为宗旨，未来也将一如既往地贯彻这一理念。而博雅教育"是什么"（即其内容）则一直围绕为人生影响做好基础性准备展开，其中包括了培养非职业化的思维模式和理解人类知识的广度。随着人类知识的广度不断增加，博雅教育的学习范围也随之扩大。博雅教育的"怎么样"（即其教育环境）自始至终都与教学方法，与拥有多样的背景和人生经历的人群以及个人高度参与其中的教育共同体有关。

　　博雅教育是这样的一种教育方法——其目的、内容和环境皆与全世界通用的、由普鲁士方法发展而来的教育方法形成了鲜明对比。与美国不同的是，在大多数国家，人们甚至还没来得及进入大学，就已经被带入了某个行业或职业。那些通过筛选后进入高等教育的人被某一个专业录取，而这个专业的目标只是发展相对狭窄的领域。相反，美国式的博雅教育对所有社会阶层的每个人都敞开大门，无论他想在未来实现什么个人目标，取得哪些职业成就。农民的儿子可以选择成为农民，这一选择应受到尊重；商人的女儿可以选择成为商人，这一选择也应受到尊重。诚然，我们从古至今都需要农民和商人，在今时今日也需要水管工、电工、保姆和其他各行各业必不可少的工作人员，但在美国式的高等教育中，每个人都应该有机会调动自己的热情和能力，从而最大限度地服务于他们自己的梦想和全人类共有的未来，无论他是一位农民、商人、专业人士还是受过大学教育的专门人才。

1828 年的《耶鲁报告》已经成为一个卓越而历久弥新的模范，即使在今天，它仍然能明确地说出美式博雅教育作为全世界公认的高等教育方法之翘楚所独有的内容、环境和目的。不同于普鲁士高等教育的目的，这种教育方法旨在服务于一个更宏大的无私目标：个体和人类社会的共同进步。

现在，我们已经了解了博雅教育的 6 个特点：其中 3 个与内容有关，另外 3 个与环境有关。那么，我们是否已经理解了博雅教育？我们是不是已经结束了探究的旅程，满足于我们对博雅教育的全新理解？答案是否定的：如果我们止步于此，那么我们创造的不过是又一种对于博雅教育的解读——在业已存在的数百种解读当中增添又一种说法。

我们还要考虑一个关键问题：影响。不管人们有多么热衷于某一种教育特征，为职业做准备也好，追求真正的学习共同体的价值也罢，如果这个教育特征对人们的生活方式毫无影响，那它的价值又体现在何处呢？博雅教育的教育环境是否切实地影响到人们的生活方式？这就是我们接下来要探索的问题。

第 5 章

探究大学经历对成年后生活的影响：研究方法介绍

说它（大学）的目的只在于得到一份薪水可观的工作实在是过于简单化了。我们应该铭记在心的是对公民身份的认识、广博的知识和对世界的深刻理解。而这些都难以估量。

——比尔·盖茨（Bill Gates）

　　我们已经把博雅教育的学习内容和教学环境一一列出，现在应该思考如何判断这种教育方法的具体特征是否能对人们成年后的生活产生影响了。为此，我们客观分析了 1000 名毕业于各类高校的学生的博雅教育相关经历和成年后的行为，并使用统计方法评估了特定大学经历和成年人行为之间的关系。作为统计结果的第一人称事例，我还在本章中加入了几位博雅学院毕业生的叙事。我将在本章中详细解释我采用的研究方法。

※　　※　　※

　　我们知道，大学学历能在很大程度上预测成年后生活的多个方面：大学毕业生更有可能在职业上取得成功，寿命更长，收入更高，并且具备其他生活上的优势[1]。当然，以上都是对个人有利的结果，可以说它们属于"自利的结果"。而博雅教育则并非如此，它以促进公众利益为己任，致力于同时造福个体和全人类：作为领导者和利他主义者成就有影响力的人生，通过持续的学习和文化参与追求探究的人生，通过充实满足、个人成功的生活实现成就非凡的人生。博雅教育传统是否与这些更加宏大的成就有关？简而言之，博雅教育的内容或环境是否与具体的、实现教育目的的人生结果有关？

以上这些对理解博雅教育及其成效的问题十分重要：我们的目标并不只在于问一句"博雅教育难道是（或不是）上上之选吗？"，而是"博雅教育传统的哪些方面与人生影响有关？"。这是因为只有我们明白如非专业化是否重要，教育共同体是否重要（或者任何其他内容上和环境上的特征）这一类的问题的答案，才能得知哪些教育特点需要关注，而哪些可以不予讨论。

那么，究竟有没有证据表明，上文中界定出的 6 种博雅教育经历与 6 种人生结果是否存在任何关联？这个问题如图 5.1 所示。

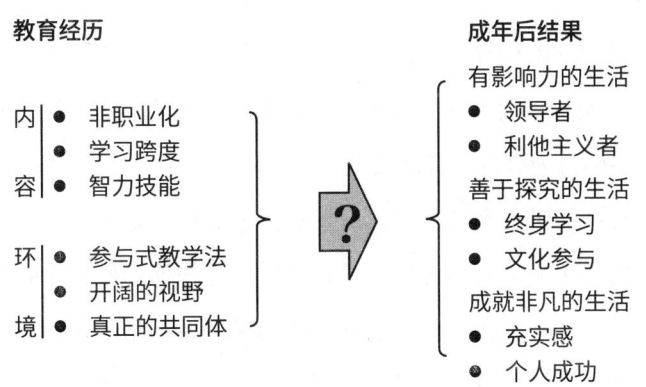

图 5.1　教育经历与成年后结果的关系

如果我们发现博雅教育经历的任一方面与成年人行为有所关联，那么我们就已经得到了重要的结论，对与人生结果相关的博雅教育传统产生了重要的新见解。我们也将知晓博雅教育方法中到底是哪些因素真正起作用。

因此，美国式高等教育的这些特征是否与成年人在大学毕业后的生活方式显著相关？为了客观地回答这个问题，而不是单纯提出观点或看法，就需要对特定的大学经历进行研究，并考察它们与成年人行为之间的关系。

研究方法：人生结果

我们应该在人生的哪一个阶段评估博雅教育的价值呢？毫不夸张地说，目前对大学教育的影响的研究数以千计。但是总体而言，这些研究的关注点大都在于教育对学生在校期间或刚毕业时的影响。此外，大部分研究的关注面较为狭窄，针对大学教育的影响所提出的问题也相当浅显（如询问学生第一份工作的收入），或是仅对大学及其影响提出个人观点、看法，而不是对实际行为进行客观评估。

与那些研究不同的是，我们真正想知道的是大学毕业生在今后的人生中的行为方式，并将这些行为与他们所接受的大学教育的特点进行比对。从能够证明因果关系的角度来看，最理想的方法是将大量高中毕业生随机分配到不同的大学，从而使他们随机获得大学期间的各种经历，再在未来 10 年、20 年、30

年或 40 年后调查他们的成年人行为（毕竟一个人成年后的生活
要持续好几十年），因为要衡量一个人的人生结果，可能需要等
到他中年之后才有定论。如果我们采用这种方法，到 2060 年我
们也许能得到想要的答案。然而，也许到了那时，研究者才发
现这些信息都是毫不相关的，而我肯定也早已不在人世，无从
得知这些结果了。

　　当然，我并没有就此放弃深入理解博雅教育与成年人行为
相关的方面，我也不愿放弃任何能够改变它们的机会，我决定
采用一种不同的研究方法。我们不对同一批人进行为期数十年
的跟踪调查，而是对不同年龄段（毕业 10 年、20 年和 40 年）
和毕业于不同类型高等院校（从小型文理学院到研究型重点大
学，一应俱全）的大学生进行了访谈。研究人员向每位毕业生
询问了有关其大学经历和成年人行为①的具体、客观的问题。此
外，我们请 85 名文理学院的毕业生撰写叙事，讲述在他们眼中
大学经历的哪些部分意义重大。我们从这些叙事中节选了片段，
作为源于客观性访谈的研究结果中的第一人称事例。

---

①　在研究术语中，这是一种横断面研究（cross-sectional design）而非纵向研究
（longitudinal design）。任何一种不涉及随机分配（random assignment）的研究
设计（比如，为人们随机分配就读的大学，当然这对于高校招生而言是一种非
常不切实际的想法）都存在因果关系的问题。而横断面研究中引入的因素却
不利于因果推断。在本研究后续的分析中，我们将研究结果与研究对象入学
阶段的个体特征进行了匹配，从而在一定程度上消除了这些因素带来的影响。
但更重要的是，本研究报告的结果与其他关于大学学习的观察性研究和实验
性研究结果高度一致，与神经科学研究结果也高度一致，这使得我们对本文
报告的结果信心倍增。这些问题和分析将分别在第9章和附录1、附录3中予以
介绍。

访谈研究

研究方法

那么，我们要怎么研究大学经历对成年人行为的影响呢？有关大学经历中哪些方面最关键的舆论研究有很多，意在让研究对象说明他们是否认为大学或大学的某一方面影响了他们。本研究另辟蹊径，对 1000 名处于 3 个不同成年后生活阶段的大学毕业生进行访谈。

- 年轻组毕业生的年龄在 25～35 岁，他们毕业相对不久，还不需要谋求他们大学毕业后的第一份工作，也尚未面临人生的抉择（如正在读研究生，或是还住在父母家中）。当然，他们也可能仍在摸索自己的人生道路。
- 中年组毕业生年龄介于 36～45 岁。这一群体可能已经通过自己的人生抉择，在职业上和个人生活中都找到了自己合适的位置。
- 老年组的年龄在 55～65 岁，他们在人生和事业中都稳住了根基，可能已经到达了职业的顶峰。

我们不采用调查问卷或电子邮件的形式，因为通过这些渠道进行访谈时，许多人都不会完整地回答其中的问题。作为替代，我们选择了通过个人电话进行交谈的访谈形式，访员都经过严格培训，有能力与受访者建立融洽的关系，从而获得坦诚而全面的回答。为了确保收集的信息具有一致性，我们使用了一份结构式访谈提纲。

研究项目通过一系列步骤开展。我们设计了初步访谈问题，根据预实验结果对其进行进一步的修订。此后，我们设计了访谈提纲的初稿，进行了预实验，根据结果进一步完善该提纲。在此基础上，我们制定了最终的访谈提纲，其中包括大约100 个问题，分为人口统计学信息、博雅教育经历指标和成年后生活行为指标[①]。我们用几个月的时间对 1000 名成年人进行了访谈，对访谈回答进行编码，录入数据文件中，以便从统计学的角度探讨大学经历和成年人行为之间的关系。

研究对象

我们应该研究哪些人的大学经历和成年人行为呢？如前所述，本研究的重点在于了解美国式博雅教育方法与其他高等教育方法相比有哪些独特的影响，而非对比受过高等教育和未受过高等教育对人的影响。正因为如此，本项目只以大学毕业生为调查对象。其次，由于本研究旨在评估博雅教育实践的影响，我们的样本中既需要有几乎未接受过博雅教育的人，也需要有接受过大量博雅教育的人。鉴于任意一所院校无论其规模大小，

---

① 巴尔的摩艺术与科学集团负责开发访谈提纲，进行预实验，并管理访谈和数据编码的全过程。

是专门的博雅文理院校还是综合性院校，都有可能或多或少地包括博雅教育的部分特征，因此我们必须从各种不同类型的院校中招募调查对象。我们希望能选取一个多样化的访谈对象群体，其中部分对象拥有丰富的、与博雅教育相关的 6 个特征中的一个及一个以上的经历，而另一部分对象则缺乏同样的经历。我们为此使用了两步法的研究步骤①。

　　第一步，我们选择了一组不同年龄的成年大学毕业生，他们毕业于不同类型的学院和大学。调查对象样本库采样在美国全国具有代表性②，我们从中随机抽取符合所需年龄组（分别为 25～35 岁、36～45 岁和 55～65 岁三组）的大学毕业生参与。这一样本库的价值在于我们可以在其中纳入来自所有不同类型院校的毕业生——公立／私立、大型／小型、研究型／本科型、申请难度高／申请难度低、博雅教育性质／非博雅教育性质等。得益于此，我们的研究结果并不像其他许多与高等教育相关的研究一样，仅适用于参与这一项目的一所或几所大学。

　　尽管几乎每一所美国学院和大学都或多或少地包含博雅教育的某些方面（比如，要求学习专业以外的知识，使用有效的教学方法，广泛的课外活动等），但今天大多数大学或学院的大

---

① 巴尔的摩艺术与科学集团全程负责代表性抽样过程的设计和实施。
② 样本库由国家级民调组织负责建设，而不采用其他调查遴选调查对象的方法（如随机拨打电话号码），因为采用这一类方法时往往会有许多人不接听电话或拒绝参与。样本库由同意接受访谈的人员构成，在人口统计学上具有（美国）国家级别的代表性。所有研究项目的调查对象均从这个巨大的人群中随机选择。

部分毕业生都只有为数不多的此类经历①。因此，在我们从全国
代表性样本中随机抽取的大学毕业生中，将只有少数人可能受
过相对完整的博雅教育（即更加全面地经历过所有 6 种教育特
征）。为了确保在本研究中全面体现博雅教育经历，我们实施了
第二个抽样步骤，从 84400 名文理学院毕业生中随机选择调查
对象②。需要强调的是，新增这一批样本的目的并**不是**对文理学
院本身进行过采样，而是为了增加本研究可分析的博雅教育实
践的数量和范围。本研究报告的分析结果并非基于院校类型，
而是基于不因院校类型而改变的、具体的教育经历（附录 3 中
报告道：有必要指出，当对两个群体分别进行分析时，博雅教
育实践在这两个群体内部都有显著的实质性意义）。

　　同时还必须指出的是，尽管人们常常认为文理学院的学生
都家境殷实，但实际并非如此，因为文理学院往往会提供高额
的助学金。2019 年，本研究所涉及的文理学院中，佩尔助学
金（美国联邦政府对经济困难家庭提供的援助）受助人比例为

①　在过去40年中，大约90％的大学毕业生毕业于非博雅院校（如今这一比例已超
过95％）。

②　这份包括8.4万名毕业生的名单来自12所优秀院校的全部在世校友群体，这些
大学仍保留着美国式博雅教育独特的教育经历。感谢以下文理学院的参与：
阿尔比恩学院（Albion College）、阿勒格尼学院（Allegheny College）、安提阿
学院（Antioch College）、丹尼森大学（Denison University）、迪堡大学（DePauw
University）、厄尔汉学院（Earlham College）、霍普学院（Hope College）、卡拉马
祖学院（Kalamazoo College）、凯尼恩学院（Kenyon College）、俄亥俄卫斯理
大学（Ohio Wesleyan University）、沃巴什学院（Wabash College）和伍斯特
学院（the College of Wooster）。

29.8%[2]，而全国所有本科生的平均水平为 32%[3]。

我们在全国代表性样本库中随机选取成员进行电话访谈，总计完成 600 次访谈；并在文理学院组中随机选取成员进行电话访谈，共计完成 400 次访谈。

因此，我们共对 1000 人进行了访谈，调查对象涵盖各种背景［家庭社会经济地位（Socioeconomic status, SES）、考试成绩］，毕业院校类型丰富（公立 / 私立、小型 / 大型、普通 / 优秀）。附录 2 报告了这些属性，附录 3 则考察了本研究中文理学院出现超额代表现象的启示。如前一节所述，年龄在 25 ～ 35 岁的调查对象占总人数的 1/3，年龄在 36 ～ 45 岁的调查对象占 1/3，年龄在 55 ～ 65 岁的调查对象也占 1/3。

研究问题

那么，究竟哪些大学经历和哪些成年人行为之间存在关联呢？如果要面面俱到地问及一个人的所有大学经历和他们在成年后的一切行为，那么显然是不切实际的。因此，我们对研究进行了一定程度的简化，只关注 6 类教育经历和 6 种成年后行为。这并不意味着其他重要的教育或行为特征就没有存在的可能，但考虑到本项目的目的，我们仅将访谈和分析限制在上述范围。

在第 4 章中，我们列出了博雅教育的人生结果、内容和环境的一系列指标。我们悉心将这些指标转化为问题，用于甄别人们的教育和人生经历。比如，"你每周学习多少小时？"这个问题就不能表明博雅教育的显著特点，因为任何类型的大学教育都可能包含这一特征。同样，有一些与问题解决和批判性思维相关的问题，尽管往往被归类为博雅教育的核心属性，但很难被用作博雅教育和非博雅教育的区分因素，因为职业化和专业化的项目也常常以此为重点。难以想象一位优秀的工科专业或市场营销专业的学生会缺乏批判性思维和解决问题的能力。与此相对的是，大多数课堂能讨论人类处境中的哲学、伦理学或文学问题，或者学生可以经常在课堂外与教师谈论非学术话题，这是博雅教育独有的内容，带有强烈的博雅教育特征。

需要指出的是，本研究中用于访谈的指标问题都是关于行为的。换言之，这些问题的目的在于引出关于实际经历（也就是一个人真正的所作所为）的陈述，而非引出像什么最重要，调查对象喜欢什么之类的观点。这一点非常关键，因为在本书报告的研究中，其重点并不在于人们认为什么最重要（比如，"我认为在课堂以外的时间和教师交谈能帮助我在成年后的生活中成为一位更有能力的领导者"），而在于实际发生了什么样的事情（比如，人们在课余时间与教师交谈的频率与他们成年后的领导能力之间存在显著的关系）。本研究的兴趣并非探究人们认为什么重要，报告实际的教育经历和成年人行为才是重点。

当然，如前文所说，本研究是一项横断面研究，研究对象已经毕业 10 ～ 40 年。因此，当研究对象回答关于大学时期的行为的问题时，他们的答案来自对过去的记忆，而当他们回答关于当前行为的问题时，他们的答案属于一种自我报告，并不一定能反映真正的行为。有丰富的研究文献讨论自我报告的信息准确性问题，但一言以蔽之，影响此类研究的准确性的因素有许多，包括人们倾向于给出更符合社会期待的回答，以及需要重新唤起对过去事件的记忆时存在的种种问题等。虽然我们在设计问题和预实验时都谨小慎微，选用了稳定、具体的访谈问题，所问的经历也易于回忆，但要对当前和记忆中的事件进行自我报告，仍难以完美保证回答的真实程度。

最后要指出的是，这些大学经历和成年后行为的指标也需要符合不同成年人的年龄段特点。比如，提问大学教学方法时，不能包括有关技术使用或参加服务性学习（指参与社区服务以获得课程学分）的问题，因为这些问题对本研究中的老年组对象没有意义，在他们的大学阶段，计算机还不普及，服务性学习方法也还没有问世。

理解大学经历与成年人行为之间的关系

一段大学经历的种种特性和成年人行事的方式有何关系？为了在这两者之间构建起经验关系，[4] 第一步要做的是将每一个访谈问题的回答按"较低"和"较高"进行编码。也就是说，以其他受访者为参照，按照问题中行为的频率将其分入"低频"组和"高频"组。[1]

---

① 关于数据和分析方法，详见附录4。

　　接下来，为 6 类教育经历和 6 类成年后行为一一设置单一总分。请记住，本研究设置的这些问题，没有任何一个是单独用来评估这些经历或结果的存在与否；相反，每个问题都被设置为表明某个特征存在与否的指标。因此，我们将每个类别下的所有问题的回答合并成一个单一的综合分数。比如，关于真正的学习共同体这一特征，共有 9 个问题。我们将每一个问题的回答的得分相加，对总和进行中位数拆分，合并计为一个单一的"较低"或"较高"分数。这种做法背后的逻辑在于：这种单一分数可以从整体上显示一个人在何种程度上经历了共同体中的这几个方面。我们将这套程序应用在所有 6 项教育经历的特征和 6 项成人行为类型上。

　　接下来，我们将在每一项教育经历特征上得分较低或较高的人数与在每一个成年后行为类别上得分较低或较高的人数进行比较。比如，在那些据报告成年后领导能力较强的人群中，67% 的人报告他们在大学社区的参与程度较低，84% 的人报告他们的参与程度较高。我们使用卡方检验（chi-squre test）来考察这种差异是否具有统计学意义。然而，差异具有统计学意义（即效应的发生概率低于 5%）还不足以使我们得出报告结果。我们还需要实质性的联系，即是否符合以下 3 个标准。

　　（1）在统计学上信度较高。[①]

　　（2）产生的效应更显著（即能在一组内至少增加 20% 的效

---

① 所有结果均在 $p < .05$ 级别双侧显著（大多数为 $p < .001$）。附录 5 给出了完整的分析结果。

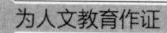

应频率）[①]。

（3）3个年龄组结果模式的差异无统计学意义。

这3条标准促使我们将关注点放在大学教育中可能最具持续性意义的特征上[②]（本研究的其他结果引出了更细微的问题，我们后续也将在专业期刊上发文阐述）。

有必要再次强调，有别于大多数针对博雅教育的研究，本研究包括了所有类型高校的毕业生。考虑到大多数美国大学，无论哪种类型，都多少提供了一定程度的博雅教育实践，因此本书所报告的分析结果并不是对博雅文理学院与非博雅文理学院进行对比，而是以博雅教育的6类经历为维度，将在每一类经历中暴露程度不同的毕业生进行对比，他们毕业的院校类型则不纳入考虑范围。批评者往往认为选择上文理学院的人本身就与众不同，因而成年后的行事方式也自然有别于他人。然而我们的研究结果却并非如此（附录3部分从统计学角度对这个问题进行了探讨，其中报告的分析中排除了所有的文理学院毕业生）。

---

① 考虑到统计的显著性效应，我们使用"事件风险率"（incident risk ratio）来计算两组之间的差异大小。事件风险率，指的是用某种特定博雅教育经历高水平组出现一种成人行为的概率除以相应的低水平博雅教育经历组出现同一种成人行为的概率所得的比率。我们要求结果在具有统计学意义的同时，还要求差异相对较大，因此有一些结果虽然也具有统计学意义，但未能进入报告的行列。尽管如此，但正因为只考虑较大的效应，我们才能将重点放在那些能带来更大差距的特征上，从而提升了本研究的价值。关于这一数据，附录5部分给出了更完整的信息。

② 鉴于这是一项横断面研究，我们在附录1中提出了对因果关系问题的考量，即大学经历与成年人行为之间是否存在因果关系。

我们将在第 11 章中报告，倘若一个人本身就对博雅教育经历和由此带来的人生结果心有向往，那么最有可能使他满足愿望的的确是文理学院。然而，勤勉、谨慎之人也完全可以在其他类型的院校中找到特定的博雅教育经历。有一点也同样值得指出来，那就是人们有理由对本书中所报告的研究结果充满信心：从附录 1 的内容可以看出，本研究的结果与其他关于大学成效的相关研究在结果上高度一致。第 9 章从理论和研究的层面阐述了这些显著性影响背后的基本原理。

叙事报告

在本书报告的研究项目实施的同时，美国独立学院理事会推出了一项新举措，组织编写描述博雅教育特征的信息叙事。来自 49 所不同文理学院的 85 名毕业生写下了他们本科教育经历的开放性叙事（open-ended description），其中包括他们自认为最重要的经历和结果。第 6 章、第 7 章和第 8 章从中节选部分叙事，以这些第一人称叙述为例，报告我们在访谈研究的分析中得到的、具有统计学意义的结果。

作为领导者、利他主义者，成就有影响力的人生

博雅教育的重要性远远超越了大学校园的界限，因为它让我们能更深刻地了解世界，为世界做出贡献，并重塑自我。博雅教育一旦开始发挥作用，就永不停止。

——迈克尔·S.罗斯（Michael S.Roth）

　　我们在前几章中报告了从博雅教育史中找到的各类成年后行为。现在我们开始探讨 6 类博雅教育经历和这些行为之间存在哪些关系。本章将重点放在博雅教育与通过领导力和利他主义成就有影响力的人生之间的关系。

　　高等教育——博雅教育传统——如何培养出一个能为他人的生活做出贡献的人？有些人进入大学时就怀着在这个方面有所作为的心愿，但又觉得在这一目标前横亘着不可逾越的障碍。一位大学毕业生特蕾莎（Theressa）是这样描述自己的青年时期的："我从孩童时期起就梦想成为一位医生，但是许多人并不支持我。我时常听到他们说'你是个黑人，家境贫困，还是个女孩，像你这样的人是不可能当上医生的。'"接下来，她陈述了自己的博雅教育经历。

　　　给予我力量，培养了我的能力，改变了我……探索了关于各类主题的多元化观念、思想和观点；认识到行为自律、处事正直和尊重所有人的重要性。自主学习、人际沟通技巧和自我沟通能力、领导才能——这些都是我从大学课外活动中获得的能力，使我能够胜任那些对我的个人生活和职业生涯而言弥足珍贵的角色和职责。我在大学毕业 11 年之后才进入医学院学习，但得益于全面的博雅教育，我迅速适应并顺利过渡到这一新的职业选择中。简而言之，我的博雅教育经历……使我得以渡过难关，最后终于成为一名医生。为推动全球医学事业发展，我环游了世界……彻底摆脱了"市中心贫民区的穷苦黑人女孩"的身份定位。

约翰（John）是另一位文理学院毕业生。他也是一位州参议员、国会议员，致力于服务公益事业。在评价博雅教育的作用时，他着重突出了教育共同体的基本特征。

小型教室营造出融洽的学习氛围，能力卓越的管理者、乐于助人的工作人员、为人师表的教师和奋发向上的教职员工给学生以支持和教导……文理学院带给我们的不仅是一纸文凭——它还向我传授了知识，树立了目标，培养了公民责任感……对我来说，这种全面的教育让我能更好地应对职业生涯中面临的挑战和机遇，即便是现在，我也仍受益于从坚实的博雅教育得到的知识、教育和机遇。

从事公共卫生工作的特蕾莎、从事州和国家管理工作的约翰都是领导者和社会进步的推动者，也都是当代的社会参与的例子。但由于社会的不断发展，政体形式也不断发生转变，担任领导者和公民参与者的意义也在历史上不断发生变化。在古希腊和罗马，领导力和公民责任包括参与自由人组织的决策集会。在中世纪和殖民时期的欧洲以及殖民地时期的北美大陆，领导者是服务于王室，保卫王室特权的精英阶层（而且基本上都是男性）。但美国独立战争改变了这一切，从那以后，社会迫切需要每个人都参与其中。

第 2 章和第 3 章中说到，在美国独立战争之前，博雅教育的宗旨在于使社会免受一般大众的影响，治理社会是为君主制服务的统治阶级才享有的特权。而在美国独立之后，"我们的共和政体决定了有必要赋予大多数人享有完整教育的权利"[1]，博雅教育也转而被视作是为积极参与社会发展的人开办的教育。这种对博雅教育传统的全新发展带有鲜明的美国特色。1828 年的《耶鲁报告》雄辩地论述了社会需要能成为有能力的领导者、推动美国社会发展的人，报告中指出："那些不仅在职业生涯中出类拔萃，而且拥有渊博常识的人，必然有高尚的品德和尊贵的人格，从而能够对社会产生举足轻重的影响力，并在极为广泛的领域中都有所作为"[2]。

贝尔纳黛特（Bernadette）是一位从事濒危物种研究的科学

家，她和特蕾莎、约翰一样，也强调了博雅教育环境为指明人生道路方向起到了重要作用。

在我住校的 4 年里，我身边有来自 7 个不同国家的学生，我自己也是一位外国留学生。对我来说，探索人生中的重大问题变成了一种国际化的经历。我的同学们无论在课堂内外都热情友好，乐于分享。虽然我的专业是生物学，但我也修读了哲学、神学、伦理学、音乐和艺术史等课程。我的学习经历不仅令我乐在其中，更帮助我培养了思辨能力和正确判断的能力，唤醒了我的创造性和想象力。随着我的学习经历不断拓展，这些话题之间的联系也越发明显。教职人员在我的大学经历中扮演了重要的角色。在中学阶段，我只学过生物学一门理科课程，因此我需要接受数学、化学和物理学方面的辅导。我的教授们在辅导我的过程中极有耐心，毫不吝惜自己的时间，让我得以学习自己心仪的专业。他们的奉献精神和榜样让我树立了为需要帮助的人做同样事情的决心。

在哪些方面，这些校友的叙事与对 1000 名大学毕业生的回答的分析结果相一致？**你将看到，研究结果表明，正是博雅教育的环境——培养更开阔的视野，体验真正的学习共同体——与成就有影响力的人生之间存在着密切的联系。另外，学习内**

容与领导力或利他主义之间却不存在实质性的关系。

教育经历、领导力和利他主义

特蕾莎、约翰和贝尔纳黛特认为是某些教育经历将自己培育为社会领袖，投入造福社会的工作当中。他们描述了这些经历，提及的内容包括探索多元化观念、学会尊重、主动学习、学习沟通技能、担任领导者的经历、小班教学、导师制、与不同的学生交往、探索人生中的重大问题、培养思辨能力，以及分配有恪尽职守的教授。这份清单并不令人意外，因为这些正是学生们在描述自己在博雅院校中的经历时最常表达的观点。值得注意的是，其中的重点在于教育环境，而非教育内容。

问题在于，在对具有大面积代表性的大学毕业生的系统性研究中，这些主观性的报告是否能得到印证。因此，本书报告的调查结果正是基于对来自各类学院和大学的 1000 名毕业生进行访谈所获得的答案（关于这一群体的描述，请参见附录 2）。如第 5 章所述，我们对教育经历的 6 个方面和成年后结果的 6 个维度进行了评估和统计分析。在本章中，我们则考察所有 6 类教育经历与成年后结果中的第一个维度之间的关系：通过培养领导力和扩大利他的公民参与，成就有影响力的人生。对此的分析如图 6.1 所示。

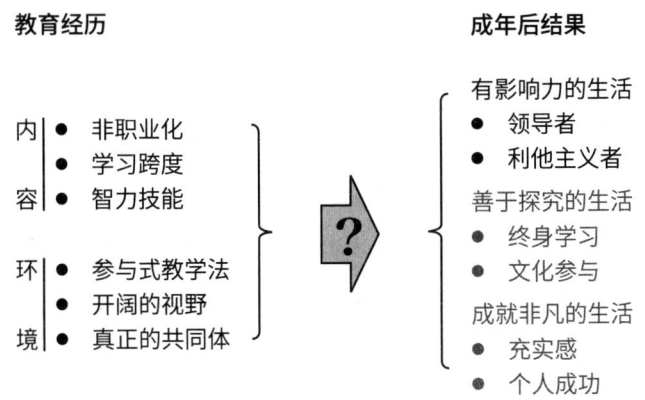

图 6.1　教育经历与成就有影响力的生活之间的关系

如第 5 章所述，在图 6.1 中，我们对列在左侧的 6 种教育经历与领导力和利他主义指标之间的关系进行统计学显著性检验，随后计算其幅度。第 4 章说明了有关教育经历的问题，并阐述了领导力和利他主义的指标。我将那些具有统计学意义且幅度较高的关系标记为具有"实质性"的效应，并在本章中加以描述。[①] 首先分析的是教育经历与终身学习之间的关系，然后是教育经历与文化参与之间的关系。

领导力

我们怎么知道一位成年人是不是一位领导者？当然，我们

---

① 第5章和附录4详细介绍了这种分析方法，附录1报告了因果关系的假设，附录5给出了完整的统计结果。

可以单刀直入地问："您是一位领导者吗？"但在本研究中，我们的目的不是征求意见，而是想知道人们在现实中到底做些什么。以要求人们描述自己的大学经历为例，我们希望人们能说出在大学里实际发生过的事，而不是告诉我们他们对大学和大学的影响有什么看法，或者从记忆里挖掘出一些不一定准确的往事。因此，我们的问题变成了：如果一个成年人是一位领导者，他／她到底会做些什么呢？如果一个人当选为他所在国家的总统，那他／她显然是一位领导者，一位受人尊敬的社区领袖也是另一种意义上的领导者。但这些并不是大多数人能表现出的领导力行为，更不要说我们研究中选取的年轻人。那么，有哪些行为既可用于判断一个成年人是否具有领导才能，又是普通大众也可以展现出来的？

作为领导力的指标，我们的研究设计团队界定了领导者的各种行为特征：被他人选中领导各类组织工作，以及应他人所求提供建议或指导。基于此，我们向本研究项目的调查对象提出以下几个问题。

- 除了您的本职工作以外，您是否曾经当选为或被任命为任一社会、文化、专业或政治委员会、董事会或团体中的最高领导？
- 人们多长时间就您专业领域之外的问题向您寻求一次建议？
- 您多长时间为那些经验较为欠缺的人提供一次指导？

　　我们在此重申一点：设计这些问题的目的不在于定义何谓领导力，而是作为指标，说明当代社会中介于 25 ～ 65 岁的领导者可能具有的行为类型。这 3 个问题的回答被合并为领导力的一个单项指标，参与者根据该指标被分类为表现出较低或较高领导才能的个人。

　　实际上，本章前文中引用的 3 位毕业生能够肯定地回答至少一个以上问题：特蕾莎是一位享有全球盛誉的医生，约翰是经选举产生的国会议员，贝尔纳黛特是一位举足轻重的科学家。

　　领导力研究结果　　我们对 1000 名大学毕业生的访谈数据进行统计分析，从结果可以看出哪些类型的大学经历与成年后领导力有关呢？如图 6.2 所示，我们发现只有教育环境与领导力之间存在实质性关系。具体而言，**那些在大学期间培养了更加开阔的视野、且经历了真正的学习共同体的人，成年后担任领导者的可能性要较高（25%～28%）。**

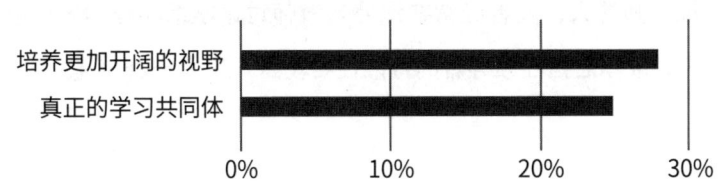

图 6.2　教育环境与领导力之间的关系

那么，这些成年人在大学阶段的哪些具体经历与他们培养了开阔视野和体验过教育共同体相关？ ①

开阔视野的经历 如图 6.3 所示，在培养开阔视野的相关指标中，有两个与成年后的领导力存在实质性关联。**那些与同学就对人类有重要意义的问题进行过严肃讨论，或经常与不同信仰和观点的人进行讨论的毕业生在成年后担任领导者的可能性要较高（26%～27%）。**

更有可能具有领导力的人经历过：

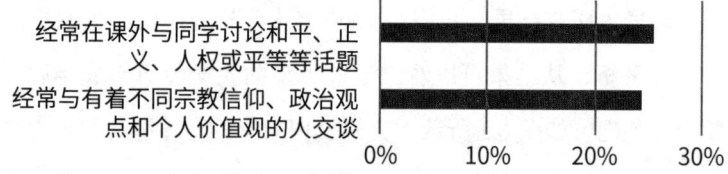

图 6.3　培养开阔视野与领导力之间的关系

真正的学习共同体 如图 6.4 所示，在教育共同体相关指标中，有 3 个指标与成年后的领导力存在实质性关联。**那些拥有一位导师的人，或者经常在课外与教师讨论学术和非学术问题的人，成年后担任领导者的可能性要较高（21%～26%）。**

---

① 关于人口统计学分析，请参见附录4。尽管学生在中学时期家庭的SES这一变量并不符合本书中界定的有统计学意义的标准，也不是一个可预测的协变量，但它仍与领导力之间存在极微弱的关系（$p = .04$），不过其相对效应仅为8%。

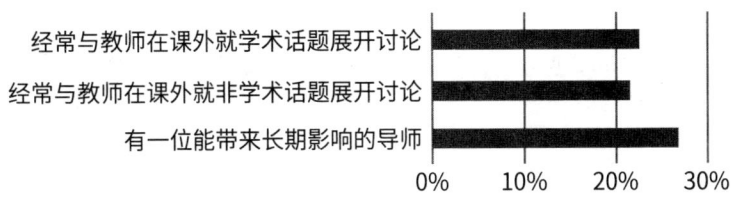

更有可能具有领导力的人经历过：

图 6.4　真正的教育共同体与领导力之间的关系

领导力研究结果小结　成年后的领导者是那些在大学阶段有以下行为的人。

- 与同学在课外讨论对人类有重要意义的问题，并与信仰、价值观和生活经历不同于自己的学生进行讨论，从而形成更开阔的视野。
- 与教师和导师保持密切的课外关系，体验真正的教育共同体。

因此，本研究表明，教育环境与成年后的领导力有关。研究结果显示，领导力和学习内容（包括学习某一特定职业方向专业或非职业化专业、培养智力技能和拥有更广阔的学习跨度等）之间不存在显著的整体关系。

图 6.5 概括了领导力和教育经历之间的关系。

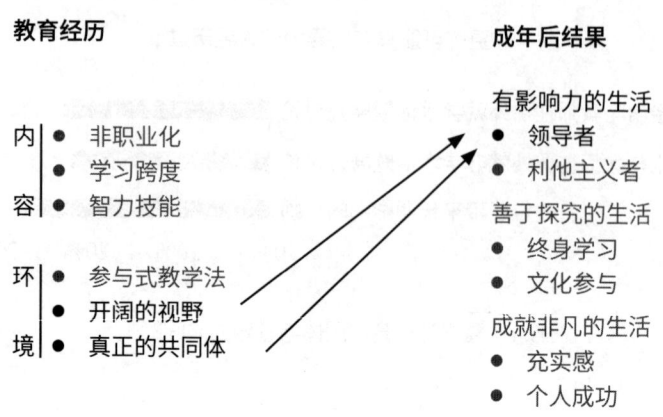

图 6.5　教育经历与领导力之间的关系

受访者在他们的叙事中说到，他们"得到了一对一的教育"，能够"在各个方面都均衡发展"，并且"学会了与来自不同社会经济、种族和民族背景的学生互动"。戴维（David）是一位受人尊敬的公益性非营利组织领袖，同时也是一位州议员。他在描述自己的教育经历时强调了学生与教职员工关系的重要性："每一位学生都有其价值，不仅仅是总人数中的一个数字，教职员工都能叫出你的名字。甚至在我毕业好几年之后，我还在社区里碰到能叫出我名字的教职员工。他们发自内心地看重自己的学生，关心学生的教育和成才。"

利他主义

什么样的行为有益社会？什么样的行为是任何一个人都有

能力展现出来的、能表示一个人利他性地参与社会？我们的研究设计团队界定了能体现利他主义的三种行为，这些行为是几乎所有人都能够做到的：为非营利组织捐款、参与投票和志愿活动。基于此，我们向本研究项目的调查对象提出了以下几个问题。

- 您是否向任何组织或公益事业做出慈善捐赠？
- 您每年捐赠的金额占您总收入的几成？
- 您是否参加总统选举的投票？
- 您参加非大选年投票吗？
- 您每个月参加几次志愿者工作？
- 您每周或每月在志愿者工作中投入几个小时？

我们把从以上这些关于投票、捐赠和志愿活动的问题中得到的回答合并为利他主义的一个单项指标，参与者根据该指标被分类为表现出较低或较高利他主义行为的个人。

一个人的大学经历与其成年后的利他行为有何关联？米歇尔（Michele）是一所为家庭和儿童服务的非营利组织的创始人，当然，她为这项事业贡献了自己的个人时间和资源。她说道："文理学院提供的学习方式能覆盖生活的方方面面。通过将住宿生活的经历和投入课外兴趣活动的经历相结合，再加上提供富有挑战性的课程内容，培养全面发展的年轻人并指导他们如何引领世界，文理学院为学生提供了一个机会，尽管他们并不能立刻得到所有答案，但依然能够在现代世界取得成功。"她的观点是否能在由大量毕业于各种类型院校的大学生参与的系统性研究中得到支持？

利他主义研究结果 我们对 1000 名大学毕业生的访谈数据进行分析，从结果可以看出哪些类型的大学经历与成年后的利他行为有统计学上的关系？如图 6.6 所示，我们发现只有教育环境中的一个方面与成年后的利他主义之间存在关联[1]。具体而言，**那些在真正的学习共同体中受教育的人在成年后报告利他行为的可能性要较高（26%）。**

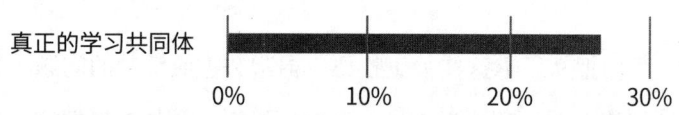

图 6.6 教育环境与利他主义之间的联系

真正的学习共同体 具体是哪一类型的大学学习共同体经历与成年后的利他行为存在实质关联呢？如图 6.7 所示，共有 5 个教育共同体的相关指标与成年后的利他主义实质性相关。**那**

---

[1] 调查对象的种族也与利他主义具有统计学关系（见附录4）。由于效应的方向一致，效应幅度也大致相当（其中白种人为26%，其他有色人种为30%），此处不报告按种族区分的结果。完整的数据分析可参见附录4和附录5。

些经常与教师讨论非学术问题、拥有一位导师、积极参与或领
导校园组织的人，成年后表现出利他主义行为的可能性要较高
（20%～30%）。

更有可能持利他主义的人经历过：

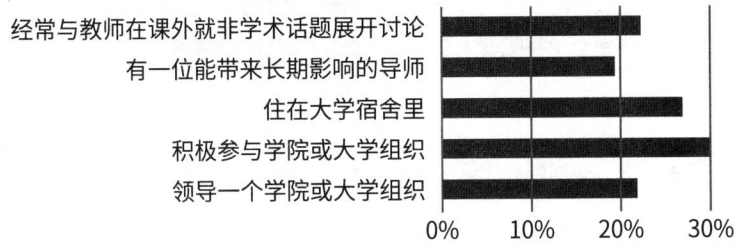

图 6.7　真正的学习共同体经历与利他主义之间的联系

　　我们把三种成人行为当作成年后利他性参与社会活动的指
标：向非营利组织捐款、参与志愿活动和投票。在真正的教育
共同体中受教育的经历是否与以上三种成年人行为都有关联？
结果表明，参与投票与大学教育共同体的生活经历不相关，而
捐款和参与志愿活动则均与之有关。事实上，如图 6.8 所示，那
些经历过真实教育共同体的人在更大比例地捐献收入方面的概
率较高（56%）。更具体地说，那些与教师关系更密切、拥有一
位导师或更经常参与校园活动的人，在更大比例地捐献收入方
面的可能性较高（38%～62%）。

　　此外，就读非职业化专业的人成年后捐赠收入的比例要高
（35%）。

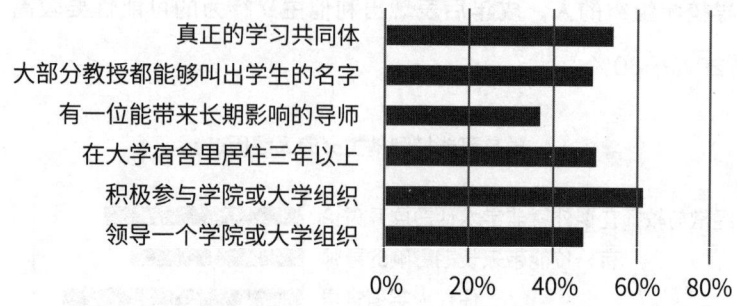

更有可能持利他主义的人经历过：

图 6.8　捐赠更大比例的收入与真正的学习共同体之间的联系

如图 6.9 所示，在与花更多时间参加志愿活动的关联上，经历过真正的学习共同体方面情况也类似。从总体上说，那些参与了**真实教育共同体的人在成年后报告出更长的志愿活动时间的可能性要较高（42%）**。同时，还是**那些与教师关系更密切、拥有一位导师或更经常参与校园活动的人，花更多时间做志愿者的可能性要较高（20%～37%）**。

更有可能持利他主义的人经历过：

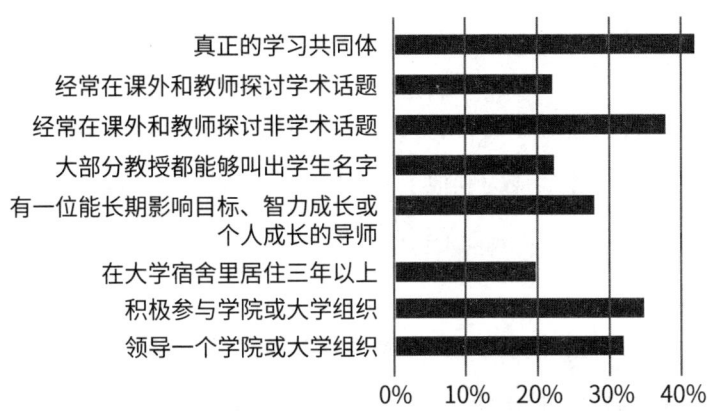

图 6.9 花更多时间从事志愿工作与真正的学习共同体经历之间的联系

利他主义研究结果小结 博（Bo）十年前毕业于一所文理学院，他目前就职于一个为个人和组织规划发展项目的组织，他说道：

> 对我来说，拥有追求各种学术兴趣和社会旨趣的自由，发展稳固的新关系，质疑那些在我看来不合逻辑的事，并寻找这些问题的答案，这一切都不可或缺。我希望能够从鼓励个性发展的大学教师和校园环境那里得到支持……多年来我也曾问自己，我是否应该在大学期间学习一些更实用的东西，但事实上，我永远也不会用我的西班牙语学位和国际关系学位去换其他学位，因为我从这两个学位中收获的东西，让成年后的我能够自

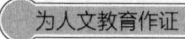

由地在种种年少时梦寐以求的、精彩绝伦的境遇中大展
拳脚。

他的叙述与对 1000 名大学毕业生的访谈分析结果高度一致，
说明那些成年后成为利他主义者的人正是那些经历过真正教育
共同体的毕业生，有如下证明。

- 与教师在学术和非学术方面都有密切的课外关系。
- 通过住校生活、参与甚至领导校园组织，积极参与课外
  活动。

就成年后的利他主义而言，只有教育环境与成人行为有关。
虽然职业化领域专业的毕业生报告出较低的捐赠比率，但利他
主义与学习内容以及教育环境的其他方面之间并不存在实质上
的整体关系。

成年后的利他主义与接受访谈的毕业生教育经历之间的整
体关系可以图形的方式进行总结，具体如图 6.10 所示。

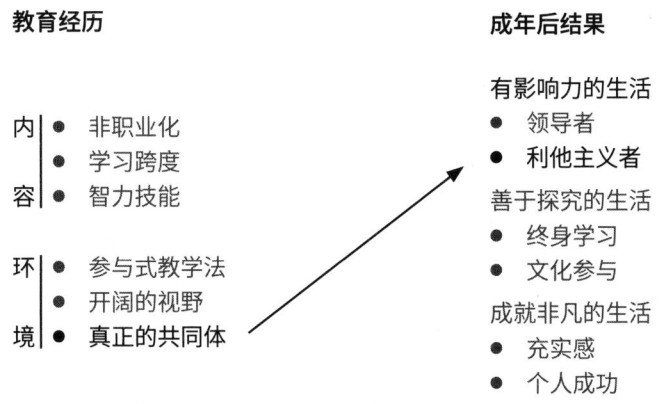

图 6.10　教育经历与利他主义之间的关系

作为领导者与利他主义者，成就有影响力的人生

对 1000 名大学毕业生的教育经历和人生结果进行分析后，我们得出了 3 个重要观点。

（1）教育环境的重要性。那些作为领导者和利他主义者为社会带来巨大影响的人，始终是那些在个性化和真正的参与式学习共同体的环境中接受本科教育的人。具体而言，那些能够成就有影响力的人生的人，有过以下经历的可能性要大大高于其他人。

- 经常与教师在课外就学术和非学术话题展开讨论。
- 有能够叫出学生名字的教授。

145

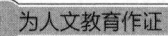

- 有一位能带来长期影响的导师。
- 领导或参与学院或大学里的俱乐部和组织。
- 在大学宿舍里居住三年以上。

（2）领导者远比其他人更有可能拥有一些能够开阔视野的经历。

- 经常在课外与同学讨论和平、正义、人权或平等等话题。
- 经常与拥有不同宗教信仰、政治观点和个人价值观的人交谈。

（3）学习内容对领导力和利他主义两者都没有实质性的影响。在本研究中，除了职业化专业毕业生在捐赠的收入比例上相对较低之外，有关于大学专业、学习课程或发展特定智力能力的问题都与成年后的领导力和利他主义无关。

因此，教育环境而非学习内容才是与那些人生富有影响力的人相关的强大支撑。安吉拉（Angela）是一所医学院的学生导师，她在该校担任外科住院部主任，同时也是一名创伤外科医生，她讲述了教育共同体和背景多样的同学对她的博雅教育经历产生的影响。

除了小班教学能带来显而易见的益处，教授们也平易近人，愿意与学生分享宝贵的见解。他们还非常认可我对医学的热情，指导我获得适合自己的科研机会和工作经验。我参加医学院入学考试的时候，就已经为攀登面前的学术高峰打下了坚实的基础……除了学术上的考虑，校园生活应该是选择大学时最重要的考量因素之一。回想起来，我大概主要是在担任宿舍助理期间锻炼了自己的领导能力和危机管理技能。住宿生活也让我培养了自己的独立能力，学会与来自其他学科、背景和国家的同学相处。

安吉拉在人生中因领导力和利他主义而实现了自己的影响力，这正是博雅教育传统中历史悠久的教育目标之典范。

接下来，我们转向第二种成年后的结果：通过终身学习和文化参与成就善于探究的人生。

第 7 章

通过终身学习和文化参与，成就善于探究的人生

坚持学习则永葆青春。人生最重要的事莫过于让头脑保持年轻。

——亨利·福特（Henry Ford）

我在前面的章节中说过，秉承博雅传统的教育要采用哪些具体教学内容是随着历史发展而改变的，但教育应该以培养尊崇人类文化成就、究其一生不断学习的人为目的，这是博雅教育始终如一的信念。罗伯特（Robert）是一位教授，曾担任大学校长一职。他说到，当他过去以一名高中生运动员的身份第一次访问大学时，那里的教练"试图用华丽的健身房、与众不同的餐厅和已经在美国国家橄榄球联盟（National Football League, NFL）'出人头地'的球员来吸引我"。然而，在一所文理学院，教练却问他有什么人生目标，问他在毕业后准备做些什么。他最后选择了这所文理学院。对于他的教育经历和他因此而展开的人生，他是这么描述的。

　　　　化学系的一位年轻老师……告诉我，我选修过科学
　　和数学课程，因此适合上理科专业，同时也适合上医学

预科，但他后来又苦口婆心地敦促我申请一门欧洲历史高级课程和一门写作密集型的英国文学课程。我把两门课都选上了。从那以后，我的教授们帮助我拓宽了视野，让我的人生丰富多彩起来。（他）担任了我 4 年的导师……除了一直在理科和数学领域悉心指导我，还在哲学、心理学、社会学和艺术等领域成为我的引路人。在那 4 年里……我好像一个孩子走进了糖果店，有着琳琅满目的选择，诸多才华横溢的教师，他们不仅有意愿，也有能力帮助你。

博雅教育……让我掌握了职业生涯中每一个阶段所需要的能力。除此之外，它还丰富了我的家庭生活、社交生活，以及以公民的身份参与社区的经历。我和我的妻子都喜欢阅读历史书籍，一起在艺术博物馆中流连数小时之久。我们和 5 个孩子一起，源源不断地把不同领域的书籍寄给别人，也源源不断地从别人那里收到书籍。现在我们的孙子、孙女也加入了这个行列。博雅教育能让你在人生的每个阶段都朝气蓬勃，活力充沛。

他的描述与古希腊的教育理念，即学校教育要"为更高级的教育和文化阶段做好心智上的准备"不谋而合。[1] 这个预备性的目标穿越千年始终如一，它来自这样一种看法，即通过掌握人类文化和知识的重要领域，一个人可以在一生中持续成长，不断发展。

如 1828 年《耶鲁报告》中所述，美式博雅教育的宗旨在于培养能够横跨文学到科学领域的"学习人"（learning person）。

当一个人开始踏入自己的职业领域时，他思维的智能应当主要用于履行相应的职责。但是，如果他的思想之脚步从未踏足其他学科，如果他从未将目光投向文学和科学的广袤天地，他的思维习惯就会变得局限，性格就会变得怪异，这必将使他成为一个观点狭隘、造诣有限的人。如果他在自己的专业领域中出类拔萃，那么他在其他方面的无知以及他所受教育的缺陷就会更加暴露在公众面前。那些不仅在职业生涯中出类拔萃，而且拥有渊博常识的人，必然有高尚的品德和尊贵的人格，从而能够对社会产生举足轻重的影响力，并在极为广泛的领域中都有所作为。[2]

苏珊（Susan）是一位医生，她认为，教授对她的教导——"不仅要记住知识，还要善问为什么和怎么样"——使她受益匪浅。同时，她还通过以下故事，幽默又不失风趣地描述了《耶鲁报告》中"渊博的知识"所具有的价值。

当时，我必须选修一些专业以外的课程。我记得我曾向导师抱怨这件事，特别是因为我还必须选修一门美术课程，而这门课程要求我们记住许多与画作和画家相关的知识。某一天，好像是在一个鸡尾酒会上，导师说，我应该为掌握这些知识感到高兴才对。在一次和好友一起前往意大利旅行的过程中，我真的感悟到了这一点。我走进一家艺术博物馆，立刻认出了其中一幅画："啊，这是我最喜欢的波提切利（Botticelli）画的《持勋章的人》(*Man with a Medal*)！"我的朋友们都露出了赞叹的表情，甚至导游都面露惊讶之色，这使我看到了学习这门课的价值所在。苏珊，这个理科书呆子，居然还懂点儿艺术呢！

不过，她接下来又收起了玩笑的语气，严肃地说道，她"现在是艺术博物馆的常客，不厌其烦地温旧画，习新画"，而且她"对历史产生了浓厚的兴趣，很庆幸大学期间上过优秀的历史导论课程"。

这些校友的叙事与我们对来自不同类型院校的 1000 名大学毕业生所作回答的分析结果相比，在哪些方面相一致？**研究结果表明，终身学习者和文化参与者正是那些经历了博雅教育所有方面的人——包括学习内容和教育环境。**

教育经历、终身学习、文化参与

在本章中，我们研究了学习内容和教育环境特征与成年后行为之间的关系，这些行为与通过终身学习和文化参与成就探究式生活有关。具体分析如图 7.1 所示。

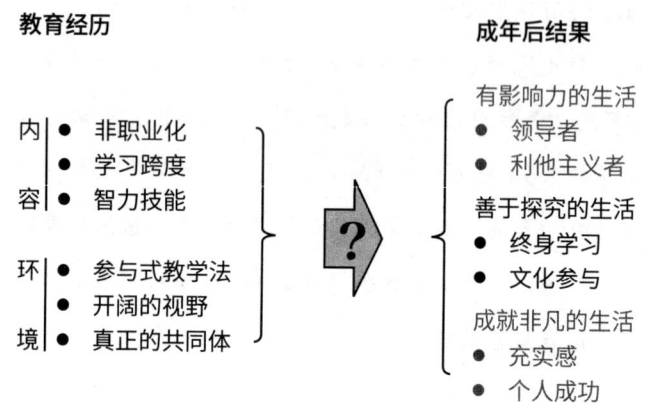

教育经历　　　　　　　　　　　　**成年后结果**

内　● 非职业化
容　● 学习跨度
　　● 智力技能

环　● 参与式教学法
境　● 开阔的视野
　　● 真正的共同体

有影响力的生活
　● 领导者
　● 利他主义者
善于探究的生活
　● 终身学习
　● 文化参与
成就非凡的生活
　● 充实感
　● 个人成功

图 7.1　教育经历与探究式生活之间的关系

　　如第 5 章所述，图 7.1 中，我们对左侧的六种教育经历与右侧的终身学习和文化参与这两个指标之间的关系进行了统计学显著性检验，然后评估了其幅度大小。第 4 章中则叙述了与教育经历相关的问题，随后说明了终身学习和文化参与的指标。我将那些具有统计学意义，并且幅度较大的关系命名为具有"实质性"效应。[①] 本研究首先分析了教育经历与终身学习之间的关系，随后又分析了它与文化参与之间的关系。

---

① 第5章中详细描述了这种分析方法；关于因果关系假设，请参见附录1；关于完整的统计结果，请参见附录5。

终身学习

我们如何能知道一个成年人是否终身参与学习呢？有什么样的成年后行为能标示这种成就？我们使用了第 6 章中描述领导力的方法，设计了以下问题。

- 在您的日常生活中，您一般每天花多少时间听、读、看或讨论有关社会、环境或人道主义的问题？

- 在您的日常生活中，您一般每天花多少时间听、读、看或讨论有关科技的问题？

- 设想一下您最普通的一天，您认为自己大概总共花多长时间（以小时计算），用来在网络上、纸质媒体上、电视上或收音机上听、看或读新闻——换个角度说，您每天大概有几个小时完全不看、不听或不读任何新闻？

- 您所取得的最高学历是什么？

此处要重申上一章节中提出的一点：设计这些问题的目的不在于定义何谓终身学习者，而是作为指标，说明年龄介于 25～65 岁，始终投入学习（应用自己的才智）的人，会有哪些特有的行为。这些问题的回答被合并为终身学习的一个单项指标，参与者根据该指标被分类为表现出较低或较高终身学习程度的个人。

皮拉尔（Pilar）是一名文理学院毕业生，他创建了一个小额信贷组织，为低收入人群提供辅导和经济援助。他说道："从第一天起，我的大学经历就是不断发现自己、探索我们生活的世界，以及理解一个人能够如何利用自己所受的教育来帮助他人改善生活。"

那么，皮拉尔的观点是否与研究结果一致呢？

终身学习的研究结果 大学经历和成年后的终身学习有何关联？如图 7.2 所示，本研究对 1000 名大学毕业生的访谈分析结果表明，那些在成年后继续进行终身学习的人体验了博雅教育传统的所有内容和环境特征。**那些成为终身学习者的人同时也经历过完整的博雅教育内容（即非职业化专业、更广阔的学习跨度和智力技能培养）的可能性要高出 29%～37%。此外，终身学习者报告自己经历过完整的博雅教育环境（即接受过参与式教学法、拓宽了更开阔的视野，以及在真正的学习共同体中接受教育）的可能性要高出 29%～42%。**

这些成年人在大学里有哪些与终身学习相关的具体经历？[①]我们可以从图 7.2 中的每一个方面出发，探索那些与终身学习具有实质性联系的经历。

---

① 人口统计学分析见附录4。虽然性别因素并不满足本书中界定的具有统计学意义的标准，但它仍与终身学习之间存在弱关系，边缘显著（$p = .06$），不过其影响很小（相对效应为11%）。

更有可能保持终身学习的人体验过：

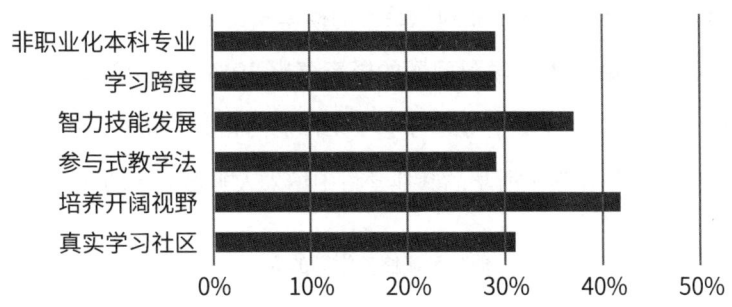

图 7.2 教学内容和教育环境与终身学习之间的关系

非职业化专业 如图 7.3 所示，非职业化专业中受影响最大的（包括积极影响和消极影响）似乎是**商业、会计专业，其毕业生成为终身学习者的可能性相对低 29％，而社会科学专业毕业生成为终身学习者的可能性则高出 36％**。相较于其他专业，人文学科专业以及数学或理科专业的毕业生终身学习的可能性并未显著增加。

更有可能终身学习的人：

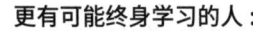
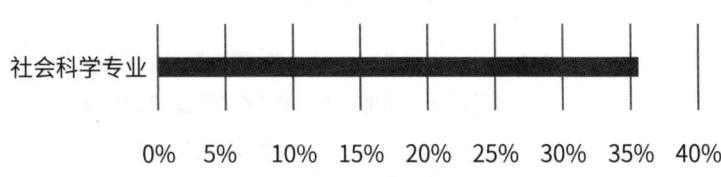

图 7.3 非职业化专业与终身学习之间的关系

学习跨度 如图 7.4 所示,**无论就读于哪种专业,终身学习者曾有广泛学习非专业知识经历的概率高出 20%,在大部分所修课程中融入人文学科问题的概率高出 29%**。值得注意的是,毕业于人文学科专业与终身学习无特别的相关关系,而引发显著效应的是在学生所学的其他学科中纳入人类最关注的问题。

更有可能终身学习的人:

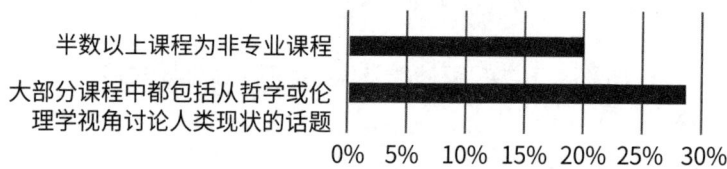

图 7.4 学习跨度与终身学习之间的关系

智力技能 如图 7.5 所示,三种表明智力技能培养的经历都与终身学习有关。**在终身学习者选修的课程中,教授对学生的思维提出挑战、要求撰写论文、布置的话题不一定有唯一标准答案的可能性高出 25%~37%**。

更有可能终身学习的人:

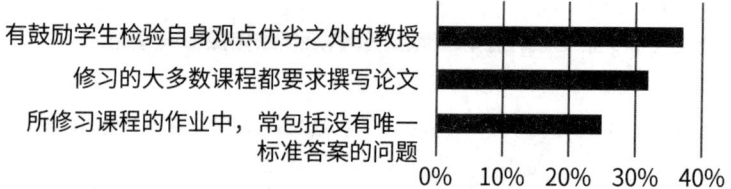

图 7.5 培养智力技能与终身学习之间的联系

参与式教学法　如图 7.6 所示，那种能够积极让学生参与学习的教学方法，它的两个指标与成年时期的终身学习存在实质性关系。那些在大学早期参加过研讨会或小型课程的学生，成年后成为终身学习者的可能性要高出 23%～25%。

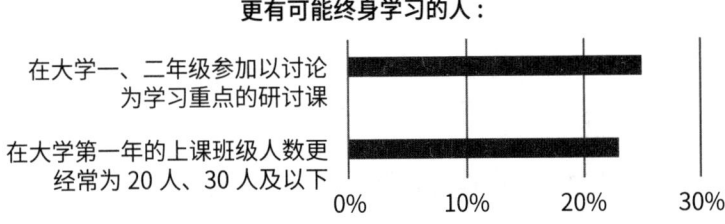

图 7.6　参与式教学法与终身学习之间的关系

开阔视野　如图 7.7 所示，表明学生在学习过程中形成更开阔视野的 3 个指标都与终身学习实质性相关。那些经常在课外讨论对人类有重要意义的问题、经常与具有不同价值观和生活经历的同学进行对话，或在大学期间了解其他文化的人，成为终身学习者的可能性要高出 29%～56%。

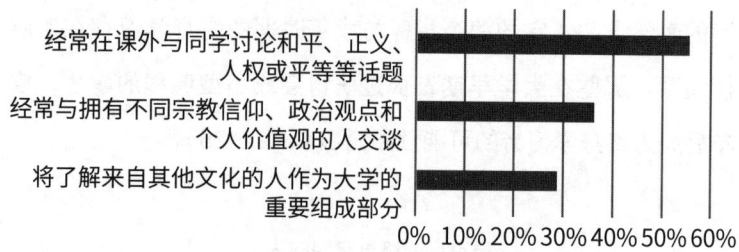

图 7.7 开阔视野与终身学习之间的关系

真正的教育共同体 如图 7.8 所示，与教师或导师关系密切、奉行校园行动主义均与终身学习相关。具体而言，**那些在课余时间更经常与教师打交道，拥有能叫出学生名字的教师，拥有一位导师或奉行校园行动主义的人，成年后保持终身学习的可能性要高出 23%～32%。**

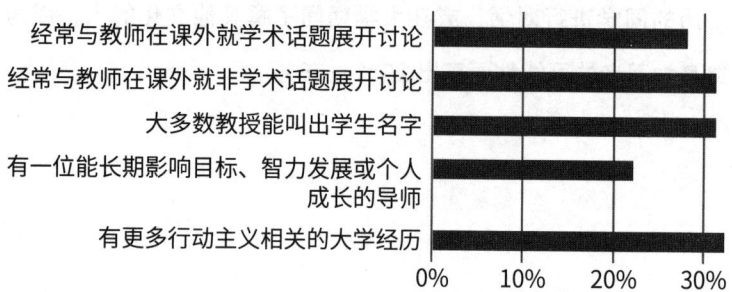

图 7.8 真正的共同体与终身学习之间的关系

终身学习和获得高等学历 对有关听、读、看或讨论新闻和获得高等学历的相关问题的回答揭示了终身教育所带来的成年后结果。将学生毕业后是否又获得了硕博学位这个问题单列出来看，结果相当有趣。结果发现，研究生学历正好就是上述指标的一个子集。具体而言，如图 7.9 所示，**那些非职业化专业、学习范围更广或在课程中提高了自己智力技能的人获得高等学历的可能性要高出 20%～23%。**

在非职业化专业中，**商科或会计学专业获得高等学历的概率相对低于 37%，而数学或理科专业获得高等学历的概率则高出 27%。**

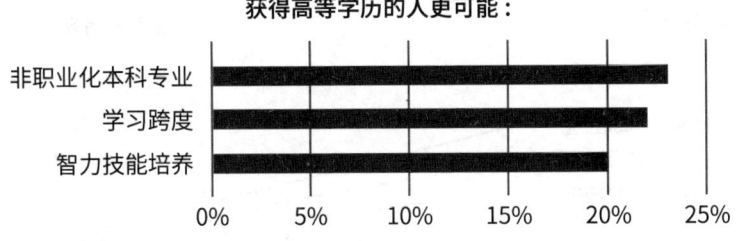

获得高等学历的人更可能：

图 7.9 获得高等学历与教学内容、教育环境之间的关系

终身学习研究结果小结 引人注意的是，大学经历的所有方面——包括内容和环境属性——都与成年后的终身学习相关。那些毕业后继续通过阅读、研究或讨论继续积极投入学习的学生更有可能做到以下几点。

- 主修非职业化专业。
- 在大学阶段学习过更广泛的学科。
- 在课程作业中培养了智力技能。
- 体验过更富有参与性的教学法。
- 更经常与不同背景、价值观和生活经历的学生在课外进行有意义的交往和讨论。
- 与教师建立了更密切的课外关系，并积极参与校园活动。

图 7.10 用图表的形式展现了教育经历和终身学习之间的关系。

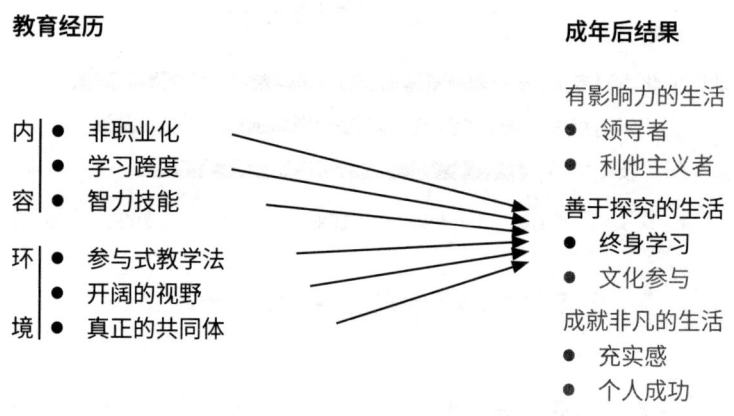

图 7.10 教育经历与终身学习之间的关系

史蒂夫（Steve）是一位知名演员。由于从事演艺职业，他需要不断学习关于历史、地理、文化和人群的知识。他认为学习内容和教育环境二者缺一不可："在学习表演的同时，我还要学习理科。在英国留学期间，我写了一篇关于宗教的论文。我周围环绕着一群兴趣广泛的同龄人，他们激励着我，带我接触到五彩缤纷的文化和意识形态。"他同时还说，他从大学时结交的朋友身上观察到，各行各业的人都因而成长为终身学习者，"我们当中有一位外科医生，一位为知名法官工作的律师，一位技术主管，一位企业家，一位放射科医生，还有一位演员"。

文化参与

我们如何能知道一个成年人是否保持终身学习，投身人类的文化智慧？有什么样的成年后行为能标示这种生活行为？通过采用第 6 章中描述领导力的方法，我们设计了以下用于表明参与文化活动的问题。

- 您大概隔多久会观看演唱会、欣赏戏剧演出，或参观博物馆展览？
- 在通常情况下，您每天花多少个小时收听、阅读、观看或讨论文学、戏剧艺术、音乐？
- 在通常情况下，您每天花多少个小时收听、阅读、观看或讨论流行文化和娱乐新闻？

如前所述，这些问题的目的不在于定义文化参与，而是作

为文化参与的指标性行为。这些问题的回答被合并为文化参与的一个单项指标，参与者根据该指标被分类为表现出较低或较高文化参与程度的个人。

文化参与研究结果　哪些大学经历与文化参与相关？拉里（Larry）毕业于一所文理学院，现在是一位语言与文化专业教授。他是这样描述自己的经历的。

> 与我交流的教师培养了我对精神世界的热爱。小班教学、积极动脑的要求、学术指导，这些都激发了我对博雅教育学科的欣赏和一种我未曾在自己身上发现过的、对知识的渴求。我从中不仅获得了卓越的学术经历，更构建了长期的关系网，这张关系网至今仍在我的生活中占据核心地位，而我们也即将举办40周年聚会了。我担任学生领袖、宿舍助理和学生运动员的经历让我能够在课堂外接触到关心我的专业人士，他们帮助我理解了每一个校园主体在学生成长、发展和成功中所起的关键作用。

他的叙述性描述是否与我们对大学毕业生成年后行为的基于统计数据的研究结果一致？和终身学习的情况一样，进行文化参与的成年人正是那些经历过博雅教育所有方面——包括学习内容和教育环境——的人。如图 7.11 所示，**进行文化参与的人接受过完整博雅教育（非职业化专业、更宽广的学习跨**

度和培养智力技能）的可能性高出 36%～42%。同时，终身
学习者体验完整博雅教育（经历过参与式教学法，拓展更开阔
的视野，以及在真正的学习共同体中接受教育）的可能性高出
22%～40%。

文化参与者更可能体验过：

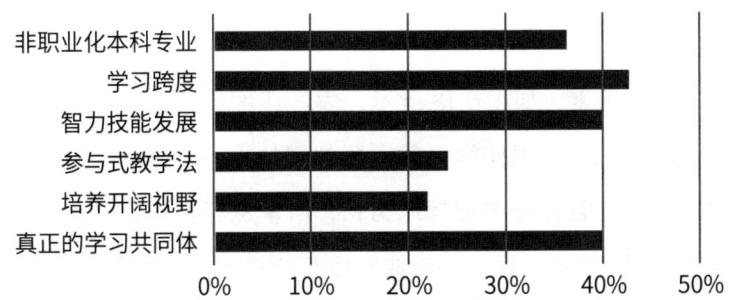

图 7.11　教育环境和教学内容与文化参与之间的关系

那么，这些成年人在大学阶段有哪些具体经历与博雅教育
各个特征相关？[①] 以下各个部分将一一探讨这些问题。

非职业化专业　总体而言，如图 7.12 所示，非职业化专业
学生的文化参与率较高。我们认为这种效应最为显著，因为人
文学科专业学生的文化参与概率要高 45%，而商科专业学生的
概率要低 39%，理科专业的文化参与概率要低 26%。

---

① 人口统计学分析见附录4。虽然高中时家庭的SES并不符合本书中界定的有统
　计学意义的标准，也不是一个可预测的协变量，但它仍与文化参与之间存在弱
　关系（$p = .03$），相对效应仅为15%。

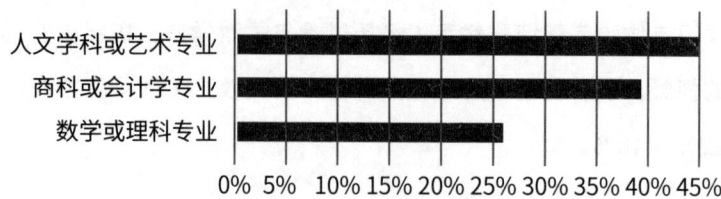

不同专业的文化参与概率：

人文学科或艺术专业

商科或会计学专业

数学或理科专业

0% 5% 10% 15% 20% 25% 30% 35% 40% 45%

图 7.12 非职业化专业与文化参与之间的关系

学习跨度 如图 7.13 所示，学习广度的两个指标与文化参与显著相关。**那些学习范围更广阔的人——修读大量人文学科课程，且无论专业领域为何，所学课程都包括讨论对人类有重要意义的话题——在成年后参与文化活动的可能性要高 30%～47%。**

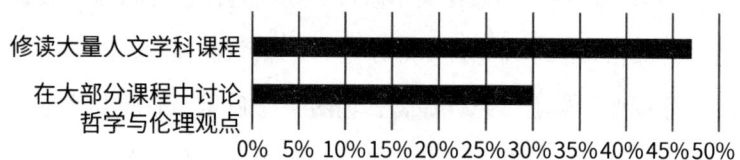

文化参与可能性更高的人：

修读大量人文学科课程

在大部分课程中讨论
哲学与伦理观点

0% 5% 10% 15% 20% 25% 30% 35% 40% 45% 50%

图 7.13 学习跨度与文化参与之间的关系

智力技能 如图 7.14 所示，**那些修读的大多数课程都要求撰写论文、课程作业不一定有唯一标准答案的人，在成年后参与文化活动的可能性要高 37%～49%。**

文化参与可能性更高的人：

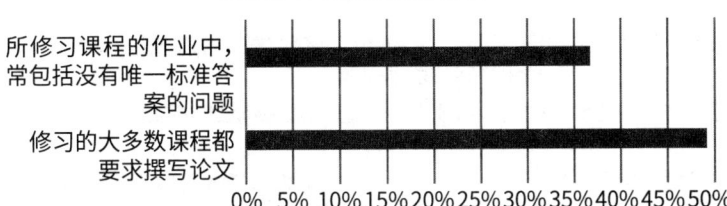

图 7.14　培养智力技能与文化参与之间的关系

参与式教学法　如图 7.15 所示，所学课程更经常要求学生进行课堂讨论、参加研讨课的人，成年后参与文化活动的可能性要高 37%～47%。

文化参与可能性更高的人：

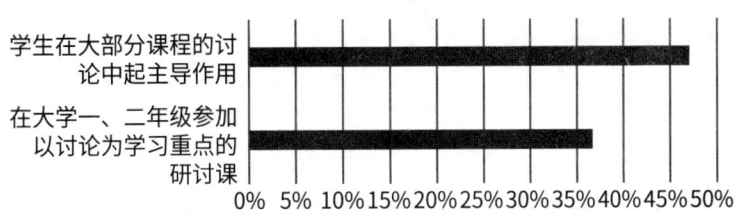

图 7.15　参与式教学法与文化参与之间的关系

培养开阔视野　如图 7.16 所示，培养开阔视野的所有 3 个指标都与文化参与密切相关。如果一个人经常讨论对人类有重要意义的问题，经常与不同价值观和生活经历的人互动，以及了解其他文化背景的人，那么他成年后参与文化活动的可能性要高 26%～39%。

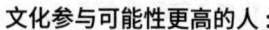

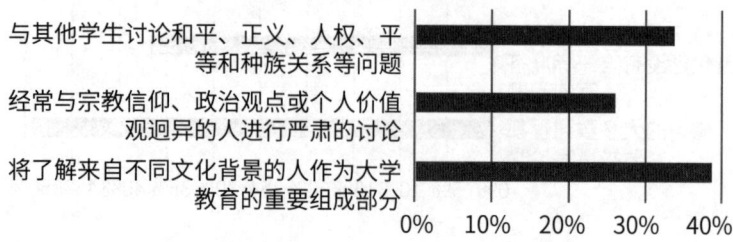

图 7.16　开阔视野与文化参与之间的联系

真正的学习共同体　如图 7.17 所示，与教师或导师的密切关系、参与校园活动程度这两个指标与终身学习相关。具体而言，那些更经常在课外与教师打交道、配备有导师或住在校园内并参与校园活动的人，成年后进行文化参与的可能性要高 23%～39%。

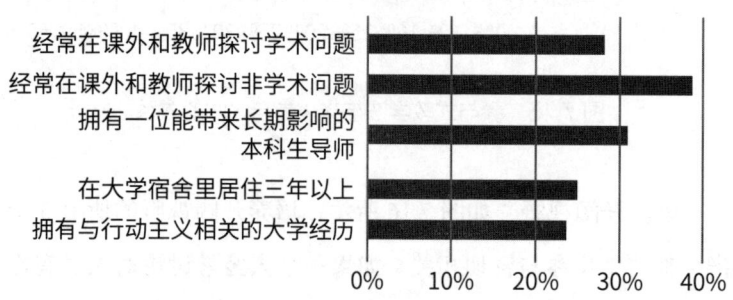

图 7.17　真正的学习共同体经历与文化参与之间的联系

文化参与研究结果小结　和终身学习一样，教育经历的所有 6 个特征——包括学习内容与教育环境——都与成年后的文化参与相关。更常观看演唱会、欣赏戏剧演出、参观博物馆展览或研究和讨论艺术问题，由此进行文化参与的成年人更有可能具备以下经历。

- 获得非职业化专业学位。
- 在大学阶段学习过更广泛的学科。
- 在课程作业中培养了智力技能。
- 体验过更富有参与性的教学法。
- 更经常与不同背景、价值观和生活经历的学生在课外进行有意义的交往和讨论。
- 与教师建立了更密切的课外关系，并积极参与校园活动。

图 7.18 用图表的形式体现了教育经历和文化参与之间的关系。

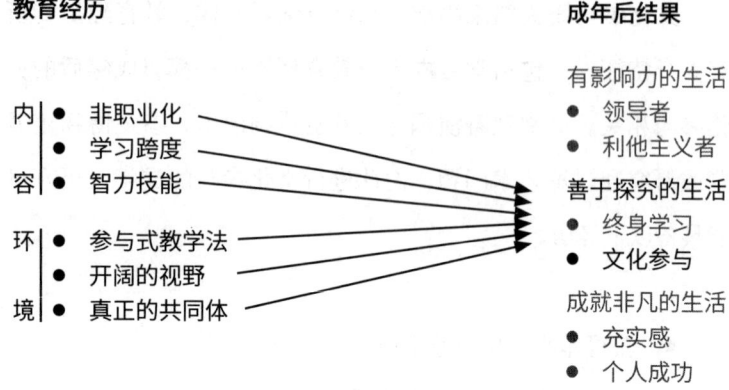

图 7.18　教育经历与文化参与之间的关系

通过终身学习与文化参与，成就善于探究的人生

分析了本研究涉及的学院和大学的 1000 名毕业生的教育经历和人生结果后，我们得出了 3 个重要观点。

- 博雅教育经历的所有 6 个方面——包括内容相关的 3 个方面和环境相关的 3 个方面——都与和博雅教育成果相关的成年人行为的 6 个方面相关。

- 学习内容和教育环境两者都具有显著性意义，这个结果可能并不令人惊讶，因为本章主题"善于探究的人生"的重点在于精神生活，而上一章的主题"领导力与利他主义"则是以与他人相关的行为为重心。因此，教育的内容——学习内容——与此处报告的结果显著相关，有其合理性。

● 尽管如此，善于探究的生活——一种活跃的精神生活——也始终与教育环境相关，其中包括与教师和其他学生的关系性质和深入程度。成年后活跃的精神生活不仅与所掌握的课程或教学材料相关，也与教育环境的特征同等相关。

安妮（Anne）是一位职业音乐家、音乐教师。在叙述自己的大学经历时，她把自己描述为一位终身学习者、文化参与者。她是这样描述自己的教育经历的。

我以高年级学生为榜样，他们指引着我，使我受益良多。我们分享了家庭故事、遇到的困难和关于价值观、宗教、教育以及未来发展的想法。我们的团队合作给我留下美好的回忆，我们一起演出，一起声援女子曲棍球队，在训练和学习时互相激励。我们不仅是一个社团，更像是一个大家庭。我从我的导师那里学到了很多，也成长为一位领导者。我的教授口若悬河，博览群书。他们又教导了我们如何实践，如何在阅读中发挥敏锐的洞察力并在两者间取得平衡。哲学、心理学和宗教学等课程启发了我们，使我们能够更深入地思考价值观、道德和目标，并以更加清醒的头脑理解人类。我的教授……提问、聆听、教学、分享具体技巧、讲述个人经历以及将困难转化为可行，以此启迪了我的思维。

这真是对学习内容和教育环境的意义恰如其分的描述——一种与全面的博雅教育经历相关的精神生活。

在下一章中，我们将把目光转向和成就非凡的人生相关的教育经历。

第 8 章

过一种充实和成功的生活，实现成就非凡的人生

与其说人类的幸福来自偶尔发生的红运，不如说来自每天都有的小实惠。

——本杰明·富兰克林（Benjamin Franklin）

　　大学经历与在私人生活和职业上皆卓有成就的人生之间有什么关联？大学毕业生克莱顿（Clayton）是几家重要的非营利机构的创始人，被许多人奉为导师，也是一家知名公司的首席执行官（CEO），他强调了通过课程学习和课外经历拓宽思维的重要性，特别是对于来自一个小社区的他而言。他说道：

　　　　我来自一个农业地区，从未接触过如此广泛的不同课程和学科。社会科学和人文学科——如哲学、文学、公共演讲、社会学、心理学、经济学和外语等——对我来说是最重要的……能够参加这些课程，与来自不同地方和拥有不同经济背景的学生群体交往，为我打开了一个广阔而有益的世界……作为一名企业家和慈善家，我所受的博雅教育仍然帮助着我顺利地在未知的领域航行。它也能为更多人带来同样的益处。

在弗吉尼娅（Virginia）描述的大学经历中，她一开始以为自己以后要当一名兽医，所以她非常努力地学习理科。但后来，她转而攻读动物科学研究生学位，并进入商界，最终成为一家提供兽医服务的公司的总裁。她指出："大学是进入人生殿堂的垫脚石。"她说，大学不仅是提供专业培训的地方，更重要的是，大学"为整个人生教育全人——而不仅仅是在短短几年内把思维绑定在自然科学和数学上。我学会了欣赏不同的文化和宗教，这使我受益匪浅，因为我在工作中需要与来自日本、中东和美洲原住民的客户互动"。她进一步表明，人生成就不仅是指经济上的成功；自我实现的充实感也至关重要，一个人在大学中所受的教育非常有利于取得这一人生成就。"个人的幸福感和归属感并不是只能发生在某个特定年龄。了解自己的身份定位，享受自己所处的位置，找到职业之外自己感兴趣的领域，这些能力都始于文理学院的系统教育，并在全面发展的幸福人群身上不断提升。"

获得充实的人生——过有价值的生活——是高等教育的一个重要目的。这一观点可以追溯到古希腊，当时的人们就表达了过上幸福人生的想法。"德行"，这一源自古希腊的基本理想在几个世纪里代代相传，柏拉图和亚里士多德都是这一理想的早期倡导者。在美国独立战争时期，当时许多举足轻重的人物在写作和思想中都体现出推崇善思考、有德行的生活的观念，其中就包括美国开国元勋、著作等身的作家、政治家本杰明·富兰克林[1]。他在多部著作中都反复建议应当过上美好而充实的生活。富兰克林希望，"我的后代子孙可以效仿先贤，并受益终身"[2]。

富兰克林去世近 40 年后，1828 年《耶鲁报告》中也体现了同样的价值观。报告中说道："作为学习一门专业之准备，大学教育的伟大目标在于壮大和平衡精神的力量，激发自由而全面的观点，培养均衡的性格构成，这些特质在一个思想总是局限于一处的人身上是找不到的。"[3]

除了博雅教育一贯以来强调的过有价值和充实满足的人生外，我们在本章中考虑的第二种成就是个人层面的成功。这种人生成就与博雅教育的宗旨之间的关系，一直以来都不如前者那么直接。也就是说，虽然博雅教育的目的在于更广泛地服务于个人和人类的进步，但从博雅教育的角度来看，个人的成功不应该仅仅是出于自利的目的，还应该是为了大众的福祉。当然，从某种意义上看，我们把受过教育的人获得成功这一结果认作是理所当然的。毕竟从博雅教育最早的根源——训练人民保卫城邦——开始，成功就被视为必然的结果（毕竟，一个不成功的战士就是一个死亡的战士，毫无价值可言）。

在博雅教育的后续发展中，高等教育的结果转变成为人们提供在希腊罗马时代成功所必备的知识。个人在公共治理和公共话语中有效发挥作用的能力受到了重视。虽然这种个人成就只是教育结果的一部分，但它也同样受到重视，因为它也有助于实现更高的目标——公众利益。事实上，刺进尤利乌斯·恺撒大帝（Julius Caesar）后背的那把刀可能也正反映了他的成功过于自私自利。

在历史上大部分时期里（包括欧洲和殖民地时期美国），只有来自权贵家庭的精英才有资格接受高等教育，因此相较于对社会进步的推动作用，博雅教育传统对个人成功的推动作用并不明显。事实上，《耶鲁报告》不仅未能将个人成功列入它倡导的教育成果，而且还告诫人们，人民所积累的财富应该以"对自己最光荣，对国家最有利"[4]的方式使用。美式博雅教育正是在能带来更广泛的利益，即使得"人类更具人性"[5]这一结果上发展起来的。因此，我谨记个人成功不应只服务于自私目的这一警言，在本章中探讨的是过上成就非凡人生所含的两个方面：个人成功和生活充实。

比尔（Bill）40 多年前毕业于文理学院。他说他入学的时候，就和如今的一些年轻人一样，觉得自己需要的不外乎金钱、冒险和一份有前途的工作。然而，他认为大学经历造就了自己，不仅助他取得个人层面上的成功，也为他的公益事业添砖加瓦。

> 由学生、教师共同组成的住宿社区，甚至是最高级别的管理人员，都在个人层面上关心我，这对我产生了巨大的影响。教授和行政人员都平易近人，他们为学生提供一对一指导，帮助我们在还不够成熟的人生阶段筛选新的经验、机会和选择。我是一个好奇的人，这份好奇心也得到了鼓励。我接触了广泛的博雅教育课程，这些学科满足了我天生的好奇心——其中一些学科是我本以为自己可能感兴趣，但实际上发现自己并不出众，也

> 有一些学科是我原本并不感兴趣，但结果发现自己颇为擅长……为我的职业生涯奠定了基础——也在职业之外启发了多样的兴趣……对我来说，无论是那时候还是现在，重要的都是能够广泛探索和吸收那些直到后来在职业发展过程中才突然显出其重要性的知识。

因此，广泛学习、深度参与学院社区、培养多种多样的兴趣——就像比尔所说的那样，"从茫然无措到思绪明朗"——不仅为他作为广播业高管的职业生涯带来了成功，还促使他投身于公共服务工作。

比尔所概括的大学带来的影响，以及本章开头克莱顿和弗吉尼娅表达的想法，与我们对在本研究中访谈的 1000 名各类院校毕业生的大学经历和人生结果的客观分析结果相比如何？**在接下来的小节中你将看到，那些报告过着更充实生活的毕业生在大学期间学习了更广泛的科目，提高了智力技能，并且就读于非职业化专业。此外，他们的课程注重学生参与，他们在课外与教师、导师和同龄人有更广泛的互动。而那些个人更成功、收入更好、职位更高的人则报告了与大多数人截然不同的大学经历：尽管专业培训能为毕业生的第一份工作带来优势，但从长远来看，学习范围更广、更常在课外与教师和导师互动的人才能获得更大的成功；大学专业却与更长远的成功无关。**

教育经历、自我实现与成功

在本章中，我们探讨了学习内容和教育环境的特征与过上成就非凡的人生（即充实而成功的人生）的成年人行为之间的关系。该分析如图 8.1 所示。

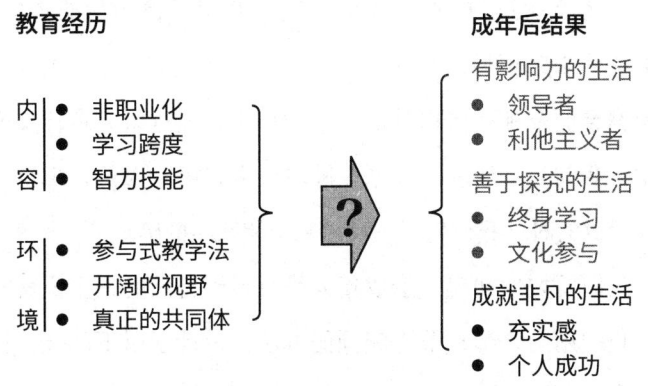

图 8.1　教育经历与成就非凡的生活之间的关系

图 8.1 中，我们对左侧的 6 种教育经历与右侧的充实感和个人成功这两个指标之间的关系进行了统计学显著性检验，然后评估了其幅度大小如第 5 章所述。第 4 章中描述了与教育经历相关的问题，随后阐明了充实感和个人成功的指标。我将那些具有统计学意义且幅度较大的关系标记为具有"实质性"效应[①]，并在本章中加以描述。首先我们分析教育经历与终身学习

---

① 第5章对此处的分析方法进行了完整的描述，附录1报告了因果关系的假设，附录5中给出了完整的统计结果。

之间的关系，然后是与文化参与之间的关系。

人生充实

安妮斯（Annis）毕业于文理学院，现在是一位功成名就的作家，著有超过 20 本书。她说道："获得学位当然应该知足，但那些我未曾预见的收获却带来了更大的充实感，并加深了我对家庭、朋友和社区以外的世界的认识；通过研究古代文学和哲学，我与过去建立起联系。同时，当我第一次开始理解教育的真正目的时，我产生了一种与未来相联结的感觉。"

我们要如何知道一个成年人是否感到自己的人生成就非凡呢？我们用与之前章节中相同的方法，设计了以下问题，探索哪些成年人行为能标示这种成就。我们向受访者提出以下问题。

- 您花多长时间阅读、讨论和思考应该如何生活？
- 您花多长时间阅读、讨论和思考您的生活方式能带来哪些影响？
- 您是否只是机械地过日子，而不去分析自己的人生？[6]
- 总体而言，您对自己的职业生涯满意度如何？
- 您对自己目前从事的工作满意度如何？
- 总体而言，您对自己的个人生活和家庭生活满意度如何？

再次重申在前面章节中强调多次的一点：设计这些问题的

目的不在于定义何谓个人充实感，而是作为指标，说明当代社会介于 25 ～ 65 岁的、更有充实感的人可能具有的行为类型。这些问题的回答被合并为充实感的一个单项指标，受访者根据该指标被分类为表现出较低或较高充实感的个人。

充实感研究结果　对本研究访谈的 1000 名大学毕业生描述的大学经历和人生结果的分析给我们带来哪些启示？如图 8.2 所示，博雅教育 6 大特征中有 5 项与富有充实感的人生具有实质性关系。**在学习内容方面，那些大学阶段主修非职业化专业、学习范围更广、在课程中提高了智力技能的人，拥有人生充实感的可能性要高 44%～66%。**

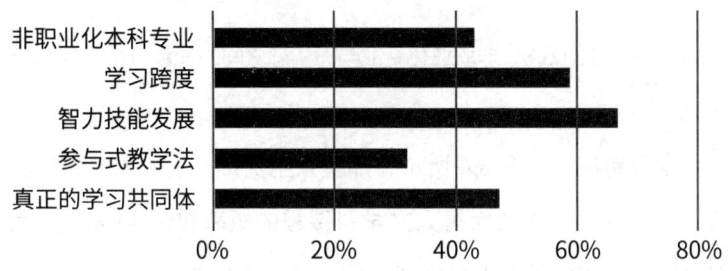

图 8.2　学习内容和教育环境与充实感之间的关系

那么，具体有哪些经历和这些总体研究结果相关呢？[①]

---

①　关于人口统计学分析，请参见附录 4。虽然性别因素并不满足本书中界定的具有统计学意义的标准，也不是可预测的协变量，但它与充实感之间的关系边缘显著（$p = .06$），相对效应为 12%。中学时期的家庭 SES 与充实感之间存在弱相关（$p = .013$），相对效应仅为 18%。

非职业化专业 哪些学院专业与非职业化专业的学生生活更充实这一研究结果相关性最高？如图 8.3 所示，人文学科和社会科学专业位于相关性连续体的一端，而商科和会计专业位于另一端。具体而言，人文学科和社会科学专业的学生，报告出与充实人生相关的行为的可能性要高 31%～42%；而商科和会计专业的学生，报告出与充实人生相关的行为的可能性则要低 40%。

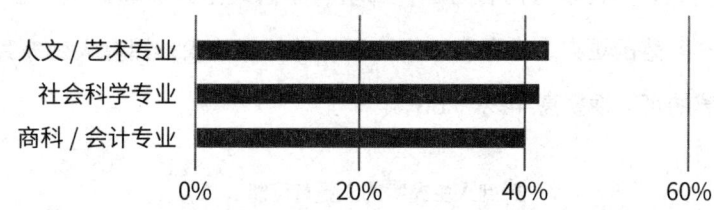

图 8.3 非职业化专业与充实感之间的关系

学习跨度 如图 8.4 所示，那些人生更加充实的人，无论就读于何种专业，**修读大量人文学科课程的概率较高 41%，在大部分所修课程中融入人文学科问题的概率较高 59%。**

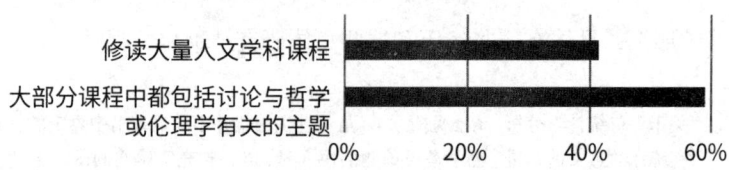

图 8.4 学习跨度与充实感之间的关系

智力技能培养　如图 8.5 所示，重视培养智力技能的课程与充实的生活息息相关。具体而言，**如果教授要求学生写论文，给学生布置的课程作业没有唯一标准答案并且鼓励学生检视自身观点优劣，那么该学生过上充实生活的概率较高 51%～149%**。

感到人生充实的人更有可能：

图 8.5　智力技能与充实感之间的关系

参与式教学法　如图 8.6 所示，那些体验过**直接让学生参与学习——组织更多讨论、研讨会和小班教学——的教学方法的人，过上充实生活的概率较高 20%～61%**。

感到人生充实的人更有可能：

图 8.6　参与式教学法与充实感之间的关系

真正的学习共同体　如图 8.7 所示，那些与教师关系密切（包括师生在课外探讨学术和非学术问题，教师能叫出学生名字），拥有一位导师，或者更经常参与校园活动（作为一名行动主义者、参与或领导校园组织）的人，报告出成年后生活更充实的概率较高 20%～67%。

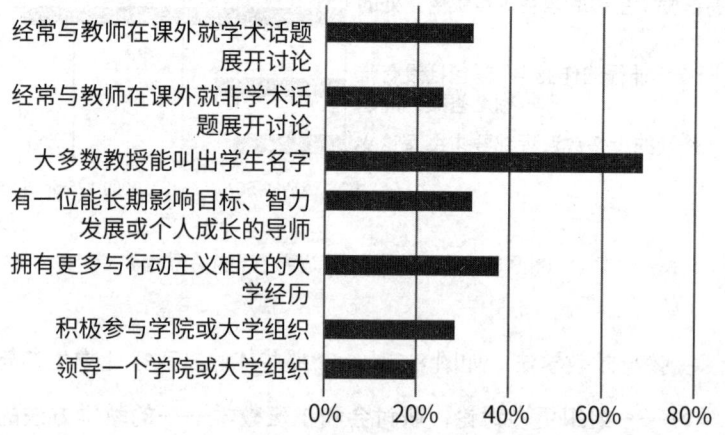

感到人生充实的人更有可能：

图 8.7　学习共同体与充实感之间的关系

人生充实感研究结果小结　那些报告自己人生更加充实的人认同以下几点。

- 大学学习的内容至关重要，那些学习范围更宽广的学生（包括人文学科和在大多数课程中考虑对人类有意义的问题），在课程中提高了智力技能（包括探索自身观念的长短处，解决没有唯一正确答案的问题，以及撰写论文），主修非职业化专业（特别是非商科或会计专业）的学生更有可能过上充实的生活。

● 教育进行的环境至关重要，经历过以学生为中心的教学法（包括小班教学和更多讨论环节），以及经常在课外与教师和其他学生进行学术性或非学术性的交流，这样的学生更有可能过上充实的生活。

与对终身学习和进行文化参与的成年人的调查结果类似，那些生活充实的人正是经历过博雅教育的知识和经验两方面的人。因此，图 8.8 中体现了教育经历与充实生活之间的关系。

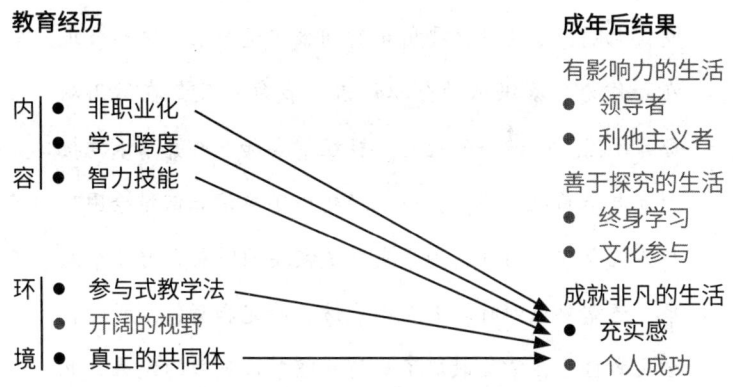

图 8.8　教育经历与充实感之间的关系

学院毕业生艾莉森（Alison）现在是一位成功的记者。在她的叙事中，她以生花妙笔总结了自己所受的博雅教育与充实人生之间的关系。

我并非音乐专业的学生。但我在（学院的）4年里，与学校首屈一指的巡演团和爵士乐团都曾同台演唱……我参加合唱课程的经历说明了博雅教育的价值所在。管理人员和教师……明白我上大学并不仅仅是为了追求一份事业，也是想培养自己的兴趣，发掘自身的才能。他们致力于教育出一个全人，而不仅仅是使我在未来成为一名记者。

在参加学院合唱课程的过程中，我学到的不仅是音符和韵律。在我担任合唱团团长时，我学会了如何管理一群并不总愿意听我指挥的人，也学会了如何筹备募捐活动。我学会了如何平衡我需要做的工作和我的排练时间，也明白了为什么要留出时间来追逐自己的梦想。现在，作为一家报纸的全职记者，我每一天都在运用从那4年里……学会的技能。我经常要和一些并不乐意接到我电话的人交谈，但我已经想出了应该如何排除困难与他们合作。而且，由于我总是需要同时兼顾好几个故事，还需要找到时间来安排采访、研究和写作，所以我很庆幸自己在学院锻炼了如何处理繁忙日程的能力。也许最重要的是，我记得要把博雅教育的思维带到我的成年生活中……培养一种充实、幸福的生活，而不仅仅是受职业驱使。

个人成功

在一般意义上，"成功"一词有多种定义。但在本研究中，我们只关注对个人有直接益处的结果。这一概念有别于前文对领导力和利他主义的分析中所描述的，为他人服务的成功类型。本研究中使用了哪些个人成功指标？我们的研究设计团队确定了两个用于表明当代社会个人成就的关键问题。

- 您目前的职级是（分为入门级、中级、高级和总裁 / 所有权人 / 首席执行官）？
- 您当前的家庭年总收入是多少？

除以上两个问题外，受访者还被问及毕业后第一份工作的职位和收入。

如前所述，这些问题都不用于定义何谓个人成功，而是作为人生结果的指标，用于说明介于 25 ～ 65 岁的毕业生是否成功。这些问题的回答被合并为成功的一个单项指标，参与者根据该指标被分类为表现出较低或较高个人成功程度的个人。

成功研究结果　总体分析表明，结合职位和收入来看，教学内容或教育环境的 6 个类别均与个人成功的判断不存在实质性的关系。这在目前还是前所未见的情况：博雅教育对个人成功既没有积极影响，也没有消极影响。此外，调查对象的 3 个人口统计学特征首次与成年后的结果直接相关：以工资和职位作为评估成功的标准，男性为 24%，白人为 43%，来自 SES（社会经济地位）较高家庭的人成年后成功的可能性要高 26%。而当我们将成功的两个方面——收入和职级——分开来进行分析时，性别与职级呈现显著的实质性相关关系（男性担任更高职位的可能性要高 39%），而种族和家庭 SES 与更高的收入相关（白人要高 77%，SES 更高者则要高 31%）。对就任职位而言，只有性别才具有显著实质性关系，男性任更高职位的可能性要高 39%。

然而，在博雅教育学习方面，有一项结果颇为有趣。如

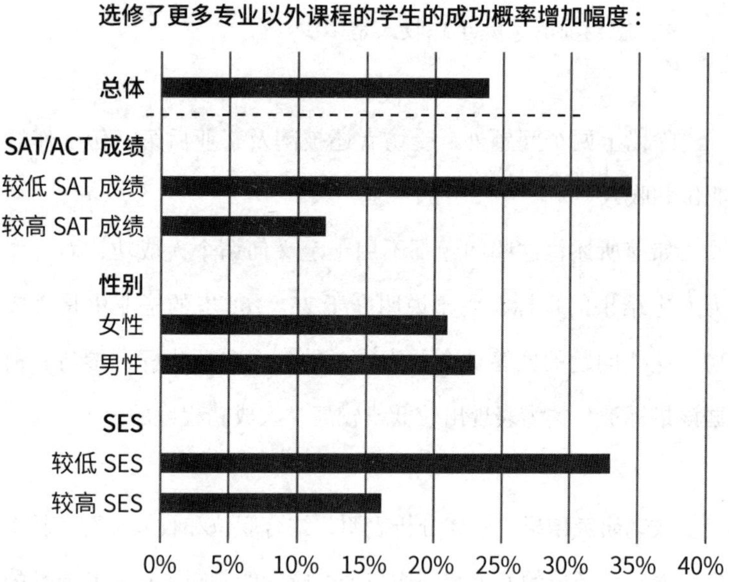

选修了更多专业以外课程的学生的成功概率增加幅度：

图 8.9　不同人口统计特征与

专业之外的课程占修读课程的半数以上的关系

图 8.9 所示，那些选修的课程中超过一半是专业以外的课程，因而学习范围更宽广的学生，成年后收入更高的可能性要高 24%。在不同个人属性类别内进行分析，结果表明，在 SAT/ACT 分数较低（34%）和家庭 SES 较低（33%）的人身上，这种效应更为显著。男性和女性的效应量大致相当。

长期成功 本文所报道的研究结果是与年龄无关的个人属性，其中涉及的调查对象包括毕业了 10 年、20 年或 40 年的学生。然而，很显然收入和职位通常是随着年龄的增长而改变的。德博拉（Deborah）是一家大公司的高级管理人员，她在描述职业发展时说明了这一点。

> 一个主修社会学、西班牙语和拉丁美洲研究的跨学科研究专业的人，后来怎么会从事我这样的一份职业？答案是我所接受的博雅教育并不仅仅培养我从事某种特定工作或职业的能力，还赋予我在最终找到自己热衷的方向时，能够选择任何工作或职业的能力……教师或以个人之力，或团队协作，倾尽全力教授每一位学生。他们教会我三件事：如何学习，如何思考，如何沟通。这对我产生了巨大的影响。博雅教育培养了我广博的视野和极强的灵活性，这些能力帮助我解决问题，应对职业中的所有曲折、挑战和机遇，并取得职业的成功。重要的是，我正是在这个基础上发展出在职业和社区中担任领导者的能力……能够与形形色色的个人和团队有效合

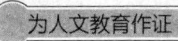

作的人，才能在新的环境中迅速学习，根据不断变化的情况发挥创造性思维，并能够与被铺天盖地的信息轰炸的人们有效沟通。生活在这个世界上，并有机会为之做出贡献，虽然这一切一开始可能令人望而生畏，但实际上是一件令人振奋的事。

这一叙事表明，如果我们对那些年龄较大、根基已稳的大学毕业生群体单独进行观察，就可以深入了解博雅教育与职业生涯中的职位和收入之间的关系。因此，我们对 326 名年龄在 55～65 岁的大学毕业生的回答进行了分析，这些毕业生在生活和工作方面都已获得成功，可能正处于职业生涯的顶峰。通过对这些年龄较大毕业生的经历进行分析，我们得出了一些具有启发性的发现，它们印证并拓展了本文报告的对全体毕业生的研究结果。

在这个成熟的群体中，性别和种族对整体成功的影响消失了；但个人在中学时期的 SES 仍旧对整体成功有显著的实质性影响，即 SES 较高者，报告表明在成年后收入更高的可能性要高 20%。那么，问题就是：对那些在 SES 较低和较高的家庭中长大的人来说，是否有任何博雅教育经历与成功相关？结果是，确有两类经历相关。

首先，如图 8.10 所示，与成功有着显著、高度相关性的单一博雅教育的特点是在真正的学习共同体中接受大学教育，符合这一特点的人报告出在中年后成功的概率要高 32%。

更有可能成功的人体验过：

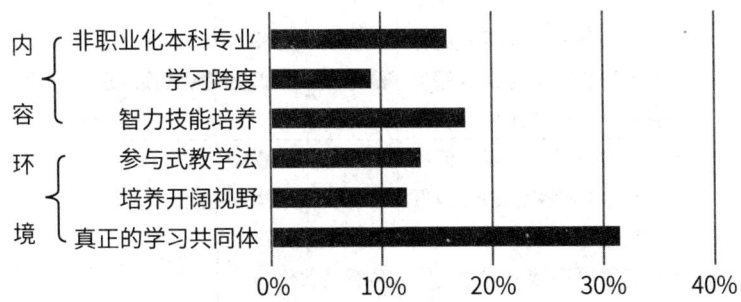

表 8.10 教育环境和教学内容与成功之间的关系

然而，鉴于家庭 SES 造成的显著影响，我们必须将这一结果结合人口统计学变量进行考虑。事实证明，无论一个人年轻时的 SES 如何，体验真正的学习共同体的经历都与成年后的成功有着积极的关系。但对比 SES 较高的受访者（20%），这一经历对 SES 较低的调查对象（64%）影响要大得多。

如图 8.11 所示，我们对与这一整体效应相关的具体经历进行了研究，结果表明课外关系是重要的促成因素：更经常在课外与教师讨论学术问题（39%）和非学术问题（25%），以及配备有一位导师（24%）都与更显著的成功结果相关。还有一点至关重要，即对于那些来自 SES 较低的家庭的人来说，以上所有效应都远比来自较高 SES 的家庭的人更为显著。

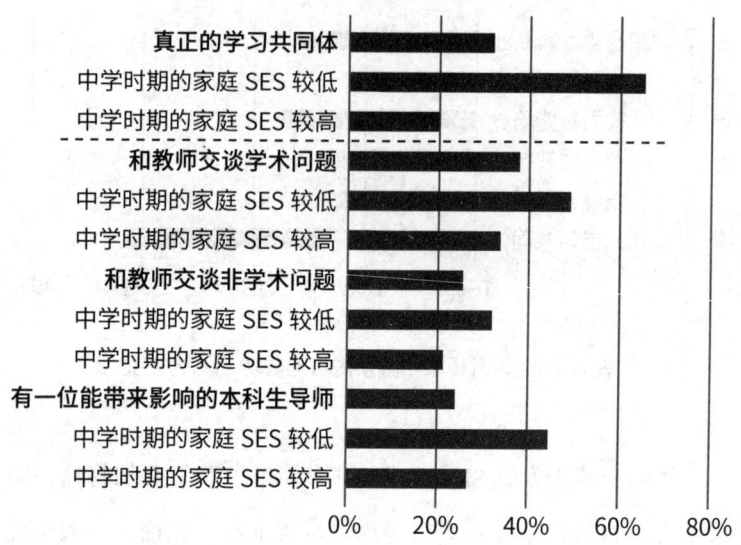

图 8.11　真正的学习共同体经历与成功之间的关系

　　第二个值得关注的发现与此处报告的学习广度相关。结果显示，当考虑到其与长期成功的关系时，选修课程中超过一半为专业之外的课程，这一特征尤其发人深思。如图 8.12 所示，在这些已经站稳脚跟的调查对象中，那些报告自己选修的课程中专业以外的课程占到总数一半以上的人，总体成功率较高（20％），其中较高的收入在这一结果中占主要部分。尽管无论调查对象的 SES 如何，这种效应都会发生，但对于那些在 SES 较低的家庭中长大的人来说，这种效应尤其显著，即报告的总体成功率更高（72％），收入更高。

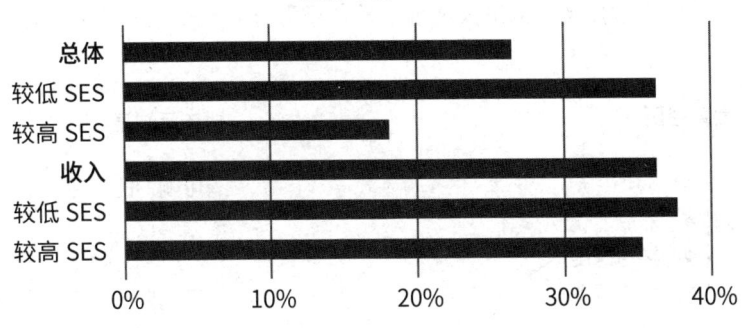

图 8.12 专业外的课程对成功及收入的效应

个人成功研究结果小结 对于人生成功（收入和职位），博雅教育既没有积极的影响，也没有消极的影响。然而，不出所料，男性、白人和来自富裕家庭的人在获得更高收入和更高职位方面具有优势。但这并不代表着博雅教育相关教育经历就退出了舞台。

从长期来看，性别和种族 / 族裔的显著影响在本研究中最终消失，只有高中时的家庭 SES 仍然是一个重要影响因素。然而，博雅教育经历的重要性最终还是浮现出来：那些体验过更真正的学习共同体，包括与教师和导师建立起更密切的课外关系的人，无论其 SES 如何，都能获得更大的长期成功。这一效应在那些来自 SES 较低家庭的人中尤其明显。此外，令人瞩目的是，选修更多专业外的课程与成功（尤其是收入）高度相关，特别是对于那些在 SES 较低的家庭长大的人来说，这种效应更加明显。

图 8.13 用图表的形式展现了教育经历与个人成功之间的关系。

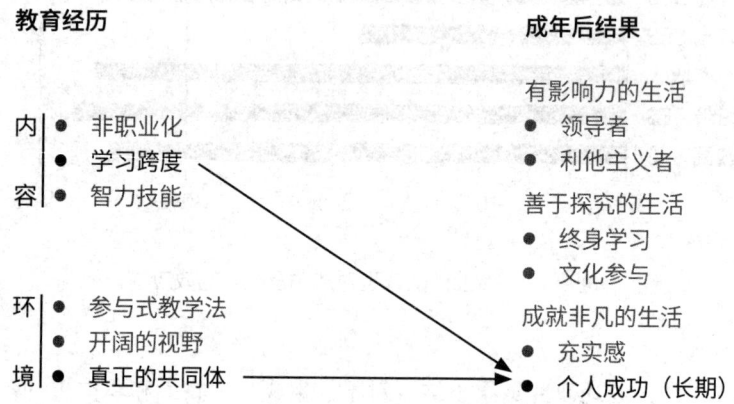

教育经历

成年后结果

有影响力的生活

内 ● 非职业化

容 ● 学习跨度

● 智力技能

● 领导者

● 利他主义者

善于探究的生活

● 终身学习

● 文化参与

环 ● 参与式教学法

境 ● 开阔的视野

● 真正的共同体

成就非凡的生活

● 充实感

● 个人成功（长期）

图 8.13　教育经历与个人成功之间的关系

通过充实而成功的生活，实现成就非凡的人生

戴维是一位成就斐然的医生，在对其学院经历的自我报告中，他讲述了学习内容和教育环境的重要性。

> 我在学院有幸拥有的各种经历使我哪怕成功的希望
> 渺茫，也无惧新的尝试。学院规模很小，使我得以自由
> 参加各种活动……而不必担心失败。课程选择不受限
> 制，激发了我强烈的求知欲，使我能够不带任何先入为
> 主的判断，听取各方观点，避免在未加思索的情况下否

决任一观点，从而考虑不循常规的想法。正是这种求知欲和不为失败的恐惧所掌控的自由，让我在 42 岁时还能辞去部队的工作，到医学院求学。

我们对参与本研究的 1000 名毕业生的学院经历和人生结果的分析，与戴维的叙述不谋而合，表明了人生结果与体验过博雅教育的所有方面（学习内容和教育环境）相关。攻读一个非职业化专业，开拓更广泛的学习范围，接受参与式教学法和在真正的学习共同体中培养智力技能，这些缺一不可。

不过，与充实的人生和成功的人生各自相关的经历并不完全重叠。著名投资家沃伦·巴菲特（Warren Buffett）明确区分了金钱的表面意义和深层含义。他在给股东的一份报告中一语道破这一点："价格是你付出的，价值才是你得到的。"[7] 对于本研究中用于衡量成功的标准（收入和职位），博雅教育实践既没有积极影响，也没有消极影响。在初期，学生入学前就带有的特性——性别、种族／族裔、家庭 SES——才是作用最大的因素。但关于这一研究结果，有两条重要的附加说明。第一，那些选修课程中专业以外的课程占到总数一半以上的人，更有可能在成年后收入更高，并且这一效应在那些 SAT/ACT 成绩较低，或是那些家庭 SES 较低的人身上更为明显。第二，从长远来看，除更宽广的学习跨度之外，在真正的学习共同体中接受教育（与教师的课外交流、导师制）也与成功相关。特别引人注目的是，这些效应对于那些在 SES 较低的家庭中长大的学生来说最为显著。

考虑到目前无论是学生和家长，还是政客和决策者，都越来越关心大学能否带来一份好工作，人们认为主修职业导向型的专业与长期成功之间不存在实质性关系，这一看法显得颇为有趣。但专业化学习并不能预测长期成功，我们的研究结果反而凸显了学习的广度对所有人的重要性，尤其是那些上大学前家庭经济条件较差的人。

这些研究结果都是对博雅教育传统价值的有力证明，因为它们说明了博雅教育与充实的生活和个人的长期成功相关。在这个日新月异的时代，人们在整个职业生涯中会变换多个不同的工作，根据美国劳工统计局（Bureau of Labor Statistics, BLS）的报告："出生在婴儿潮后期（1957～1964 年）的人在 18～52 岁期间平均拥有 12.3 份工作"[8]。在这样一个不断变化的时代，要想过上充实而成功的生活，通过广博的教育，学习如何高效地与他人一起工作和生活，从而能够随时开始新的学习，发挥创造性思维，这显然是大有裨益的。

第 9 章

为什么教育环境比教育内容更重要

缺少热情，任何伟大的事业都不可能成功。

——拉尔夫·沃尔多·爱默生（Ralph Waldo Emerson）

前面 3 章的研究表明，与所学内容相比，博雅教育中更具社会性、基于人际互动的方面与人生影响的关系更为密切。奥斯卡奖得主、电影制片人兼作家布莱恩·格雷泽（Brian Grazer）认为这一结论毫不令人意外："我们都是人。我们都有情感。我们都有可以分享的东西。我们生来就是为了建立联系。这是我们在地球上短暂而美好的时光中获得的一切成长、发现、快乐和意义的源泉。"[1]

这到底是为什么呢？事实表明，当代认知神经科学研究，为社会和情感对学习带来的影响所产生的巨大作用提供了宝贵的见解。

※　※　※

我们的研究结果揭示了一个重要结论：当我们检验人生结

果时，我们发现，成年后的行为与**教育环境**（真正的教育共同体、培养更开阔的视野、参与式教学法）之间的关系往往比教**育内容**（专业、学习跨度、智力技能培养）更为密切。在我们考察多种教育经历与本研究所调查的所有 6 种人生结果相关的频率时，这一现象就凸显出来。表 9.1 列出了不同的大学经历，其中，位于表格顶部的经历比起位于表格底部的经历而言，更容易对生活产生重大影响。

表 9.1　与人生结果相关的教育经历频率

	教育内容	教育环境
高频	经常与教师在课外就非学术或学术话题展开讨论	——
	有一位能带来长期影响的本科生导师	——
	经常在课外和同学讨论有关和平、正义、人权或平等的话题	——
		修读的课程中半数以上为非专业课程
	大多数教授能叫出学生名字	
	积极参与学院或大学组织	
		课程作业中常包括没有唯一标准答案的问题
	课堂上将讨论作为重要的学习环节	——
	拥有与行动主义相关的大学经历	——
	在大学宿舍里居住三年以上	

	教育内容	教育环境
中频	——	大部分课程中都包括从哲学或伦理学视角讨论人类现状的话题
	——	大多数课程都要求撰写论文
	经常与宗教信仰、政治观点或个人价值观迥异的人进行严肃的讨论	——
	领导一个学院或大学组织	——

　　从这张表上，我们可以清楚地看到，虽然教育环境和教育内容都能够影响人生，但与学习内容相比，与教育环境相关的经历更经常与重要的成年后结果相关联。在学院中与他人（包括教师和同学）进行实质性的课外互动，包括探索对人类有重要意义的问题、感受不同的视角，都属于更能带来人生影响的学院经历。学习的内容也很重要，学习跨度、智力能力的提高和经历的积累更常与人生影响相关。

　　我们同时也应注意到**未**在此表中列出的内容，特别是以下两个方面：第一，职业教育和本科专业学习极少与长期人生影响相关。第二，虽然人们常认为参加田径运动可以培养领导能力，增长带来成功人生的本领，但实际上我们并未发现它对研究分析的任何一项人生结果有实质性影响。而参与（包括领导）大学组织则往往与积极的人生结果相关。

　　那么，为什么相比学习内容，教育环境更经常关系到人生成就呢？经济学家布莱恩·卡普兰（Bryan Kaplan）引用了大量社会科学研究文献，提出高等教育是一种浪费，因为人们根本记不住他们所学的知识——也就是学习内容，特别是很快就会被遗忘的专业内容。[2] 尽管说学生会忘记所学的大部分知识似乎略显草率，但一些坦率的老师也的确抱怨有些毕业生把"学到"的教学内容忘得一干二净，甚至有些学生在课上被问到上一年才学到的知识时也一问三不知。在书中，卡普兰总结道：也正因为如此，应该使高等教育向职业教育转向。但他也同时承认，大学文凭对雇主来说仍然有其价值，因为它代表着一种来自社会的认可。

本研究所报告的效应在一定程度上支持了卡普兰提出的学习内容普遍缺乏价值的结论，但总体研究结果却与他的结论存在冲突之处。首先，职业教育与长期成功之间不存在长期关系，但与许多其他人生结果之间存在负相关关系。但更重要的是，他认为学生记不住事实性知识就说明大学学习是一种浪费，这从根本上就是错误的。我们已经明白，不仅更广博的学习内容对多数重要的人生结果至关重要，学习的教育环境对人生结果的影响也更深远。

大多数人将学习视作一个相当客观和理性的过程，在这个过程中，知识从老师或书本（或互联网）迁移到学生的头脑中。有人将其称为"空容器"（empty vessel）法，即知识被倒入一个空空的大脑；也有人将其描述为"真空吸尘器"（vacuum cleaner）教学法，即学生的大脑会吸收所有出现在其面前的知识。我们许多人的脑海中可能都会浮现出这样一幅动态画面：

严厉的男校长或女校长用戒尺在桌上敲出节拍，让学生随着节奏记住知识点。20 世纪 80 年代，哈佛大学心理学家霍华德·加德纳（Howard Gardner）形容这种机械的、理性的方法（不包括用戒尺打出的节拍）在计算机革命发生之时获得了巨大的力量：人类的认知是"有序的、精确的、循序渐进的"[3]。但即便在当时，他也还是对这一观点持保留态度，认为"一个认知个体所处的社区是至关重要的"[4]——也是从那时起，这种观点就一直指导着他在教育领域的开创性工作。

事实上，在加德纳提出以上关于社区的论断 20 年以后，著名教育研究者欧内斯特·帕斯卡雷拉（Ernest Pascarella）和帕特里克·特伦兹尼（Patrick Terenzini）对名为"大学如何影响学生"的项目进行了长达 30 年的研究，发表了影响深远的研究著作汇编，他们指出，"在强调师生之间保持密切关系和频繁互动、教师关注学生成长和发展的大学环境中，思辨能力、分析能力和一般智力发展能够得到蓬勃发展"[5]。

这是为什么呢？当代对人类认知（即"获取知识与理解的过程"[6]）的研究一致认为学习发生的社会环境至关重要。这种效应与情感在学习中的作用有关。可以想想在你的亲身经历中，对你影响最大的老师——最能让你对学习产生兴趣、热情和动力的老师——是什么样的。你会如何形容这位老师？这位老师是一位冷静客观的知识传播者，还是一位对一门学科充满激情和热情的人？这位老师和你是什么样的关系？你是否觉得自己是一个容器，老师把知识倒入其中，希望你把所有教授的知识都像真空吸尘器一样尽数吸收？还是说，这位老师把你当作一个自身的生命和思想都有价值和重要性的人？

客观研究表明，实际上，那些能最有效地填满"空容器"的教师，反而不是最善于促进学习的教师。正如一份报告中所说，"教法得当的教师往往被认为能够与学生在情感上建立起亲密、安全和信任的关系，提供工具性帮助，并在课堂上培养起更广泛的共同体精神和关爱精神的教师"[7]。在线课程辍学率始终居高不下的问题[8]很可能就与这种关系的缺失有关。

现如今，社会情感神经科学领域汇聚了我们对人类学习方式的理解。借助大量神经科学研究，我们已经知道："从神经生物学的角度来看，如果没有情感，就不可能构建记忆、产生复杂的思想或做出有意义的决定"，并且"学习是动态的，带有社会性，由环境决定……情感构成了人们的思考、记忆与学习的方式、内容、时间和原因的关键部分"[9]。

的确是这样。事实证明，社会关系、情感和学习都需要用到同样的大脑系统——它们不能在大脑的不同部分相互独立运作。情感影响认知的各个方面，包括注意力集中程度、记忆中信息的存储过程、创造性思维和问题解决过程。[10]这种影响并不局限于通常能激发强烈情感的情况——即使是在被大多数人认为具有高度实证性和客观性的科学（如数学和工程学）中，要想获得更深入的理解，也需要情感来使学习起效。[11]不妨想想那些才华横溢的科普大家——如卡尔·萨根（Carl Sagan）、奈尔·德葛拉司·泰森（Neil Degrasse Tyson）和比尔·奈（Bill

Nye）——是如何将幽默、悬念、惊喜和欢乐等情感融入他们教授科学的方法中的。他们对情感的使用绝非妙手偶得，而是一种深思熟虑的、极为有效的教学方法。

早在博雅教育初创之时，古希腊人对此就有了深刻的洞见：对他们来说，"高等教育需要教师和学生之间建立起深厚的、完全个人化的纽带，其中……情感（即使程度不强烈）"是不可或缺的。[12] 近年来，社会和情感因素与大学学习之间的这种关系也已在实验研究中得到证实。比如，在同一所学院中，学生组成学习共同体的一部分，但他们"适应"该学院的程度各不相同，特别是少数群体学生更有可能感受到缺乏这种适应感而造成的挑战。在一项研究中，学生被随机分配到几个小组。其中一些学生接受了一次简单的训练，目的是让他们形成一种信念，即他们与所在学院的其他学生一样，都归属于此。那些入学时社会归属感较低，同时接受过这一培训的人，成绩更高，健康状况更好（根据就诊次数评估），幸福感更强。受过训练后，这种效应在学生的大学三年里持续存在。[13] 这种成为学习共同体一分子的感觉能带来巨大的影响，已被反复证明能对学业成绩以及其他多种富有建设性的大学活动带来正向的影响。[14] 已有数百项社会心理学研究证实了社会学习从童年开始，持续一生，有着让人不可思议的力量。

因此，在以关系为本的教育中，学习与情感之间的联系已经在社会心理学和神经科学的研究中得到了充分证明：学习并不是以一种机械的方式，以掌握知识为重点而发生的。只有在教育环境中利用好社会和情感动力时，学习才能够发生。近四个世纪前，当时还没有现在这些社会神经科学研究成果，哈佛大学的创始人努力向传统博雅教育实践看齐，认为这就是最有效的学习方式。

　　如果只需要书本知识，那么听课和阅读足矣。但只有作为同一个学院社区的成员，一起学习和论辩，一同饮食、嬉戏、祈祷，与彼此及导师保持密切和持续的联系，学生才能领受品格这一无价之宝。[15]

第 10 章

价值之问：影响力教育

我们未能充分审视自己的内心，了解自己的长处和短处；我们也未能充分审视周围的世界和历史，提出最深刻、最普遍的问题。即便是现在，解决办法当然还是：我们还可以再多接受一点博雅教育。

——法里德·扎卡里亚（Fareed Zakaria）

　　在本书开篇，我讲述了人们对博雅教育的意义感到的困惑。公众常常认为这种大学学习方法只能学到"不切实际"或"无用"的东西。批评者也为这种观点辩护，声称博雅教育——他们通常认为博雅教育仅限于人文学科，如艺术、哲学、音乐和历史等——与找工作或谋生计几乎毫不相关。本书也在前文中提到，尽管雇主和学者都认为以博雅学科为基础的教育能够在工作中体现出价值，但要让怀疑者认同它比职业化的专业更可贵，也并不容易。事实上，有时反而是一些人文学科的学者在这种反对博雅教育的态度上使人更愤怒，因为在他们试图捍卫人文学科，使之免遭淘汰的过程中，他们主张博雅教育有且仅有一个定义：学习人文学科，又或者在"博雅学科"和"人文学科"之间粗暴地画上等号。

　　但即使是那些并不把博雅学科局限于人文学科的人也面临着一个看似无法克服的挑战：目前对博雅教育的界定方法数以

百计，不同的学院采用的定义各不相同，导致我们缺少明确或统一的方法来描述这种教育方法的本质，而由于缺乏这种明确性，其价值自然也就无从证明。人们对商科学位或工科学位的价值毫不怀疑，因为它们的课程内容有着公认的统一标准。但对于获得博雅教育学位有什么意义，人们却很难说清楚。

我们面对的是一个"森林和树木"的问题：在密密层层的"树木"之中（当前对博雅教育的定义多达数百种，要求也千差万别），我们很难看见博雅教育的"森林"（即获得更具整体性的看法）。要想看到森林的全貌，我们需要先从这些树木中抽身出来。因此，本书中报告的项目正是采用了这种"抽身出来"的方法，将自己置身于博雅教育繁杂的细节之外，从跨越数千年的角度审视它。几个世纪以来，博雅教育传统始终存在，不断创新发展，我们能否从中发现其贯穿始终的教育特征？

因此，我们先从两个问题开始："博雅教育中最典型的学习和经历是什么样的？"和"博雅教育者想要创造的是什么样的结果？"我们认为，通过为这两个问题找到答案，我们能够把目光聚焦在"影响"这个问题上：博雅教育的几个特征中是否有与特定的人生结果相关的？如果这些特征中有部分能与一个或多个预期结果相关，我们就有理由认定这些特征是博雅教育的重要组成部分。这样一来，也许我们就可以忽略那些不具影响力的特征，或是想办法让这些特征产生影响力。

根据前几章中报告的结果，我们对博雅教育与人生结果之间的关系知道些什么呢？我在图 10.1 中总结了这些密切的关系。

图中的圆圈表明在博雅教育经历的某一方面（列在左侧）和人生结果（列在顶部）之间存在着显著的实质性关系。

		成年后的行为结果					
		有影响力的人生		善于探究的人生		成就非凡的人生	
		领导者	利他主义者	终身学习	文化参与	充实感	个人成功（长期）
教育内容	非职业化			●	●	●	
	学习跨度			●	●		●
	智力技能			●	●	●	
教育环境	参与式教学法				●	●	
	开阔视野	●		●	●		
	真正的共同体	●	●	●	●	●	●

图 10.1　教育经历与人生结果之间的关系

　　这张图显示出位于下半部分的教育**环境**与本研究中评估的博雅教育带来的所有 3 类成年后结果相关：有影响力、善于探究和成就非凡的人生。其中，与成年后生活的所有 3 个方面相关性都最高的博雅教育特征是：在一个真正的、以个人为本的学习共同体中接受教育。本研究所使用的最经常与人生影响密切相关的共同体行为指标包括：经常在课外与教师讨论学术和非学术问题；教授能叫出学生名字；学生拥有一位能带来长远影响的导师；课外与其他学生讨论对全人类有意义的问题；积极参与（甚至领导）校园组织活动。需要指出的是，以上所有经历都不用于定义"教育共同体"这一概念，而是作为指标，用于说明学生在真正的教育共同体存在的情况下可能拥有的经历类型。近年来也有大量研究支持了此类经历富有影响力的观点。比如，有研究发现，"来自教师的支持和挑战可以强化学生的学业自我概念（academic self-concept）、领导力、政治和公民参与及道德品质"[1]。

值得注意的是，学习跨度——特别是修读的课程中超过半数为专业之外的课程——比起学习内容的其他方面，要与更多人生结果相关：充实的生活、长期个人成功、终身学习和文化参与都与这种教育经历有关。

同样值得一提的是，全面的博雅教育经历始终与探究式的生活和成就感——那些我们可能认为更"有关心智"的结果——相关。同时，对于成年生活中那些更偏重于行为的方面——有影响力的生活和个人成功——而言，经历真正的教育共同体才是与之相关性最高的。同样，长期成功与大学期间更广博的学习密切相关，这一点也不容忽视。

还需要指出的是非职业化学习的问题。在本研究中，主修职业化专业（即让个人为某一特定工作或职业学习的专业）与个人的长期成功（例如收入、获得的职位）无关，却与充实、文化参与和终身学习的人生呈负相关。事实上，远期的收入和工作岗位与博雅教育的重要方面（比如，选修的课程中超过半数为专业之外的课程，以及与教师和导师有更密切的课外关系）相关性更高。此外，对于那些来自 SES 较低的家庭的学生而言，这种效应尤其明显。

最后，通过证明博雅教育的不同方面与不同类型的人生结果相关，我们现在可以得出重要的结论了。比如，如果一名学生想要实现的首要目标需要先提升领导能力，那么他可能希望着重关注那些能够培养更开阔视野，提供真正的学习共同体的大学。而一所视培养文化参与度为己任的学院则可能希望确保博雅教育传统的各个方面都得到全力支持。我在第 11 章中将更全面地探讨这些结论。

现在有必要对调查结果从以下 3 个问题的角度进行评论。

- 特定的博雅教育经历是否能够保证某种人生结果的出现？
- 这些结果是否适用于所有人和所有学院？
- 我们能在多大程度上确信是博雅教育实践促使不同人生结果的产生？

可能，而非注定

虽然我们证明了这种关系在接受本研究调查的 1000 人当中

成立，但这并不代表着对所有人都是如此。比如，有一些成年人虽然接受过本科教育，但就是对艺术和博物馆兴趣寥寥；也有些人从未受过任何类型的大学教育，但仍旧取得了个人成功。或者可以换一种说法：并不是只要缺乏这些教育经历，一个人就不可能成为领导者或利他主义者，或者过上充实的生活。研究结果并不说明存在确定性，而是说明大学经历的性质——博雅教育的基本特征——和成年后的生活之间存在显著关系。因此，虽然拥有博雅教育相关经历不能绝对保证一个人在成年后会有怎样的表现，但它显然能增加积极结果发生的可能性，即过上有影响力、善于探究和成就非凡的人生。打个比方，假如一位投资者（或赌徒）有机会得到投资（或下注）收益始终能保持几个百分点的结果，那么他们肯定会认为投资（或下注）是值得的，而博雅教育所带来的效应甚至比这样的结果还要强数倍。不可否认，博雅教育在提高积极人生结果的可能性方面价值斐然。

研究结果的可推广性

尽管我们现在可以客观地证明博雅教育与重要、积极的人生结果有关，但如果它产生的效果因院校类型而异，或者因人群而异，那么这一结果就值得商榷。那么，这些结果是否适用于不同地区、不同人群呢？

附录 2 和附录 3 讨论了这些结果是否适用于不同类型的学

院和大学。首先我们需要记住的是，本研究囊括了所有院校类型的毕业生——无论规模大小，无论是文理学院还是研究型大学，也无论学校排名高低。因此，对博雅教育实践的影响进行分析的结果适用于各种不同类型的院校。但同时我们也需要记住，本研究旨在评估博雅教育实践的影响（而非博雅文理院校的影响），因而，有必要保证研究能代表所有类型的博雅教育实践。由于在具有全国代表性的大学毕业生样本中，只有一小部分人毕业于文理学院，我们额外增加了一个代表文理学院毕业生的样本，以确保研究能包含全方位的博雅教育经历。但这样一来也增加了一种可能性，即研究结果只是由于文理学院毕业生的比例过高才产生的，也就是说，结果实际上是因为院校类型，而非教育经历的类型而产生的。为了检验这种可能性，我们仅使用来自537名**没有**上过文理学院的研究对象的数据，对书中报告的研究结果进行重复分析。结果表明，尽管在非博雅院校中较不常见，但无关就读院校类型，博雅教育经历都能对长期人生带来相同类型的效应。[①]

　　这些效应会发生在不同人群身上吗？女性、非白人、测试成绩较低的学生或来自社会经济背景不同的家庭的学生之间是否存在差异？为了解答这个问题，我对不同亚组进行了进一步分析；附录4提供了这些结果的概要和更详细的信息。无论人

---

① 尽管结果在模式上相同，但文理学院提供全面的博雅教育经历的可能性是非博雅院校的两倍。或者从另一个角度来说，就读于文理学院的学生有两倍的可能性体验博雅教育实践。

214

口统计学差异如何，博雅教育经历对人生结果的影响都同样成立。博雅教育实践对人生成功（即收入和职位）既没有正向效应，也没有负向效应，个体差异（性别、种族／族裔和 SES）在初期是显著的影响因素。然而，从长期来看，只有家庭 SES 始终与成功相关联，但即便是这种效应也仍受到博雅教育经历的制约。具体而言，虽然更宽广的学习跨度（比如，修读的课程中超过半数为专业之外的课程）仍然可以预测所有学生的长期成功，但对于那些来自 SES 较低家庭的学生而言，这一优势尤为明显。

这些分析的价值在于，虽然特定博雅教育经历与部分毕业生的关系比与其他学生的关系更强或更弱，但大学经历与人生结果之间的关系究其本质在所有学生群体、所有类型的院校中大体一致。不管学生之间存在什么样的差异，秉承博雅传统的教育所带来的影响始终与他们未来过上有影响力、探究和成就非凡的人生密切相关。

因果关系

博雅教育经历确实能对成年人行为产生本研究所报告的效应吗？还是说，是那些本身就更可能过上有影响力、善于探究、成就非凡的人生的人，有更大可能会选择体验博雅教育呢？换句话说，这些效应之所以出现，是因为那些本就容易（或命中注定）成为有影响力、善于探究、成就非凡的成年人，在学生时期也碰巧偏向选择博雅教育经历吗？如果真的是这样，那么重要的就是不同人群与生俱来的差异，而不是教育经历的性质。附录 1 和附录 3 详细探讨了这个问题。一言以蔽之，虽然这个问题没有绝对确定的答案，但现有的证据表明，博雅教育经历确实对人们毕业后的生活方式产生了真正的影响。所以，并不是那些注定会在成年后更具影响力和成功的人选择了秉承博雅传统的大学学业，而 4 年或 4 年以上的学院教育没有带来任何效应。实际情况正好相反，是秉承博雅传统的教育方式促进了人们在成年后过上有影响力和成就的生活。

第 11 章

把握影响力：启示与价值

你读的越多，知道的就越多。你学的越多，去的地方就越多。

——苏斯博士（Dr. Seuss）

从前几章中我们得知，关于高等教育本质的见解含义丰富。本章将对其中部分含义进行回顾，包括如何发现并接受有影响力的教育；院校政策和优先事项；多样性、公平性和包容性在社会公正中的作用；信息技术（IT）的使用；后疫情和混乱的时代中高等教育之未来；教师的角色；人文学科的研究地位；大学的评估和宣传策略；政府政策；大学费用；高等教育对个人和社会未来的价值。

※　※　※

博雅教育的方式和方法历经数千年的创新发展、验证和修正，已然形成巨大的影响力。那些过上有影响力、善于探究和成就非凡生活的人，正是那些经历过以公众利益为**目的**，以秉承博雅教育传统的学习**内容**和高等教育**环境**为构成因素的教育之人。同样令人欣慰的是，从长远来看，那些学习内容跨越了更宽广的人类知识的人，在个人层面上可能会取得更大的成功。

教育环境（相比于学习内容）的重要性尤其值得注意。人们往往认为课外时间，至少是未被用在图书馆里或家庭作业上的课外时间，都被浪费了。的确，不少学生把大量时间都花在了与课程作业没有直接关系的事情上：最近的研究表明，当代的学生在一周内平均每天有 57% 的时间用于社交、娱乐、工作、参加志愿活动或学生俱乐部活动。[1] 当然，假如我们的目标是让大学生把时间花在学习具有长期价值的东西上，那不可否认他们有可能"浪费"大量时间，但课外教育环境也确实不可或缺。

事实上，在 21 世纪 20 年代初，包括求学在内的生活的方方面面，都因疫情原因陷入停滞状态。这样的一个时代对于高等教育的本质特征具有重大的启示性意义。尽管停止线下教学对于幼小的孩子来说似乎会带来显而易见的问题，因为他们的父母需要上班，无法照顾孩子，事实也确实是这样的，但许多人最初都认为远程教育方法用于大学和学院教育是再合适不过的。这种方法的倡导者认为，人们期待已久的基于技术的教育学革命终将到来，昂贵的校园建设费用和面对面教育将退出历史舞台。毕竟社会上的主流观点仍是高等教育等同于掌握更高层次的内容，而这个目标显然通过远程教育方法就足以实现。学院和大学迅速为支持这种方法所需的各种技术投入大量资金。大多数教师很快就全力，甚至无畏地转向远程教学，也有教师表达了顾虑，但这种声音往往被贬斥为不愿意接受变革。结果最具说服力的最终还是学生，面对这种教学方法，他们轻则口头抗议，重则诉诸法庭：他们坚称，缺乏面对面教学经历的大学教育不是他们想要的。

起初，人们很自然地认为学生的顾虑是毫无根据的，认为他们只不过是想要在几乎没有监督的情况下和同学玩乐、聚会，也就是浪费时间。但许多学生和教师持反对观点背后的深层原因在于，他们相信教育经历的性质确实会影响教育的价值，而我们也从本研究中得到了支持这一观点的论据。那些终其一生都充当领导者、利他主义者、终身学习者和文化参与者角色的人，往往有着充实和成功的人生，而他们正是那些曾经在课外与教授或导师讨论非学术和学术问题的学生，是那些在大学期间用课外时间与其他同学讨论对人类有重要意义的议题的学生，是那些积极参加大学活动和组织的学生，是那些和来自不同背景、持不同价值观的同学时时进行对话的学生。我们现在已经知道，以上这些，再加上其他与参与真正的教育共同体、培养更开阔的视野相关的大学课外经历，都是能产生深远影响的学习体验。这些活动不仅不是浪费时间的行为，反而有其重要的教育意义。

这一点也正是对汉密尔顿学院（Hamilton College）的 100名学生进行的一项研究得出的重要结论。研究者根据结果撰写了《大学的作用》（How College Works）一书。在这本给人深刻启迪的好书中，研究者介绍到，他们从调查对象大学一年级开始对他们进行访谈，并在他们毕业后的 6 年里，每年进行一次访谈。研究者发现，有效的大学学习**需要**牢固的人际关系，同时，社会归属感也非常重要。正如他们在结论中所说："知识和技能固然重要，但人际关系、态度、工作和思维的标准和习惯，以及成为更广大的社区中的一员也很重要，而要想在毕业后的人生中获得这一切，难度就大大提高了。"[2] 我们已经通过研究了解到，教育环境不仅对汉密尔顿学院的毕业生至关重要，对许多不同类型院校的毕业生也同样如此。这种影响不是仅仅持续 10 年，而是持续人们整整一生。无论就读什么类型的院校，对学生影响最大的都是与教师、导师和其他学生在课外进行有意义的互动。

因为只有在显著的教育环境中学习教学内容时，有影响力的学习才能发生，所以我们才有机会仔细斟酌教育经历的所有特征，而不是只为一时的喜好和压力所制约。如果相信大学经历应该以终身影响为目标，那么我们到底有哪些见解可能值得学生、院校及其教职员工、政府和社会重视？接下来我将讨论本研究的结果对高等教育的启示，毫不意外，其中的每一条都会强调教育环境的重要性以及知识和经验的广度。

寻找有影响力的高等教育：博雅教育理念

非职业化教育、学习广博的知识、不断提高的智力技能、体验参与式的教学法、拓宽更开阔的视野以及在真正的共同体中学习，以上每一点都对学生毕业后的成年生活产生了影响。

所有这些方面共同构成了博雅教育生态。有必要再次指出，本书中报告的研究结果，即教育性质本身与人生影响之间存在关系，是以毕业于所有类型的院校的学生为调查对象的：无论学校的规模大小、是文理学院还是研究型大学、学校的排名高低等。因此，在前几章中报告的一系列研究结果，比如，领导者中有41%的人更有可能体验到真正的学习共同体，36%更有可能在大学中培养更开阔的视野，都表明只要一所院校中明显存在这些性质，这些影响就能够发生。

虽然许多学院和大学都或多或少地能提供一些博雅教育实践，但如果一个人想最大限度地获得此类教育，体验以上这些有影响力的经历，从而成长为一个有影响力的、明智的、有成就的成年人，那么他们应该选择什么样的学院或大学呢？在这一点上，并非所有大学都完全一样，一名学生也不能指望随便上哪个大学都能同样获得上述经历。在最近一项针对30000名大学毕业生的研究中，只有14%的学生能拥有一位鼓励他们的导师、一位关心他们个人的教授，以及至少一位能让他们对学习产生满满动力的教授。当研究者在以上这些教育共同体经历之外再加上积极参与校园组织和有过实习经历这两项时，结果显示只有3%的大学毕业生有过所有经历，而恰恰是这些人认为以上所有经历都是他们的大学教育中最重要的方面。[3] 此外，学院的规模与此问题密切相关。全球知名咨询公司 Gallup-Strada 最近对所有类型的院校进行了一项全国性研究，在招生人数低于5000人的大学中，有45%的学生表示"我的教授把我当成一个独立的个体来关心"，而在招生规模较大的院校中，表达同样看法的学生只占 24%。[4]

如果你想要得到这种以师生之间密切的课外关系为特征的教育，以及本研究中证实对生活有影响的其他经历，即非职业化教育、更宽广的学习跨度，能够训练智力技能、采用参与式教学法和培养开阔视野的教育，那么本科文理学院就是不二选择。此类院校在提供 6 种有影响力的教育经历方面优势巨大：从本研究中可以看出，文理学院提供这些经历的可能性是其他院校的两倍。[①]这一点并不令人意外，因为这些院校正是毫不动摇地坚守博雅教育传统的地方。它们没有争夺研究生生源的需求，也不将教师的发展前景与学术名声挂钩，而是看重他们的本科教学水平，更不关心自己的橄榄球队能不能在全国名列前茅。此外，这些有影响力的教育经历不少都与师生之间的密切关系有关，因此院校规模越小，能做到这一点的可能性就要大得多。虽然学生和家长难免心存顾虑，担心这些学校在可选专业的数量上与大型院校无法相提并论，但这一特点实际上与专业化学习几乎无法带来长期影响这一研究结果是一致的。

因此，尽管学生的确可以在任何一所院校体验到一定的博雅教育实践，但在规模较小的文理学院，体验这类经历并对人生产生长期影响的可能性要大得多。

---

① 更多内容请参见附录3中报告的研究分析。

对学生择校观的启示

学生在选择大学时，最常考虑的因素往往是费用和助学金[①]、专业设置、地理位置、毕业生就业率和毕业生的平均起薪。[5] 此外，有 3/4 的大学生认为，大学的排名，通常在很大程度上受到学校声誉的影响，能够真实体现学校的性质和教育成效。[6] 那么，根据我们的研究结果，以上这些因素确实是学生和家长在选择大学时应该考虑的吗？

从我们的研究结果来看，学生应该考虑的首要问题不是学校声誉、学费高低或专业选择，而是他们上大学的目的：上大学只是为了使第一份工作的收入最大化，还是也为了获得领导力、成就感、参与度和人生充实等长期结果？第一份工作的收入通常与职业化或专业化学位有关。虽然薪水最高的专业会随供需关系变化，也就是随某个职业化或专业化学位的毕业生人数与岗位数量的关系而变化，但只要有一点先见之明，就能做出明智的选择。在美国，10 至 20 年前，起薪最高的专业是商科和会计学，而当下起薪最高的专业则是软件设计和几类工程学，如电气、化学、计算机和机械。[7] 虽然命运有时也很宽厚，但的确没有什么万无一失的方法可以预测未来哪些职业能有最高的起薪。

[①] 存在费用的问题令人费解，因为根据目前的助学金政策，就读高学费的学校实际上反而是最便宜的。换言之，那些被认为最昂贵的院校往往因为能获得助学金而成为最容易负担费用的大学。

我们从本研究中了解到，如果一个人的目标是最大限度地在收入和职位上取得成功，那么职业化或专业化学位可能不是最佳的长期选择。从年龄上看，到 32 岁时，一个人平均从事 4 种不同的工作 [8]；从职业生涯上看，在每一种职业中，一个人平均从事 10 ～ 15 种不同的工作，每 4.2 年换一次工作 [9]。那些成就更高的人正是那些在大学期间发展了更开阔的视野，并经历了真正的大学学习共同体的人。此外，从长远来看，那些选修的课程中超过一半是专业以外课程的学生，能获得更高的工资。考虑到我们正处于一个变革和机遇都瞬息万变的时代，这种效应并不令人惊讶：在工作和机会时时变化的情况下，经历过这些教育经历的人能更快、更高效地进入工作状态，同时那些更经常与他人进行积极合作的人在成年后也更有成就。事实上，理查德·阿鲁姆（Richard Arum）和约西帕·罗克萨（Josipa Roksa）曾记录过一个事实：就读于社会科学、人文学科、自然科学和数学这些非职业化的博雅学科领域的学生，拥有更出色的职场所看重的素质，即思辨能力、复合推理能力和写作能力 [10]。

今天，你可以在商业媒体和报纸上读到大量文章，书写有关博雅教育和职业成功之间的关系，同样主题的专著也已有数十部之多。其中，乔治·安德斯（George Anders）的书对这一主题的剖析最为全面。这部书的标题极具启发性：《你能胜任任何工作："百无一用的"博雅教育的惊人力量》（*You Can Do Anything—The Surprising Power of a "Useless" Liberal Arts Education*）[11]。当然，还有许多同类的优秀作品，比如，

《一种实用的教育——为什么博雅专业能培养最优秀的员工》（*A Practical Education—Why Liberal Arts Majors Make Great Employees*）[12] 和《书呆子与科技宅：为什么博雅学科将统治数字世界》（*The Fuzzy and the Techie—Why the Liberal Arts Will Rule the Digital World*）[13]。正如本书第一章所述，史蒂夫·乔布斯也将他创建的苹果公司取得的成功归功于所修的博雅教育课程。我们完全可以说，选择专业化或职业化的专业或课程设置可能并不是通向成功人生的最佳途径。

世界经济论坛（World Economic Forum）在其最近题为"未来的工作"（Jobs for Tomorrow）的分析报告中指出"将以人和技术为中心向新的就业世界过渡"[14]，并讨论了一般（跨部门）技能，即"通常所有职业都需要的非认知技能"，包括"领导力、沟通力、谈判力、创造力和解决问题的能力"[15]。在总结就业问题与成功的专业人士所需的技能时，他们进一步指出。[16]

> 数字和人工任务即将合二为一，最适合承担这些任务的是那些具有更广博知识、更全面思维的人。从传统上看，我们在具有博雅教育背景的人才中看到了这种特质。与具有技术或 STEM（科学、技术、工程和数学）背景的员工相比，这些人才通常被视为多面手，他们接触的广阔世界往往给他们带来明显的优势。那些具备博雅教育知识的人在学习全新的不同主题方面训练得当，而在这个需要终身学习的时代，这就是又一个加分点。

　　因此，本研究表明，未来的大学新生可能会考虑更长期的收入和成就，以及具有领导力、能为社会做出贡献、终身学习或参与文化和充实的人生所带来的价值，而不仅仅是因为期冀在第一份工作中获得更高的收入，就只想选择专科化专业。如果这些人生结果的确有其价值，那么选择大学的标准就会发生翻天覆地的改变。与这些结果相关的大学经历通常不会出现在大学指南中，而是与以博雅教育为基础的教育实践有关。这些经历发生在真正的共同体所承载的教育环境中：教授知道学生的名字，教师在课堂外与学生就学术和非学术问题进行互动，很少有兼职教授下课即走，学生有一位或几位重要的导师，教授积极让学生参与学习，生活经历和价值观迥异的同学一起加入校园俱乐部、组织和活动，从而学会理解不同的视角和立场。

　　当然，除了以上这样一种有影响力的教育环境外，教育的内容也同样重要。但此处的关键问题并不在于就读专业的实践或专业性质，而是课程设置是否能够促进广博的学习，帮助学生理解不同知识领域之间如何联动，以及是否鼓励学生通过撰写书面论文、接受教授对每个学生思维的挑战来发展自己的智力。事实上，由于学习的广度显然与长期的充实感和成功有关，包括那些进入专科化专业学习的学生在内的每个学生，都应该尽可能多地选修专业以外的课程。

　　这些核心的教育内容和环境属性在规模较小、知名度较低的院校中反而最为常见、最为全面。这是因为这些坚守传统、推行博雅教育的院校有条件进行更加个性化的教育。尽管大学指南并不系统化地提供关于教育内容和环境的信息，但感兴趣的学生（或家长）可以从前面章节以及后续章节报告的访谈问题中获得灵感，把自己的问题问到点子上。

对学院或大学宗旨和优先事项的启示

美国的大学类型众多，每一所院校都根据自己希冀的教育结果制定了本校的优先事项。其中，有些院校就以培养学生在毕业后成为领导者、利他主义者、终身学习者、文化参与者和人生充实、成就卓著的人为目标。本研究评估了此类院校的教学成果，并为其带来几项显而易见的启示。

第一，针对的是这些学院或大学的使命和目标。有些大学将教师通过进行科学研究直接为社会做贡献列入办学宗旨；有些院校为其所在地区的经济发展提供服务；还有些院校则将重点放在培养学生过上充实高效的生活上。对于那些致力于本科生教育的学校来说，问题在于培养学生过上有影响力、善于探究和成就非凡的生活是否确实能促进公众利益。要想实现这些博雅教育目标，就需要将这一使命与学校的优先事项、课程设置和举措、学生的教育经历和毕业条件明确联系起来。正如蒂姆·克莱兹代尔（Tim Clydesdale）所言："要求兑现办学宗旨，并不是要求学院和大学超越其核心使命，而是要求它们**有意识地、系统性地**履行其许下的承诺：培养目标明确的、全球参与的公民，并在达成这一使命的过程中展示出也许前所未有的广泛包容性。"[17]

不少大学的使命宣言对预期结果都语焉不详，但其实一所大学的使命中不仅应该明确希望达成的结果，同时也应该注意资源的分配方案，以期为与本校设定的目标中各环节配套的教育经历提供支持。比如，要建设一个真正的学习共同体，除了安排学生活动或组织橄榄球比赛，让学生为之热血沸腾外，还需要教职员工付出时间，直接投入每一位学生的生活和成长中去。对于有影响力的教育经历中的其他方面，学生或家长可能也可以提出类似的问题。

第二，当我们明确了宗旨之后，就需要将资源向能带来预期结果的教育实践上倾斜。如第 10 章中的气泡图（图 10.1）所示，教育经历的不同方面与不同的人生结果相关。比如，如果一所大学将培养那些以服务他人为人生要事的学生视作一切工作之首，那么它就应该把创建和维护一个真正的教育共同体放在所有大学经历的首位。而如果一所大学将在收入和职位上取得长期成功视为优先事项，那么它除了维护一个真正的共同体之外，还必须将在专业之外完成大量广博的学习也列入毕业条件。又如，一所大学若是将保持终身学习能力视为目标，那么博雅教育的方方面面都缺一不可。再如，假如一所大学以其他类型的人生影响（如领导力、文化参与、人生充实、个人成功等）为其关键目标，那么就必须将资源分配给与这些结果相关的教育内容和环境的各方面。

第三，职业化和专业化本科专业的问题。近年来，推行专科化教育似乎成了高等教育的头等大事。这种压力来自学生、家长和立法者，他们（错误地）认为，只有在本科阶段学习某一特定领域的专业知识，才能成为有用之人，享有成功人生。此外，压力也来自学科与教授自身，因为新的专业领域发展起来之后，大众的关注点就转向增加教授人数和课程门数以满足其不同分支学科的教学需求。我并不否认专科化教育益处良多，但它不应该成为高等教育的第一学位，而应该在本科毕业后通过工作经历或研究生学习深造来获得。那些专门从事本科教学的学院和大学不应该无休止地新增专业课程，也不应该因出现新的分支学科就聘用新的教师。各个院校及其教师必须将精力投入创造广博的学习机会，帮助学生理解物理世界和生活环境之间在诸多方面如何相互关联，理解在需要做出重要决策时要考虑的种种难题。总之，重点应该是交叉学科、多学科或跨学科教育，而不是将目光局限在学科内的课程上。

第四，与专业化的最后一点密切相关，即毕业条件应与能为毕业生带来预期人生结果的教育经历相匹配。要想实现这一点，有其简单直白的部分，如限制学生在专业范围内能够选修的课程门数，从而促使学生在其他学科内选修大部分课程；而另一重要部分则虽然颇具挑战性，但又完全可以实现。比如，确保所有学科的多数课程都涉及人类面临的重大问题，或考虑到不同领域的内容之间的关系。但这种需求中还有一部分可能实现难度更高，甚至更难评估，比如，确保学生不仅花时间与那些与自己有类似生活经历的人来往（这正是大多数社会群体的情况），还能够与其他在宗教信仰、政治观点、个人价值观和生活经历方面与自己大相径庭的学生进行严肃的对话。

第五，作为广义上的教育经历的一部分，教师和工作人员需要获得支持，以提升对学生产生长期影响的能力。其中包括新的教职员工的发展方向，比如，让他们了解有影响力的教育实践、参加培训项目或为他们提供办公室，从而使高效的参与式教学法得到更充分的应用，使最优质的教学实践得到更具体的体现。此外，学术顾问应更深刻地理解拓展自身专业领域以外的学习的重要性，以便有效地指导学生的学习过程。

第六，应使关系到评估教职员工晋升、加薪和认可的奖励制度与有效教学实践相匹配。虽然大多数教学型大学的确将教学评价放在首位，但它们也往往要求教师同时成为活跃的研究人员、著书立说者、担任大学委员会成员。可能这么说并不太合适，但是以上每一项任务都需要耗费大量时间，所以对教师职业期望应该还是要根据预期的教学成果来制定。此外，虽然计算一位教授的著作数量或任职的委员会数量很容易，但要评估其有影响力的教学工作，难度却高得多，需要专门制定合理的方法（比如，在课余花多长时间与学生进行有意义的非学术性互动或是否使用参与式教学法）。

第七，本章接下来的"对使用兼职教师的启示"一节中指出，大学院校必须认识到，如果选择提高临时教师的比例，那么很可能会大大降低教授想要影响毕业生生活方式的意愿。

对多样性、公平、包容和社会正义的启示

本书前三章中介绍了博雅教育的历史，其中提到，高等教育的博雅方法始终旨在实现更高的利益——公众利益，即提供一种对社会和个人都有利的教育。当然，具体有哪些公众利益需要社会和个人为之努力，是随着时间和地点的变化而不断变化的。目前，美国面临的根本问题之一，与那些在我们社会的财富和领导层构建机制（也包括高等教育）中最被排斥在外的人有关。虽然这一大众关注的问题并不新鲜，近几十年来，它以众多不同的面貌反复出现，但当下全新的关注点往往被贴上"多样性、公平和包容性"的标签，抑或是被冠以相关术语"社会正义"[①]。

尽管博雅教育并不是非要解决以上这些问题不可——它完全可以选择其他的公众利益作为自己的方向——但假如一所大学选择以社会公正中的某一方面为方向，那么它就为自己提供的教育设定了关键的目的：教育成果应使得所有人都能够充分、平等地成为一个互惠互利的社会中的一员。而如果一所大学选

---

① 在过去，高等教育显然在准入者的类型（种族、宗教、性别和阶级）以及学习内容（即使是学习的广度也往往限制了受教育者的类型，因为当时只选择在传统上可以接受的来自美国或欧洲的以白人男性为主的教材和思想家）上实行排外政策。哪怕到了今天，实际上的排外做法仍然存在，主要体现在种族和SES方面，也就是经济负担能力、大学预科教育质量以及家庭成员接受高等教育的经历和对高等教育的认知。目前许多学科（尤其是人文学科）在研究广度上受到的限制比过去要小得多，但仍存在巨大的进步空间。

择了"多样性、公平性和包容性"，那么它就决定了自己的教育内容和环境应该有目的地容纳所有类型的人和思想（即背景、生活经历、种族、民族和文化、信仰、观点和知识）。多样性、公平性和包容性可以促进社会正义这一公众利益为目标；也可以致力于某一项具体的社会优先性问题，如"黑人的命也是命"（black lives matter）运动；还可以服务于其他目的，如满足附近社区的需求和优先性问题，或确保该大学在人口结构发生变化的时代生存下来。

从博雅教育的视角来看这个问题，我们得到的第一个启示是：教育的目的、内容和环境必须协同一致。如果教育的目的在于社会公正，那么就要保证博雅教育的内容和环境多元化、包容性高，但这样就极有可能无法保证长期结果（比如，请参见第 9 章中所述的"适应"的重要性）。而如果将目的定位为满足附近社区的需求，那么就应该自下而上地改革教育内容和环境，从分析被服务者的需求和利益入手，而不是按照常规过程，从校园委员会开始改弦更张。如果院校的生存问题才是目标（当然，这并不是博雅教育本身的目标，但的确可以使博雅教育得以存续），那么就需要先进行细致的市场分析，探讨哪些因素既能吸引又能留住更多元化的学生群体。

当然，这些（或其他）目的不一定相互排斥，但它们给教育内容和环境带来的启示可能截然不同。如果不能用心使目的和教育内容、环境完全一致——换言之，教育经历的内容和环境能直接服务于预期目的——那么一所大学就几乎不可能有效达成任何实际的目标。

如果一所院校想要保证教育优先事项，那么博雅教育本身的内容和环境又应该如何呢？对此，有几个研究结果颇具启发性。我们已经知道，学习的广度与过上善于探究的生活和成就非凡的生活相关。对于这些问题来说，研究的广度不仅指必须囊括一系列学科，还指必须在这些学科内部包容来源多样化的知识（如来自有色人种、女性或其他文化的知识）。但仅仅改变学习内容还不够，因为教育环境的影响不容小觑。培养更开阔的视野与成年后的领导力和探究式生活相关，因为与视角和生活经历都有异于自己的人积极互动的能力，正为当代社会迫切需要。这种能力包括在课外与之互动，如与其他在宗教信仰、政治观点、个人价值观或生活经历方面有很大差异的人经常进行严肃的对话；在课堂外与其他学生讨论和平、正义、人权、平等和种族等问题。因此，院校需要实施相应的招生策略，制定响应式的学生保留策略，以创建一个在背景、生活经历和信仰上摆脱同质化的大学环境。除此之外，在采取恰当的措施营造教育环境以提供更开阔的视角时，该组织的领导层和工作人员还需要反观自身，吸纳来自不同背景和生活经历的成员。大学院校也要主动成长、发展，才能在各个层级上都展现其多元化的属性①。

此外，我们还了解到，参与一个真正的共同体影响巨大，

---

① 想象一下，假如在美国的整个发展过程中，当权者都需要使用轮椅，那么难道你不认为现今方便轮椅出入的坡道就会随处可见了吗？

能带来关系到有影响力的人生、善于探究和富有成就的结果。
学生应该能够说出："我经常在课余时间与教师讨论学术和非
学术问题。""课下，我和其他学生讨论和平、人权和平等等问
题。""大多数教授都知道我的名字。"和"我参加了校园组织。"
这里并不是说以上任何一句话能定义什么是真正的学习共同体，
而是将它们作为指标，说明当学生成为这种与重要人生结果相
关的教育共同体的一部分时会有哪些经历。在这样一个社区中，
分歧或反对观点不会（也不应该）被抹杀，相反，为了增进理
解，社区成员谦恭有礼，欢迎观点上的分歧，相互交换不同的
视角。本书第 9 章中报告的研究结果证实了这一点：那些入学
时社会归属感较低（有色人种学生），但参与了帮助提高归属感
的培训的学生成绩更高，健康状况更好，幸福感更强[18]。除此之
外，还有大量的研究都肯定了社区归属感的力量[19]。

对技术在高等教育中的角色之启示

在这样一个技术时代里，人们发起了一浪又一浪的行动，
试图用基于计算机网络的教育模式取代面对面的教育模式。人
们相信，通过用机器进行的教学取代由人进行的教学，学习
（包括高等教育）可以更有效、更低廉。在所有致力于开发和资
助这种教学模式的组织当中，盖茨基金会无疑是投入最大的。
该基金会的创办者，微软公司创始人比尔·盖茨是这种教学理
念的倡导者，这倒是不难理解。他在演讲中有时也表达出反对

博雅教育的想法，即为了提高效率，教育的重点应该放在掌握具体内容上，而在这种科技的时代背景中，依靠人类之间互动来实现的教学将被通过机器行为来实现的教学取代。

然而，虽然盖茨时常在演讲中倡议在内容掌握类的教学中使用技术来取代人工，提高效率，但当有人质疑他时，他的观点倒不那么狭隘了。他认为的确还有更大的目标需要实现——而这些目标具有非常明显的博雅教育特征，在他本人的慈善工作中也被摆在重要位置。微软现任总裁布拉德·史密斯（Brad Smith）和执行副总裁哈里·舒姆（Harry Shum）在谈到高等教育的核心内容时也有类似观点，他们补充说，新兴技术领域的成功与传统领域一样重要，"语言、艺术、历史学、经济学、伦理学、哲学、心理学和人类发展课程可以向学生传授关键的、哲学的和基于伦理的技能，这些技能都将有助于人工智能解决方案的开发和管理"[20]。

那么，博雅教育传统是否得到了这些有影响力的、精通技术的社会和企业领导人的充分认可？就内容而言，答案是肯定的。就博雅教育的环境而言呢？在一次活动中，盖茨曾建议教育应基于内容、采用技术手段。在回答一个问题时，他却肯定了博雅教育环境的重要性，他说，"这里有一个悬而未决的问题，但又极为重要。我仍然相信现实中的学习场所是教学中相当重要的一环"。他补充道，这个"悬而未决的问题"与"社会和关系"因素有关。他似乎不知道博雅教育者和神经科学家都知道的一件事，那就是这些社会因素和关系因素恰恰是秉承博雅教育传统的教学的根本所在，它们构成了学习发生的重要环境。从本书报告的研究中我们得出结论：环境的影响显而易见，以社会环境为基础的学习使教育发挥出真正强大的力量——这不是什么秘密，也没有什么悬而未决的问题，神经学研究已经解释了它为什么具有如此重要的影响。

谷歌的数字化布道师（digital evangelist）杰米·卡萨普（Jaime Casap）断言，有效的高等教育更应该是博雅教育式的，而不是技术性的。它应该教会学生成为知识的主动寻求者（"当教育成为一种学生可以自行寻找的物品时……你们需要问他们的就只是：'你需要知道些什么来解决问题？'"），学习需要在社会环境中进行（"教育最初只是一种单人运动，但在数字化世界里，我们需要协作。于是教育就变成了一种团队运动。"）[21]

所以，此处的启示是：不应使用技术来取代社会因素丰富的教育环境。不过，也许能有机会通过制定有效的方法，拓展学习经历（如加深对知识领域之间相互关系的理解，或培养智力技能），并找到增强人际互动的方法，提高社会环境在学习中的影响力，从而提升技术支持的学习（technology-supported learning）的影响力。

对后疫情时代中的高等教育之启示

在这样一个混乱的时代，人们再也无法面对面地齐聚一堂①，与教学有关的问题也开始在上一节所述的"在教学中使用技术"这一思想基础上浮现出来。从我们的研究中，我们得知了丰富的社会学习环境对教育影响至关重要，这一观点也得到了技术领导者和有远见者的肯定。

已有许多文章探讨了哪些策略可用于更好地发挥远程教学环境中学生之间及师生之间有意义互动的作用：课前向学生布置作业，让学生自主学习课程内容，再在联席会议中开展讨论和辩论；确保每个人都能听到、看到其他人（这是会议软件的常见问题，甚至是在戴着口罩或在社交距离较远的环境中说话时也会产生这一问题）；使用聊天分组会话来鼓励每个学生都参与课堂活动；让学生在整个学期中参与课程的设计和再设计，以应对非传统教育方法带来的挑战；确保在课程设计中尽量减少由教授讲授的部分所占比例；教授发给学生的信息应具有针对性、个体化；安排充足的咨询时间；等等。以 Zoom 为代表的会议软件的使用无疑带来了一种积极的进步，因为它增加了人与人之间互动的机会，这一点完全不同于传统意义上的机辅教学模式。

但是，在传统教育模式遭遇剧烈动荡之时，我们面临着一个更重大的问题：当人们无法聚集一堂时，如何才能继续为学

---

① 在我编辑本章时，全世界正深陷COVID-19新冠疫情大流行的泥潭之中。在这场大流行中，美国和世界各地的许多大学都关闭了面对面的线下教学模式，转而使用远程教学模式。因此，那些在我们的研究中被证实富有效力的个性化教学方法可能在能否继续实行的方面面临着前所未有的巨大挑战。

生提供博雅教育的重要组成部分——一个组成成分之间相互关联的教育生态，课堂外的人际互动也是其中的一部分。师生之间的课外互动能带来巨大影响，包括实现不同背景和生活经历的学生之间的互动；学生之间讨论对人类未来具有重要意义的问题；学生与教师利用大量的课外时间讨论学术和非学术问题；师承关系；教师关注学生背景和基础，从而根据个体差异设计参与式的教学方法；学生参与校园组织和活动。

要处理这些与环境相关的优先事项，能列出的点子比内容学习方面的要少得多：即使是需要使用远程授课方式时，也让学生继续住在一起［比如在"社交豆荚"（pod）中，让互动只在较小的群体之中发生］；保证为每个学生指定一位导师或顾问，让他们有时间与之一对一互动（可以通过视频会议，也可以通过保持社交距离的面对面会议）；布置面对面或远程小组讨论，作为学生的课前或课后作业；扩展并支持现有的学生团体和组织会议，让学生在其中通过电子设备或面对面培养人际关系。如果教育者和学生都能像对待内容学习一样，投入同等的时间和精力，致力于创造出一个有效的、有利于人际互动的教育环境，那么无疑还能想出更多优秀的方法。制定和实施这一类策略都需要时间和精力，而要在现在这个时间和资源都已经十分紧张的时代里做到这一点，更需要经过深思熟虑制定出政策和资源分配方案。为了适应远程教学环境，教师已经竭尽全力地对课程进行重新设计，其中往往需要同时包括面对面的线下教学和由技术支持的线上教学模式。而由于过去师生之间的课外互动从来都是自然而然发生的，很难想象要如何以一种刻意计算出来的方式制造机会，建立能够保持距离但同时又有利互动的人际关系。

但归根结底，还有一个更重要的问题。2020 年开始的新冠疫情大流行导致高等教育发生了突然而极端的变化，这让我们有机会重新思考，对于高等教育而言真正重要的到底是什么。我们不妨停下来反思一下，学院和大学能做些什么来提高其教育的影响力，而不仅仅是期盼未来一切都能恢复正常，或者是想象未来技术性工具在高等教育中的作用更加突出。我们不仅有机会能使一切重回正轨，或是开发出一种经过适度重新设计的方法来用于教学，而且还有机会能创造一个新的开端。我们可以从头开始，明确考虑一所大学想要传递哪些人生结果——也就是它想要实现的目的。比如，这所大学的目标是否在于培养对社会有贡献的公民？那么根据我们的研究结果，它首先应该考虑的是加强现有体验，提供全新经历，以培养更开阔的视角，加大社区参与度。如果一所大学的目标在于让毕业生过上充实的人生，参与文化生活，继续学习深造呢？那么就应该优先考虑将重点放在在课堂内外加强并提供全面的博雅教育实践方面。如果目标在于促进个人成功，那么确保学生修读的课程中超过一半是专业外课程，加强、提供社区参与就应是优先考虑的事项。

与此同时，当学生和他们的父母经历过这一段新冠疫情大流行中的社交隔离，刚从一种毫无头绪的迷茫中走出来，开始思考大学生活时，他们应该借此机会重新考虑自己所追求的高等教育目的何在。而政治家和决策者也应该动用自己的智慧做同样的事。最后，考虑到当今人类面临的诸多不确定性，本章在"对学院或大学宗旨和优先事项的启示"一节中所提出的由结果入手思考高等教育的方式，将使我们为应对下一个可能发生的灾难性事件做好更加充分的准备。

对教职员工的启示

本研究的结果为教师带来了真正的机会。研究表明，恪守职责的教师和教授本就已经做了大量重要工作，其中就包括采用富有挑战性的有效教学方法。此外，他们在学生身上投入的、与学生掌握课程内容没有或几乎没有直接关系的时间非常关键，包括在课余时间与学生讨论非学术问题，提供指导。凯瑟琳·温策尔（Kathryn Wentzel）根据当前对学生学习的研究现状阐述了如何成为一名好老师，她的描述完美映照了一千年前的学者从经验中得出的观点，即"有效的教师通常被认为应与学生在情感上建立亲密、安全和信任的关系，提供指导性帮助，培养学生更普遍的社区精神和关爱精神"[22]。

同时，这些研究结果也带来了挑战。教授都是某一领域的专家，他们往往都花了 4 年到 10 年不等的时间，在研究生院里深入学习某一学科。他们都完成过一篇学位论文，分析的往往是其学科领域内的一个非常狭窄的主题。在专业水平方面，他们从校内外的学者同行那里能获得多大的尊重，取决于他们在这个学科领域中的专业认可度有多高。这绝不意味着他们不能同时成为尽职尽责的教师，也不能说明他们对学生学有所成感到无动于衷——确实有不少教授抱有这样的心态，尤其是在教学型大学里——但一方面他们需要在百忙之中挤出时间来与学生互动，另一方面又需要从事对内对外都有价值的专业工作，这两者之间存在着不可调和的矛盾关系。

本研究认定的影响学生生活方式的活动也需要占用教师宝贵的时间：在课余时间与学生讨论学术和非学术问题，记住学生的名字，要求学生在大多数课程中撰写论文（给论文评分是一件非常耗时的事），并要求学生检视自身观点的优缺点（这可能代表着教授需要理解每个学生的观点，并逐一提出疑问）。这种类型的导师角色①不仅要求教师付出更多的时间与学生进行课外互动，提供学术咨询，还意味着需要向学生提供社会支持、生活辅导、职业咨询，以及全心全意地帮助学生找到并实现人生梦想。[23]

教授还需要学会使用能让学生积极参与课堂的教学方法，而这种方法比讲座法备课时间更长，还需要不断地进行微调才能有效实施。让这种情况雪上加霜的是，学生专业知识的增长——学习这位教授所看重的专业领域的知识——却与他们的

---

① 学院或大学的许多管理人员和员工在导师制的实施过程中也发挥着重要作用——他们的工作职责之一就是解释说明导师制的实施方法。因此他们应当接受相应的培训，得到应有的支持，并就这一职责获得建设性反馈。

长期成功无关。与此相反，与积极的人生结果相关的是：研究未必有标准答案的问题，将课时安排给与不同研究领域相关的、关注更宏大的哲学和伦理学问题的所有学科，而不是将所有时间都放在学习专业知识上。教授还需要劝告学生减少学习单一学科的时间（偏偏就是教授最热爱的学科），并在其他学科上修读占总课时一半以上的课程。对于一位教授来说，内容教学相对简单易行，而要让学生充分、积极地参与到学习中来，则是一项极具挑战性且耗时费力的任务。

然而，教授要想在职业上取得发展，往往就需要进行研究和写作，而这些工作也和与学生互动一样，需要在课外时间进行。于是，这些工作全部加在一起，教授们一天中需要付出的时间远远超过了实际允许。而通常哪怕是在教学型大学里，和教师的晋升和工资更紧密相关的往往是他们发表的具有专业价值且易于量化的作品，而不是在课外与学生讨论非学术问题所花费的时间，这是一种更难估算且通常不受重视的活动。

站在教师的立场上看，所有这一切往好了说也令人心情沮丧，而在最糟糕的情况下更是如此——特别是当除完成研究和教学目标外，又被加上了担任学院委员会成员的要求时。要想走出这个困境，似乎只有一条出路[1]：一位教授应该清楚地知道自己有什么样的职业目标，选择一所同样看重这些目标的学院或大学工作，并将时间都分配给能够实现这些目标的活动。也

---

[1] 另请参阅本章前文"对学院或大学宗旨和优先事项的启示"一节。

就是说，如果一位教授以影响毕业生未来的人生道路为工作动力，即使他永远没有机会观察与学生共处的时间能带来的长期影响，或因此收到感谢，一所博雅教育学院或大学也仍会是最适合他工作的地方。而如果一位教授志在投身一门学科，进行学术工作，那么一所研究型大学或专业学院也许是更好的选择。如果一位教授希望兼顾人生影响和学术成就，那么一所资金雄厚、教学工作量适中的博雅学院或大学就是不二之选。但无论一位教授做出何种选择，他都必须谨慎安排时间，才能实现自己的目标——无论是花更多时间在内容和环境都能影响毕业生人生的活动上，还是将更多时间倾注到能推动专业领域前进的学术活动上，又或者是在委员会的工作中付出更多时间来促进教育机构的进步。

当然，能够选择自己理想的工作或院校的人屈指可数，因此这里给教授们的建议可能听起来让人感觉华而不实——除了要注意如何分配时间以实现个人看重的目标这一点外。因为教授们很容易卷入各种各样相互争夺教职员工时间的工作要求中去，而对自己最重要的事情却无暇顾及。但是，我们的确可以建议大学采取一些措施，使得教师能够用富有成效的方式来实现他们的人生目标，达成高等教育的目的，造福学生的未来。我将在本章的其他小节中再次谈及其中的一些措施，同时教师也可以积极地倡导这些措施。

对雇用兼职教师的启示

近几年来，临时教师的人数大幅增加，这些教师通常被称为"附属 / 非常勤"讲师或教授。他们在大学任兼职，与学院或大学只签订短期合同[24]。根据最近的估算，美国学院和大学中高达 73％ 的教学职位为非长期（即非终身教职）任命[25]。虽然临时教师的教学效果可能也不错，能够有效传授学习知识，但这些兼职教师与学校之间没有长期维系的关系，收入微薄，只教授固定的几门课，因此往往无法与学生在课外进行广泛互动，而这正是创建真正的教育共同体最重要的条件之一[1]。

以上这些评论并不是对临时教师本身的批评，因为大多数教师都十分敬业，他们为课程设置带来了宝贵的知识和经验，如果有机会，其中许多人也会选择更加重要和永久的教学职位。确切地说，我是在告诫那些选择雇用越来越多兼职、非长期专业人员授课的大学，这一做法可能带来的影响。考虑到一个真正的教育共同体与高等教育的长期影响之间的实质性关系，当大学院校通过雇用临时教师来削减开支，并且未能充分补偿他们在课外参与学生活动的时间时，这些院校其实无异于选择了降低其提供的教育的价值。教师一直以来都对更大规模地使用临时教师感到忧虑，从教育影响的角度来看，他们的担忧似乎不无道理。同样，那些在择校上有选择的准大学生也会考虑这

---

① 雇用临时教师这一问题也对本章中关于教师、择校、大学优先事项和宣传的讨论有所启发。

些不太能见到面的临时教师是否真的能帮助他们充分实现自己追求的人生结果。

对人文学科研究的启示

我们的研究清楚地表明，大学专业本身与长期人生结果关系不大。对于人文学科来说，好消息是，与它们常常遭受的诟病（即认为人文学科毫无用处，毫无价值，能带来的只有失业的结局）恰恰相反，人文学科的研究价值绝不亚于大学中的其他一切研究领域。换句话说，人文学科的毕业生并不优于或劣于其他专业的毕业生。尽管人文学科的学者可能会失望地看到，本研究中许多显著的积极结果与身为一个人文学科专业学生，或是修读大量人文学科课程之间并不存在系统性的相关关系，但本研究确实有一些与人文学科相关的重要发现凸显了它们对教育效果的重要性。

当所有学生都能获得的更宽广的教育经历（即学习跨度）中出现越来越多人文学科主题时，许多积极的人生结果就产生了。此外，如第 4 章所述，在与人生影响相关的方面，有两种与人文学科相关的大学经历，即"在大多数课堂上讨论关于人类现状的哲学和伦理问题"和"在课余时间经常与其他宗教信仰、政治观点或个人价值观迥异的人进行讨论"。这些回答表明，虽然人文学科作为一个独立的研究主题时可能并不能产生什么独一无二的影响，但只要人文学科中最重要的问题成为整个教育经历的一个有机组成部分时，许多积极的生活影响就会随之产生。鉴于非人文学科的教师往往不愿将哲学、伦理或价值观问题纳入其课程，真正有潜力的可能是在理科和社会科学课程以及专业课程中推行"人文学科跨课程体系"方案，使人文课程与其他学科在内容上明确关联的程度更高，或制定策略鼓励学生在课堂外接触不同观点，和不同人群进行有意义的互动，如举办论坛、组织辩论或与当地社区交流。

对将人生结果文档化和学院营销宣传的启示

正如著名教授、基金会主席安德鲁·德尔班科（Andrew Delbanco）所说，"也许我们这些相信博雅教育普遍价值的人面临的最艰巨的挑战是：向任何一位不曾亲身经历过博雅教育的人——决策者、公职人员，甚至不少学者——传递其价值"[26]。近年来，人们越发看重毕业后能否得到一份高薪工作，因此大学在营销方面面临着更为复杂的挑战。这是因为虽然许多秉承博雅教育传统的教学实践在短期和长期内都能带来巨大影响，但第一份工作的收入却并非其中之一。长期成功与博雅教育相关联，包括带来领导力、充实感等，但要想说服人们相信除了第一份工作的收入外其他结果也意义重大，却并非易事，而政府机构、州和联邦政客以及新闻报道都强调短期的工作和收入才是最重要的考虑因素，使得这一挑战的难度进一步加大。

另外，代际研究表明，新一代年轻人（Z 世代）虽然也有强烈的竞争意识，但对服务更感兴趣，希望能够引领持久的社会变革[27]，这恰好与博雅教育传统的目的高度匹配。因此，也许会出现一个新的机会，将大学的营销重心由原来的以学校名望为导向转向以博雅教育所追求的长期目标为宣传点。

想象一下，如果**每一所**博雅文理学院都开始用文件体现以博雅教育为特征的教育环境和内容，以及它们希望自己的毕业生实现的人生结果，那么会发生些什么？它们可能会坦诚告知学生在择校时必须做出以下选择：他们最看重的是短期结果还是长期结果，他们心中第一位的是为个人利益服务还是为公众利益服务。它们可能还会告诉学生，如果他们的个人目标与博雅教育目的不一致，那么文理学院对他们来说并不是一个理想的选择。最后，它们可能会客观而令人信服地用文件体现出学生在学校里具体能获得哪些类型的博雅教育经历：与教师密切的课外关系（包括几乎不雇用附属教职教师）、参与式的课堂学习、大量专业外课程，以及本书中讨论过的其他好处。如果每一所博雅院校都做到以上这些，我们难道还怕不能重塑考察大学、选择大学的过程吗？

对政府和教育政策制定者的启示

2011 年，美国全国州长协会（National Governor's Association）发布了一份重要报告，其中提出高等教育中"学生的学业成就与市场需求有关"[28]这一观点。他们的用词直接复刻了 19 世纪初普鲁士官员的论点。当时这些官员为满足君主和国家的迫切需要，制定了一套反对博雅教育的方法。自该报告发表以来的几年里，这一主张得到了美国各地民选官员与政府决策者的采纳和附和。但美国高等教育的发展过程清楚地告诉我们，这种方法之所以受到摒弃，正是因为它为国家带来的短期利益与美国社会及人民需要的长期利益不匹配，也与我们这个民主国家要想获得成功，就要培养负责任的、高效的公民这一需求不匹配。

博雅教育通过推动个人及国家的成功和积极的成长，从而服务于更高的公众利益，决策者必须考虑这种长期影响，重新重视已被证实具有积极影响的教育实践。目前，第一份工作的收入经常被用作衡量学院或大学质量的关键指标，这一指标必须用对个人和社会具有长期价值且有利于短期个人或经济成果的指标来补充或取代。

对大学办学成本的启示

更加个性化的教育经历（如博雅教育传统中的小班教学和广泛的课外活动），比起研究型大学提供的专业教育来说会更加昂贵，这似乎是一件不言而喻的事。但实际情况可能并非如此。事实上，许多富有影响力的博雅教育实践都是预算中立的：它们侧重于让教职员工花更多的时间与学生在课外互动，减少专业要求、放宽毕业条件，增加使用学生参与式的教学方法，并制定策略以增加师生、学生之间有意义的互动。而这些都不需要花钱就能够实现。

然而，在实际情况中，如果一所大学使用"A+B"的策略，如"我们将在全盘保留现有做法的同时增加博雅教育实践"，那么成本就会相应增加。比如，如果教师被要求（或教师自己希望）继续完成手上的研究和发表目标，履行委员会成员的任务职责，并且**同时**花更多时间与本科生进行有意义的互动，那么唯一的解决方案将是减少教学工作量，这就导致要增加教师的数量来分担这些课时量，成本也就因此增加了。[1]

实际上，以学生为中心的学院在教育成本上要低于其他类型的学院。如果你考察教学和学生服务的总成本（指的是用于教育学生及组织学生活动的总支出），就会发现本科院校在这些方面的平均成本比环境和内容为非博雅性质的研究型大学低47%（请参考本章前文"寻找有影响力的高等教育：博雅教育理念"部分）。博雅教育占比较低的院校办学成本较高的原因涉及如下三个方面。第一，研究型大学的教师担任的教学工作量较少，因为他们主要将时间投入研究而非教学，因此同样的课时量就需要更多教授。第二，教授的声誉来自他们的科研生产力，他们发表的文章越多（意味着与本科生相处的时间越短），

---

[1]　当然也的确存在一种零成本解决方案,这种方案通常也可行:在每个系部中都取消那些在本科阶段并不真正需要的专业课程。但这种方案在实际中难以执行,因为教师往往不愿意放弃他们看重的专业课程;而即便学习的广度已经被证实具有不可估量的长期影响力,学生也还是普遍认为更深入的学习比更广博的学习价值高。

获得的报酬就越高。第三，一些专业和专业课程需要用到昂贵的设备和聘用特别高薪的教师，因而支出可能高于许多非职业化专业。

最后，我们要记住，教育环境的许多因素（包括培养更开阔的视野和真正的教育共同体中的重要组成部分）都与教学生活的组织方式有关，而与工资开支无关。我们可以通过一个思维实验来使这个观点更加直观易懂。在这个实验中，请你想象自己要成立一所大学，你将以实现本研究中调查的 3 类人生结果为唯一目标：有影响力的、善于探究的和成就非凡的人生。因此，在你设计的大学教育中，资源的分配方面具有以下 3 个特点。

（1）最大化师生互动。

（2）拥有以理科、社会科学和人文学科为特色的广泛课程体系（不在专业范围内设置大量专业课程）。

（3）毕业条件包括所修读课程中大部分为专业外课程和在校园、当地社区参加课外活动。

那么，举个例子，你是否能完成这个设计，同时保证生师比为 10∶1，且每增加 20 名学生，就增加一名工作人员？如果可以，那么只需要收取相当于目前实际学费一半的费用，就足以支付这部分花费。当然，现在你可能会说，这个思维实验中设计出来的大学还需要其他五花八门的支出，但这里要说明一点，这些成本都与能带来长期人生影响的教育实践无关（或几乎无关），因此如果我们的目标在于最大限度地提高积极的人生结果，那么就可以取消或者尽量减少这些开销。

无论是什么类型的院校，都会在分配资源时不仅服务于自己使命上的优先事项，也服务于其他优先事项，如能够吸引和留住学生的便利设施，能够支持开设各种专业课程的昂贵装备、设施和师资。一个以学生为中心、以博雅教育为导向的大学可以经济、有效的方式向个人和社会提供有价值的教育，一种能够影响人生的教育。

对高等教育的价值之启示

当前社会上弥漫着一种巨大的忧虑，即高等教育是一条毫无价值的道路，因为它往往与学生希望在毕业后获得高薪职业的需求没有直接联系。如果高等教育的确以满足这种短期需求为目的，那么本研究告诉我们的就是博雅教育几乎没有什么存在的价值。考取证书和提升专业能力是通往大学毕业后第一份工作最为稳妥的道路。之所以这么说，是因为我们和其他研究者一样，发现拥有专门化或职业化专业学位的人的第一份工作收入更高。比如，工科、商科和会计专业的学生往往在其早期职业生涯中游刃有余；此外，针对即时市场需求的各种认证培训也都能立刻得到巨大回报，如现在热门的计算机、网络或游戏编程认证培训等。

为了达到这些直接目的，高等教育可以通过设计用于直接满足工作需求的狭窄课程（只需要较少的教师和非专业课程）、少到可以忽略不计的课外活动（通常与专业能力的提升无关），以及使用更多以能力为导向或以掌握知识为目的的教学法（如基于计算机的教学模块）来实现尽可能精简的目的①。虽然一些有影响力的实践（如教师和同学之间的密切关系）仍然可以保留，但它们通常与学习专业知识关系不大。这样一来，我们不仅可以降低教育成本，而且可以明确地规定学生在入学时需要掌握的知识，再根据这些需求设计高中阶段的教育内容，并根据特定的能力要求有针对性地查缺补漏。这种普鲁士式的教育模式（具体见第 3 章）可以降低办学成本，为学生提供更多就学机会，并为学校带来一套更可持续的财务模型。政府机构或大学排名机构要为这些大学提供质量保障也很容易：只要计算学生毕业后的就业率和平均工资，就可以清楚地知道一个专业是不是好专业。

然而，秉承博雅传统的教育模式却意在实现完全不同的目的：它不仅关注个人利益以及短期就业和收入，还以长期造福个人和社会为宗旨。正如本研究所发现的，除个人成功外，领导力、对社会的贡献、文化参与、人生充实和终身学习等长期

---

① 出于持久发展的目的，此类专门化院校必须做到与时俱进。比如，尽管当下对程序员和计算机科学家的需求巨大，但不过几十年前，由于社会对此类人才的兴趣消退，毕业生找不到工作，许多学院和大学都取消了计算机科学专业。其他专业培训，如护理、教学、各种工科专业、商科以及许多其他专业都有过类似的故事。在这个日新月异的时代，我们不可能时时预测未来的走向，只有快速淘汰逐渐退出市场的专业和教师，迅速代之以需求日益增长的专业和教师，专科院校才能始终保持发展，而这一直都不是轻易就能做到的。

结果也始终与博雅教育实践有关。这些积极的人生结果与在教育共同体学习、培养更开阔的视野、体验参与式教学、培养智力技能、学习更广泛的知识范围以及就读于非职业化专业相关。事实上，虽然那些接受专业教育的人在第一份工作和收入上可能更有优势，但这种优势很快就会消失。

　　高等教育是有可能弥合博雅教育和技术或专业教育之间的明显裂隙的。许多大学都做出了尝试，最具代表性的例子是"3+2"文理-工科项目。参加这些项目的学生先在文理学院学习三年，随后自动转入与前者签订了学分连接协议（Articulation Agreement）的工科大学，学生可以同时获得两所大学的学位。当然，这些双学位项目完全可以在同一所大学里完成。但此处主要的难点在于，人们往往认为大部分专业课程的学习需要在专业学校内开展，而博雅教育课程则是单独开设的辅助性课程。非常有指导意义的是，"3+2"项目成功地使60%的学习在文理学院中发生，而40%的学习在专业学校中进行，学生也因此得以体验与长期充实感和成功相关的更广博的学习，培养更开阔的视野。

　　从博雅教育的角度来说，接受高等教育并不是以在一个人的头脑中累积能带来第一份工作的知识为导向，而是在这个机遇和挑战必将不断变化的世界里，帮助学生为成功的人生打下基础。博雅教育的这种成效是通过全面的教育生态来实现的，其中包括一整套课堂内外的学习经历。政府机构或大学排名机构针对博雅教育的质量保障更具挑战性：第一份工作的工资不再作为评判标准，而以现有的教育实践（如师生互动程度、学生的学习跨度、不同观点的交流等）、毕业生的长期成功、对社会的贡献和人生满足感为评估质量的指标。

那么，博雅教育的价值到底是什么呢？这要看你的目标是什么。对于最关心第一份工作的学生，或一个最看重学生毕业后就业率的社会来说，博雅教育的价值可能极为有限。然而，对于那些以过一种有影响力的、善于探究和取得长期成就的人生为目标的学生，对于一个致力于推动、支持国家取得经济和社会成功的社会来说，博雅教育却能带来巨大的价值。

两个世纪以来，美式学院和大学一直以致力于推动公众利益——个人与社会的福祉和进步——而著称。很显然，将目光从当下流行的普鲁士式的专业化教育模式再次转向富有影响力的长期博雅教育实践，对于健康、长久地维系这个国家赖以建立的理念至关重要。

第 12 章

接受高等教育和博雅教育

不要一味地善良。要做一个有原则的好人。

———亨利·戴维·梭罗（Henry David Thoreau）

到底什么是博雅教育传统？现在，我们终于可以得出一些明确的结论，即高等教育的**目的、内容**和教育**环境**如何相辅相成，创造出一种影响力卓著的高等教育模式，在多个方面都成为对个人和社会最为实用的教育形式。

※　※　※

19 世纪晚期，在美式文理学院运动开始约 50 年之后，英国人拉迪亚德·吉卜林（Rudyard Kipling）写了一本关于一个年轻美国人的小说。吉卜林本人曾游历美国，他年轻时穷困潦倒，没有上过大学。书中的主人公哈维（Harvey）［别人叫他"哈尔夫"（Harve）］离家出走后，反抗了父亲的命令，勇敢地选择成为一名深海渔夫。这位年轻人的父亲是一个十分富有的人，但没有受过大学教育。在哈维的冒险故事的高潮部分，他的父亲告诉他，他必须做出另一个真正勇敢的选择，那就是离开大海，去上大学，这样他才能过上更有价值、硕果累累的人生。这位父亲说自己是一位"莽汉"——一个粗鲁、没有受过教育的人，永远不能成为这个社会中有价值的一员。他对哈维说："现在机会就摆在你面前。你要尽可能地吸收世界上的所有学识，和一群志同道合的人生活在一起……但是最重要的是，你要远离那种平淡普通、下巴枕肘故作沉思的书本式学习方式。哈尔夫，这个世上没有什么比这件事回报更高的了，并且在我们的国家，无论是在商业还是政治上，未来每一年都必将因此受益更多。"[1]他用的语言虽然平实无华，却是对博雅教育的影响强有力的论述，那是代表着当时美式教育的首屈一指的高等教育模式。

　　然而，这条教育之路在今天却未能赢得一致的赞誉。让我们回到本书开篇时的那个谜团：在今日的美国，秉承博雅传统的教育往往受到轻视，被视为一无是处，而其他国家的主流声音却在表达对博雅教育的欣赏，肯定其巨大的价值。在美国，不少公众人物主张用专业化的职业教育取代博雅教育，而其他国家却逐渐意识到，他们在一两个世纪前的欧洲殖民主义时代开始采用的本科教育专业化的方法存在缺点，因此他们的公众人物正倡导用博雅教育取代专业化教育，而有趣的是，美国企业高管和教育创新者和国外领导人一样，都是博雅教育的支持者。

　　这是为什么呢？在很大程度上是因为"博雅"和"博雅教育"这两个术语的含义界限不清。它们不仅被一些人视为政治标签，而且也缺乏明确且得到普遍认可的定义。一种高等教育方式竟有上百种说法，那么其价值存在争议又有什么可奇怪的呢？

因此，本书探讨了两个令人忧心忡忡、但又非常简单的问题：什么是博雅教育？博雅教育能带来什么改变（如果有的话）？我并不打算在已经存在的数百种定义中再额外增加一种，而是尝试使用一种我希望更有说服力、更加有效的方法。它包括以下四个步骤：一是，说明博雅教育自其诞生之日起就已经存在并不断演变的目的、教学内容和教育环境；二是，通过当代大学的使命陈述和教育实践，说明当代实施博雅教育的高等教育之目的、内容和环境；三是，以来自各类高等院校的大量人群为样本，评估博雅教育教学内容和教育环境与毕业生的长期人生结果之间是否存在统计关系；四是，根据以上研究结果，总结博雅教育的各个方面与特定人生结果之间是否存在关系。

那么，我们对博雅教育的研究到底得出了哪些结论？通过本书报告的历史分析和实证分析，我们得出了 4 个重要结论。

目的：惠及个人和社会，服务于公共利益

"自己向上攀登的同时，也不要忘了拉别人一把。"——这条格言恰到好处地总结了本书第一个结论背后的观点。近年来，将高等教育视为服务于自利的目标的看法甚嚣尘上。人们认为高等教育的目的就在于帮助个人最大限度地实现个人成功，为他们带来金钱、权力、名气和其他财富，而对这些成功如何影

响其他人的生活或整个社会却漠不关心。在这里，个人成为教育的首要受益者，这些结果也因此被称为个人利益。另外，高等教育也可以被理解为服务于一个无私的目标：除了帮助个人取得自身成功，更重要的是在更广泛的范围内相应地对他人的福祉和社会的进步做出更深层次的贡献。这一类的结果则被称为使全人类受益的公众利益。

如果是初等或中等教育，我们绝不会认为应当区分个人利益和公众利益，因为我们认为它们对个人和社会都有好处。托马斯·杰斐逊（Thomas Jefferson）认为："（除教育外）没有任何其他可靠的基础可以用来捍卫自由和幸福。"[2]这一信念促使他倡导普及教育，并提出了公共教育中至关重要的主张。纵观美国历史，为了促进这一更崇高的利益，每个社区都在倾尽全力支持子女的公共教育。

直到最近几十年，在人们眼中，高等教育还始终服务于公众利益。然而，随着越来越多人意识到是否接受过大学教育会带来巨大的收入差距，政府决策者也得出结论：第一份工作的收入是衡量大学教育价值的首要指标。于是，人们的想法发生了转变，结果就是当今的高等教育通常被视为服务于个人利益，而非公众利益。也就是说，人们开始认为，高等教育只能促进个人的成功，而不是在更广泛的范围内推动社会进步。

有目共睹的是，与其他高等教育方法不同，博雅教育通过同时惠及个人和社会，服务于更崇高的目标——公众利益。

内容：学习全人类的知识并洞察学科关系

博雅教育对（学生的）学习内容的看法不同于普通大众。它不将学习限定为学习专业知识（即人们认为从事特定工作或行业必需的观点和事实），而是有自己的重点。博雅教育有意将高等教育视为传递对全人类全部种类知识的觉知，包括人文学科、社会科学和理科。如果不学习人文学科，博雅教育就无从发生。同样地，如果不学习社会科学和理科，博雅教育就不能存在。除此之外，同样非常重要的是，博雅教育要求人们深入了解不同知识领域之间的相互关系，这就使培养思维习惯、推理能力和思辨技能都成为必需。比如，心理学和生物学中含有哲学和伦理的影响，而在历史或艺术的理解与欣赏中也包含着科学和社会学的主题。

环境：能够加强社会影响力和情感影响力

虽然人们往往只将关注点严格地放在大学学习的科目（内容）上，但结合历史回顾和本书报告的研究来看，我们发现博雅教育同等（如果不是更加）重视学习发生的环境（即教育环境）。事实上，将高等教育单纯地视为掌握更多知识，是一种错误的看法。能够直接让学生带着情感投入学习过程的教学方法也极为重要。

然而，博雅教育不仅仅在课堂上发生，通过与教职员工发展密切的关系，与价值观和生活经历都不相同的同学进行有意义的互动，参与校园活动，从而能够深入学习共同体，这些课外经历也必不可少。要想进行有影响力的学习，就需要投入智力以及个人和情感的经历。

教育生态：博雅教育需要目的、内容和环境的有机结合

博雅教育的方法和内容与有影响力的人生结果密切相关。博雅教育需要目的、内容和环境的有机结合，只有将这三个元素结合在一起，才能构成博雅教育，**三者缺一不可**。事实上，在我们的研究中，那些没有体验过博雅教育所有 3 个方面的人在成年后成为领导者、利他主义者、终身学习者、文化参与者，以及获得充实感和个人成功的可能性较低。也就是说，正是博雅教育为个人和社会提供了真正的价值：**长期**价值。

※　※　※

现在，让我们回到本书开头的问题：什么是博雅教育？虽然在大众眼中，博雅教育通常只指一个人在大学期间学习的内容，但事实上它的含义远不止如此。学习内容当然是博雅教育的一部分，但只有在一个特定的教育环境中、为了更宏大的目的学习这些内容，博雅教育才名副其实。在探索博雅教育的过

去与现在的旅程中，我们得出了以下经验教训。

> 通过教导人们过上有影响力的、善于探究的、成就
> 非凡的人生，真正的博雅教育能带来深远的影响：满足
> 公众利益，服务于个人和社会的未来。要想产生这种影
> 响，在学习环境上需要师生在社会和情感方面的投入，
> 在内容上要囊括对人类知识和心智挑战的全方位研究以
> 及对人类面临重大问题时持有的不同观点的探索。

这个定义可能听上去不像那些印刷精美的大学宣传册或界
面华丽的网站上给出的定义那么令人心潮澎湃，但是它的确为
抓住博雅教育的本质特征提供了一个实用的定义。虽然不能说
博雅教育适合所有人或所有院校，因为每个人可以（也应该）
有自己不同的目的，但每一所致力于推动个人和全人类进步的
学院或大学都有能力以动人心弦的笔触写下其使命和特点之时，
明确地描述其追求的崇高目的，以及自己为实现这一目的而提
供的博雅教育内容和环境。

《历史的教训》（*The Lessons of History*）是历史学家威尔·杜
兰特（Will Durant）及阿里尔·杜兰特（Ariel Durant）在多年
前写下的一部著作。在这本篇幅不长的书中，他们仅用了寥寥
数页，就勾勒了整个人类历史。在结论部分，他们阐明了自己
的信念，即每一代人都有责任确保将其最精华的知识和智慧传
给下一代，只有这样，人类才能不断地在前人的基础上进步。[3]

文明无法继承：它需要每一代人从头学起，重新获
得。只要中断一个世纪的传播，文明就会消亡，我们恐
怕就要再次成为野蛮人……不要认为教育仅仅是痛苦地
在脑中累积事实、日期和王朝的过程，更不仅仅是一个
人要在世上谋生的必要准备。我们要将教育看作把我们
的精神、道德、技术和美学遗产尽可能完整地传承给尽
可能多的人，从而提升人类理解、控制、装点和享受人
生的能力。

不要把博雅教育视作事实的累积过程，也不要把它视作只
为特定工作或职业培训员工，而要把它看作个人和他们生活的
社会为圆满而幸福的人生所做的必要准备。

从根本上说，这本书呼唤的是一份勇气。那些以为公众利
益服务为己任的学院和大学必须怀有这份勇气，确保它们真正
实现了博雅教育的目的、内容和环境。我们要保护的遗产不是
行业的延续，而是博雅教育的传承，以及它谋求创造的公众利
益。学院和大学必须积极行动起来，不能只以维持其当前的架
构、运作和课程为首要选择，也不能只顾追逐最轻松易得的收
益，而要令人信服地展现博雅教育对个人和社会的重要性和长
期价值，为明确而具体地实现这一宏大目标制定并支持政策和
课程设置，并以此为依据合理分配资源。

广大学子也应怀有这份勇气，勇敢地选择那些有助于自己
实现人生抱负的大学，同时对那些试图用与这些目标无关的标

准来左右人们选择的大学不予理会。那些以在更长久的时间里过上有影响力、善于探究和成就非凡的人生为目标的学生，在择校时应以与这些结果相关的教育特性为标准：在以师生、学生之间建立的个人课外关系为特点的真正教育共同体中学习，培养更开阔的视野，采取参与式、以学生为中心的教学方法，创造提高智力技能的经历，学习广博的人类知识，以及支持非职业化的大学专业。

那些追求为高等教育指明方向的人也应心怀勇气，勇敢地拒绝那种建立在对大学目的简单而短视的理解之上的高等教育改革。他们不应听命于大学只需要为学生就业打下基础的要求，而应该专注于个人和社会如何通过博雅教育及其目的、内容和环境所构成的精妙的教育生态来取得长期进步。在这个充满残酷无情的变化、复杂而苛刻的时代中，要想为成就圆满人生做好准备，博雅教育正是一个人最好的选择。

我们能够，我们也必须巩固并推广这种影响人生的高等教育，一种为更崇高的公众利益服务的高等教育。

附录1：因果关系的问题

我们有理由质疑，这项研究是否确实证实了特定的大学经历会产生特定的人生结果？在本书中，我在描述大学经历和人生结果之间的关系时，一直非常谨慎；与此同时，我并没有做出大学经历产生了成年后的结果这一论断。这是否意味着博雅教育并不具备影响力？那些在大学里经历了博雅教育经历的人是否本就具备过一种有领导力的、善于探究和成功的成年生活的特质？如果是这样的话，那么大学就不是造成差异的原因，那些成年后更积极、更成功的人本身就会选择文理学院。虽然这个论点有其合理性，但它并不能否定博雅教育的价值：我们难道不应该为那些本身就有特质或兴趣过上成功和有意义的成年生活的人提供有意义的大学经历吗？

然而，我认为有充分的理由可以在大学经历和人生结果之间建立因果关系。毕竟，如果说一个人4年的生活和学习过程中所经历的各种事情对其人生完全没有影响，似乎有些不合逻辑。至少人们有机会掌握一些重要的生活技能，包括学习不同的新知识的能力，与具有不同背景和价值观的人一起富有建设性地生活和工作，以及接受更成熟的成年人的指导。既然人们已经公认只要从大学毕业就能对收入产生影响，那么大学经历的类型为什么不能带来相应的结果呢？

但要想在文理学院的经历与成年后的生活之间建立因果关系，我们是有可能提出一个强有力的案例的。我们的做法类似研究吸烟是否会导致人们得肺癌。要想证明因果关系的存在，唯一的方法是将具有代表性的样本随机分为两组：研究人员要求其中一组调查对象吸烟数年，而要求另一组成员不吸烟。但此处显然存在伦理问题，使得这种研究策略不可实现。因此，为了测试吸烟的影响，科学家只能改用其他策略，包括使用老鼠进行模拟研究（这些老鼠被动吸烟后确实患上了肺癌），进行流行病学研究（选择吸烟人群和不吸烟人群进行比较，其中包括寻找其他相关变量，如饮食习惯或居住地区），以及进行烟草成分影响细胞发育的生物学研究等。

在尝试解释体验博雅教育属性与成年人生活方式之间的长期关系时，我们也面临着同样的困难。要想证明大学经历的因果关系，唯一可靠的方法是将年龄为 17～18 岁的代表性样本随机分配到两种类型的大学：其中一组入学博雅教育特征明显的学校，另一组则分配到博雅教育特征不明显的学校。接下来要等待 40 年的时间，看看会发生什么。除了要让一个具有代表性的年轻人样本同意参与这样一个过程是完全不切实际的之外，恐怕本书作者的寿命也难等到得出结果的那一天。

因此，与所有探究病因的流行病学研究一样，本书报告的结果来自横断面研究设计，即将一组具有某一类经历的人群与一组具有另一种经历的人进行比较。那么，我们如何支撑博雅教育经历和成年后生活之间存在因果关系的论点呢？我们可以效仿吸烟与肺癌的例子，寻找与因果解释一致的理论和相关实证研究。本书第 9 章中报告的神经科学研究为我们发现的结果提供了坚实的理论和研究基础：人类学习在具有社会意义、情感活跃的环境中最容易发生。这一点直接印证了我们在博雅教育学习环境与成年后结果之间发现的最持久的强关联关系。

接下来，我们可以用相关研究来支持这些研究结果。目前在这一领域已有大量研究，其中大部分是非实验性研究（如本研究），少数为实验性研究（即采用随机分配）。大部分研究证明了不同教育实践带来的短期影响。实验研究的例子中，有一项对物理专业学生的研究，证明了一位懂得应用认知心理学原理的新手教师的讲座在提高学生出勤率和学习效果方面比一位资深且评价颇高的教师更为成功[1]。另一项研究为教学干预实验，其结果是学生的记忆力和成绩均得到提高，就诊次数降低，学生报告出的幸福感提高[2]。

当然，其中最具系统性的研究毫无疑问是美国"全国学生参与度调查"（National Survey of Student Engagement, NSSE）[3]。该调查将教育参与的各个方面与学习的各个维度或对大学经历的看法联系起来。乔治·库（George Kuh）对包括这些内容在内的"高影响力教育实践"进行了详尽分析[4]。沃巴什全美博雅教育研究（Wabash National Study of Liberal Arts Education）[5]也对大学的影响力进行了大量研究，这些研究一致报告大学教育能在跨文化效能、终身学习、幸福感和领导力方面带来改变。

在数十年间，理查德·莱特（Richard Light）对数千名大学生进行了访谈，对学生在大学期间所做选择带来的影响提出了深刻的见解[6]。理查德·阿鲁姆（Richard Arum）和约西帕·罗克莎（Josipa Roksa）在《学术漂流》（Academical Adrift）一书中回顾了大量研究，对大学影响力给出了令人耳目一新的分析，其书中报告的效应与本书中报告的结果高度一致，包括教师互动、同伴互动和参与大学生活的至关重要的影响。最后，阿鲁姆和罗克莎对毕业两年的学生进行了跟踪研究，并在他们后来的书中总结如下。

> 虽然那些投身于传统博雅教育模式的人，一直以来都主张培养通用能力有助于确立公民身份，也有助于毕业生掌握过上充实而有意义的个人生活的能力，但我们证明了这些技能在特定的研究领域之外也能取得劳动力市场的回报[7]。

这种影响的指标之一正是"避免未就业、就业不足和失业"[8]。

与大多数对教育影响的研究一样，此处引用的研究展现的是在大学期间或毕业后不久的结果。但这些影响是否能持续存在？相比之下，评估长期影响的研究数量较少。比如，肯·贝恩（Ken Bain）[9]在一篇教学研究的综述中讲述了源于几段访谈的故事，这些访谈对象都是在成年后生活中成就卓著的人。欧内斯特·帕斯卡雷拉和同事[10]比较了 26 所学院毕业 5 年、15 年和 25 年后的毕业生样本，其中包括文理学院和其他类型的学院。虽然他们的分析侧重于院校类型而不是具体的教育实践本身，但他们确实证明了博雅教育存在巨大的长期影响，这一研究结果与本研究报告的结果一致。

值得注意的是，盖洛普和普渡大学（Purdue University）对三万名大学毕业生的研究发现，"学生在大学里做些**什么**以及**如何**经历这些事……与生活和职业的关系比任何其他（因素）都来得更加密切"。此外，"如果毕业生在大学阶段能有一位教授把他们当成一个个体来关心，激发他们学习的兴趣，鼓励他们追求梦想，那么他们能充分投入工作的概率会增加一倍以上，他们在人生中幸福圆满的概率也会翻番"[11]。

最后，如加德纳在总结中所说，这本书是一份对 30 年来关于大学如何影响学生的研究所总结出的卓越纲要，其中报告道："在强调师生之间密切关系和频繁互动、教师关注学生成长和发展的大学环境中，思辨能力、分析能力和一般智力发展才能蓬勃发展"[12]。这一结论与本书中报道的博雅教育中的关联因素高度一致。

当然，已有大量研究证实上大学和从大学顺利毕业对收入、健康和生活的其他方面都有积极影响。本书报告的研究目的则在于通过检验具体是哪些类型的大学经历在一个人的一生中能带来一系列不同的影响，从而对此处总结的所有研究结果进行补充。

　　总之，我们有充分的理由相信，本书中报告的结果表明博雅教育与成年后生活的多个方面都具有因果关系：本研究中报告的长期结果与大量他人研究中报告的短期效应高度一致；在涉及长期效应的研究中，研究结果也与此处报告的博雅教育独有的结果一致；研究结果在大量不同背景和经历的学生样本中是一致的；认知神经科学研究也为产生效应的原因提供了基于实证的理论基础。当然，没有任何一个研究项目能凭一己之力独立证明任何现象，我也希望本研究能够激励更多研究者设计、实施更多研究项目，以具体的高等教育实践与长期人生结果之间的关系为重点进行研究。

附录 2：调查对象和就读学院的属性特征

　　本研究选择受访者样本时有 3 个标准。一是年龄从 25～65 岁不等的大学毕业生，二是毕业于各类不同院校，三是经历过不同数量的 6 类博雅教育经历。最终，本研究从具有全国代表性的小组样本中随机抽取了共计 600 名访谈对象，抽样条件为符合所需年龄段要求的大学毕业生。这种采样方法满足了前两个目标，但由于体验过所有博雅教育经历的毕业生人数较少（如第 5 章所述，此类学生在全国大学毕业生中占比 5%～10% 之间），因此本研究从 12 所文理院校的 84000 名在世校友中额外随机选择了 400 名访谈对象。需要强调的是，增加样本的目的不在于对博雅学院本身进行过度抽样，而在于增加可用于本研究分析的博雅教育实践的数量和范围（即设计这些分析不是为了比较院校类型，而是为了比较教育实践上的差异）。

　　访谈对象的人口统计学特征如图 A2.1 所示，包括他们在高中时的年龄、性别、种族 / 族裔、标准化测试分数和中学时期的家庭社会经济地位（SES）。为了调查 SES，研究人员向调查对象宣读了不同社会经济群体的描述性特征（包括下表中报告的

信息），然后由调查对象指出哪一个最符合他们的家庭情况。

调查对象就读的学院和大学的属性如图 A2.2 所示，其中包括所就读学院或大学的类型、院校规模和排名，以及调查对象的本科专业。

表 A2.1　生源背景

年龄	
25～35	34.0%
36～45	32.5%
55～65	33.5%
性别	
女性	58.2%
男性	41.8%
种族/族裔	
非白人	11.3%
白人	88.7%
SAT成绩（ACT成绩换算为SAT成绩）	
1100及以下	27.2%
1110～1200	26.4%
1210～1300	35.6%
1310～1400	23.4%
1410～1500	7.1%

1510～1600	7.5%
（注：73.2%的调查对象报告了相关成绩）	
中学时期的家庭社会经济地位（SES）	
家庭收入低于25000美元，或无业，依靠公共救济生活，做兼职工作	2.6%
家庭收入约25000～60000美元，或从事体力劳动、零售业、服务行业	21.5%
家庭收入约60000～75000美元，或从事零售业、管理工作	17.8%
家庭收入约75000～150000美元，或为较低级别的专业人士或经理，从事手工艺行业、非零售销售工作	39.1%
家庭收入约150000～350000美元，或为高级别的专业人士、经理，拥有中型企业	17.8%
家庭收入超过350000美元，或为大公司的总裁、所有者，或拥有继承而来的财富	1.7%

表 A2.2　院校属性

院校类型（依据卡内基高等院校分类法）	
本科学士（博雅）	46.1%
硕士	16.4%
博士/研究型	32.9%
其他	4.6%

续　表

办学主体	
公立	35.0%
私立	65.0%
招生人数	
1500人及以下	13.4%
1501～2500人	31.1%
2501～5000人	13.5%
5001～10000人	14.2%
10001～20000人	13.7%
20001人及以上	13.9%
大学排名（根据《美国新闻与世界报道》排行榜）	
顶级（同类院校中排名前50）	26.8%
中等（排名51～120）	58.1%
较低（排名121及以下）	15.1%
调查对象专业	
数学或理科专业	19.6%
人文学科或艺术类专业	22.8%
社会科学专业	27.7%
专业化专业	22.5%
其他	7.4%

附录3：非文理学院的博雅教育实践

本书旨在确定具体的博雅教育实践和教育经历，从而深入探讨这些实践是否与成年后的人生结果有关。因此，此处需要指出本项目的分析单元不是博雅文理院校本身，而是**任何**一所院校都可能出现的六种博雅教育实践。

然而，有理由质疑本书中报告的结果是否的确与所研究的6种教育经历有关，或者这些结果是否可能有本研究人为地包括（且的确进行了过度抽样，如第5章和附录2所述）文理学院的因素。

如表A3.1所示，与预期相符，文理学院的博雅教育实践平均是其他类型院校的两倍，其中尤为普遍的实践是采用参与式教学法，而培养开阔视野则只在一定程度上更加普遍（请注意，100％的涨幅意味着实践的频率加倍）。

表 A3.1　文理学院与非文理学院的博雅教育实践频率

	卡方 （Chi square）	自由度 （df）	显著性 （sig）	事件风 险率	相对效 应百分比
*非职业化本科专业	54.51	11000	<.001	1.98	98%
*学习跨度	98.25	1998	<.001	2.11	111%
*智力技能培养	95.71	11000	<.001	2.37	137%
*参与式教学法	217.36	11000	<.001	3.05	205%
*开阔视野的经历	14.29	11000	<.001	1.30	30%
*真正的学习共同体	134.62	11000	<.001	2.24	124%

注：带有星号（*）的项目表示具有实质性影响，即符合本书第5章及附录5
　　中所示标准（$p <.05$，相对效应≥20%）。不符合这些标准的项目则
　　视为不具有统计学意义。

　　那么，将文理学院纳入本研究是否会使研究结果产生偏差？产生这种担忧有以下 3 个原因。第一，有些人可能会说，上文理学院的学生与上其他类型学院的学生在特点上有根本的不同。比如，他们本身的特质、经历或家庭支持可能使他们本来就注定扮演领导者、利他主义者、文化参与者等角色。第二，部分文理学院资金雄厚，录取标准高，因此有一些人认为这些学院能够提供其他院校无法提供的机会，能够让学生与更加富有的同龄人一起体验教育，建立关系。第三，本研究对文理学院的受访者进行了过度抽样（在第 5 章可见对参与本研究的调查对象的描述）。超半数调查对象都来自文理学院，其中大部分都来自 12 所院校。因此，本书之所以得出现在的研究结果，不

排除来自这些学院的人产生的数据起到了主导作用这一因素。也就是说，是以上学院的本质这一人为因素导致了现有的结果，而不是我们研究的博雅教育实践和经历。

幸运的是，本项目的抽样方法能够消除这些疑问。为了评估是否因纳入大量来自文理学院的调查对象才人为导致了本书结果的出现，我们剔除了 461 名就读于文理学院的调查对象后（包括来自文理学院的所有 400 名调查对象和代表性样本库中 61 名小型本科学院的毕业生），单独进行了一组分析。接下来，我们仅针对来自其他院校的毕业生重复了本书中报告的初步分析步骤。

表 A3.2 总结了基于对本书中报告的 1000 名调查对象所得回答的全面分析得出的结果，同时对来自非文理学院亚组的 539 名调查对象进行了相同的分析。在全面分析中，共有 20 项具有统计学意义的调查结果证明了来自博雅教育的 6 种教育经历的益处。而对 539 名非文理学院调查对象进行的相同分析，复现了这 20 个具有统计学意义的结果中的 17 个。剩余的 3 个效应虽然未能达到常规水平的统计学显著性水平，但也与本书报告的结果呈现出极为明显的同向趋势，并且没有出现任何与研究结果相矛盾的结果。关注当前社会科学领域研究的复制工作的人会认同本书具有极高的总体结果内部复制水平。

从整体上看，在 539 名非文理学院调查对象中成功复制本书的总体结果，强有力地证明了该总体结果并非将文理学院纳入研究所得的人为结果，也不是由于选择文理学院的学生本身独有的特质而产生的人为结果。相反，研究结果适用于 6 种类型的教育经历，这些经历虽然来源于博雅教育传统，但在从小型本科院校到大型研究型大学的所有美国院校中或多或少都有实践。尽管追求这些教育经历的学生更有可能选择就读文理学院，但对于本书中的研究结果而言，重要的是一名学生在任何一所学院都可能经历的博雅教育实践。而近两个世纪以来，这些实践正是美国高等教育在大多数时候的典型特征。

表A3.2 比较结果：研究总体和非文理学院受访者

领导力		样本总体				剔除博雅院校受访者后		
		卡方(Chi square)	显著性(Sig)	相对效应百分比		卡方(Chi square)	显著性(Sig)	相对效应百分比
		自由度(df) = 1994~11000				自由度(df) = 1537~1539		
有影响力的人生	非职业化本科专业	0.03	.87	1%		1.32	.25	-6%
	学习跨度	16.10	<.001	17%		5.32	.02	13%
	智力技能发展	11.13	.001	15%		2.60	.11	9%
	参与式教学法	8.25	.004	11%		2.63	.11	10%
	开阔视野的经历	* 42.31	<.001	28%	*	23.55	<.001	29%
	真正的学习共同体	* 36.40	<.001	25%	*	10.57	.001	20%

续 表

	样本总体			剔除博雅院校受访者后		
	卡方 (Chi square)	显著性 (Sig)	相对效应百分比	卡方 (Chi square)	显著性 (Sig)	相对效应百分比
	自由度 (df) = 1994~11000			自由度 (df) = 1537~1539		
利他主义						
非职业化本科专业	0.06	.81	2%	0.09	.77	-3%
学习跨度	3.66	.06	14%	0.31	.58	6%
智力技能发展	0.28	.60	4%	0.84	.36	-9%
参与式教学法	0.02	.88	7%	0.17	.68	-4%
开阔视野的经历	4.85	.03	16%	2.41	.12	17%
真正的学习共同体	12.16*	.001	26%	4.93	.03*	26%

有影响力的人生

续　表

		样本总体				剔除博雅院校受访者后		
		卡方（Chi square）	显著性（Sig）	相对效应百分比		卡方（Chi square）	显著性（Sig）	相对效应百分比
		自由度（df）= 1994~11000				自由度（df）= 1537~1539		
终身学习								
非职业化本科专业	*	13.97	<.001	29%	χ	1.34	.25	11%
学习跨度	*	19.71	<.001	29%	*	10.03	.002	31%
智力技能发展	*	24.23	<.001	37%	*	10.02	.002	32%
参与式教学法	*	20.10	<.001	29%	*	3.93	.047	28%
开阔视野的经历	*	38.63	<.001	42%	*	21.81	<.001	50%
真正的学习共同体	*	23.00	<.001	31%	*	9.96	.002	33%

善于探究的人生

283

续　表

			样本总体				剔除博雅院院校受访者后		
			卡方 (Chi square)	显著性 (Sig)	相对效应 百分比		卡方 (Chi square)	显著性 (Sig)	相对效应 百分比
			自由度 (df) = 1994~11000				自由度 (df) = 1537~1539		
文化参与	非职业化本科专业	*	16.96	<.001	36%	*	9.77	.002	34%
	学习跨度	*	29.99	<.001	42%	*	10.03	.002	31%
	智力技能发展	*	23.45	<.001	40%	*	13.57	<.001	39%
善于探究的人生	参与式教学法	*	12.93	<.001	25%	X	3.22	.072	18%
	开阔视野的经历	*	10.66	.001	22%	*	4.43	.035	21%
	真正的学习共同体	*	30.60	<.001	40%	*	22.03	<.001	52%

续　表

			样本总体			剔除博雅院校受访者后		
			卡方 (Chi square)	显著性 (Sig)	相对效应 百分比	卡方 (Chi square)	显著性 (Sig)	相对效应 百分比
			自由度 (*df*) = 1994~11000			自由度 (*df*) = 1537~1539		
成就感								
成就非凡的人生	非职业化本科专业	*	20.61	<.001	44%	11.38	.001	45%
	学习跨度	*	46.04	<.001	59%	13.74	<.001	44%
	智力技能发展	*	43.89	<.001	66%	21.97	<.001	63%
	参与式教学法	*	19.12	<.001	33%	2.82	.105	19%
	开阔视野的经历	*	7.19	.007	19%	0.04	.847	2%
	真正的学习共同体	*	34.06	<.001	46%	10.90	.001	41%

续表

个人成功	样本总体			剔除博雅院校受访者后		
	卡方 (Chi square)	显著性 (Sig)	相对效应 百分比	卡方 (Chi square)	显著性 (Sig)	相对效应 百分比
	自由度 (df) = 1994~11000			自由度 (df) = 1537~1539		
非职业化本科专业	0.00	.95	0%	2.15	.14	−12%
学习跨度	1.48	.22	8%	0.00	.96	0%
智力技能发展	0.43	.52	4%	0.05	.83	−2%
参与式教学法	0.01	.94	0%	0.29	.59	−5%
开阔视野的经历	1.03	.31	6%	0.16	.69	4%
真正的学习共同体	0.13	.72	2%	2.90	.09	−16%

（成就非凡的人生）

注：带有星号（＊）的项目表示具有实质性影响，即符合本书第5章及附录5中所示标准（$p <.05$，相对效应 ≥ 20%）。不符合这些标准的项目则视为不具有统计学意义。x表示结果对总结果而言具有统计学意义，是实质性的，但仅考虑非博雅院校受访者时则无统计学意义，非实质性。

附录4：数据注意事项、人口学统计和统计方法

数据注意事项

如第4章至第7章所述，我们向受访者提出的问题是作为博雅教育6个方面（非职业化学习、学习跨度、智力技能发展、参与式教学法、开阔视野的经历和真正的学习共同体），以及6类成年后人生结果（领导力、利他主义、终身学习、文化参与、充实感和个人成功）的指标而专门制定的。这些问题（共计55个）旨在评估**行为**而非态度，也就是人们在大学期间的具体经历以及他们成年后参与的活动。

回答的编码方式和测量尺度因问题而异（比如，问题"你读大学时配有导师吗？"被记录为"是/否"，投票频率被记录为定序数据"从不/偶尔/有时/总是"，以及问题"你每个月花多少小时做志愿者？"记录为小时数）。这种方法使得访谈更加自然，但也影响了各个题目分组如何组合成为博雅教育6个方面和6类成年后人生结果的综合衡量标准。考虑到测量类型的

多样性和回答选项的种类，且需要进行数据标准化转换，因而简单地计算每道题目回答的总和或平均数是不可行的，并且已经在许多情况下证实是无效的。因此，我们通过先验判断对每个单独的题目进行中值分割，将代码定为"较低"（即低于中值分数）或"较高"（即高于中值分数）。如果一个回答选项与中值相等时，那么就根据哪一个编码能更平均地划分受访者，将这个回答相应地编码为"较低"或"较高"。

通过将每个项目的得分 0（"较低"）或 1（"较高"）相加，本研究计算出博雅教育的 6 个方面和六类成年后人生结果的指标，所得单元加权综合得分范围从 0（即一位调查对象所有题项均被编码为"较低"）到 N（即一位调查对象所有题项均被编程为"较高"，其中 N 为测量中包括的题项数，根据其受评估的属性而变化）。6 种教育经历和 6 种人生结果的综合指标被再次编码为"较低"（即经历频率低于平均水平）或"较高"（即经历频率高于平均水平）。

采取以上最后一步有几个原因。首先，有多个综合得分不符合正态分布，经过转换后仍无法得到校正。其次，这是一种保守的方法，因为分数可变性的损失降低了发现显著效应的可能性。再次，本研究背后的问题是了解特定类型的博雅教育经历与多种人生结果之间是否存在关系，而不在于制定所需经历或结果的水平标准。最后，也是最重要的一点，本书作者向其目标读者——广大教育工作者和其他了解情况的利益相关者——呈现分析结果的经验清楚地表明，用这种方式描述的关

系比其他统计方法更容易理解地回答了与调查结果有关的重要
问题。

分　析

　　在进行研究的初步统计分析（即将教育经历与人生结果联
系起来）之前，首先必须确定各项人口统计学变量是否（以及
在多大程度上）能够解释研究测试的人生结果。在某种程度上，
性别、种族 / 族裔、就读大学期间的 SES 和 SAT/ACT 考试分
数 4 个变量可以预测人生结果，它们可以成为本项目研究结
果的替代性解释。然而，如表 A4.1 所示，这些变量往往**不能**预
测本书中报告的特定成年后结果。本书中报告的 24 项具有显著
实质意义的结果中，仅有 4 项揭示了这些人口统计学变量可能
起到的作用。这 4 项分析中有 3 项是本研究用于衡量成功（即
个人的地位和收入）的标准，而在此标准中有 6 项博雅教育属
性则**不**具有预测性（注：带星号的属性表示在本研究中有意义，
因为它们满足报告的所有其他分析中采用的标准，即在 $p < .05$
水平上具有统计学意义，组间差异的幅度为 20％ 或更大。更多
信息请参见附录 5）。
　　考虑到这些个体差异通常与人生结果相关，这些人口统计
学变量几乎不产生显著效应，这一点似乎令人惊讶。诚然，它
们可以预测成功的程度（收入和地位），但本研究界定的其他以
数十年为跨度的测量结果指标在其他研究中十分罕见，也可能

的确不具备预测性：领导力（在非工作环境中）、利他主义（通过捐赠、志愿服务和投票体现）、终身学习（用于阅读和讨论新闻、研究生学习的时间）、文化参与（参观博物馆和参加音乐会，阅读和讨论文化主题）和充实感（用于反思生活及其意义的时间）。

出于上文中所述的原因，我们使用的是二分法数据。同时由于作为混杂变量的人口统计学变量的低发率（无须对包括大部分分析中的协变量进行分析），我们决定采用最直接的分析方法，即使用列联表卡方检验来计算教育经历和人生结果之间的关系在统计学上的显著性，并使用事件风险比（incident risk ratios）报告显著效应的幅度。风险比常用在横断面和流行病学研究中，用于报告暴露于特定经历对后续结果的效应量。此处举一个疾病研究中的例子：用吸烟的肺癌患者的百分比除以不吸烟的肺癌患者的百分比。在表 A4.1 中，来自 SES 较低家庭且成年后更为成功的毕业生人数（196 人）除以 SES 较低家庭的毕业生总人数（429 人）得到 .46，这意味着 46% 的来自 SES 较低的家庭成年后更为成功。来自 SES 较高家庭，且更成功的毕业生人数（328 人）除以 SES 较高的毕业生总人数（571 人）为 .57，也就是说，57% 的来自 SES 较高家庭的毕业生成年后更成功。

这两个百分比的比率（57%／46%）为 1.26（也就是上文所说的事件风险比），这意味着来自 SES 较高家庭的人成年后更成功的可能性比来自 SES 较低家庭者高 26%，这个最后得到的百分比即为相对效应百分比。对本书的目标读者而言，相对效应百分比更容易理解，也更有意义，因为其目的在于描述与大学经历相关的具体成年人行为的概率变化，而不是表明（或暗示）具有博雅教育经历或特定家庭背景的某个百分比的个人可能表现出这种成年人行为。

对于少数人口统计学变量与研究结果测量相关的情况，附录 5 中报告了相应的使用人口统计学变量的补充分析，用来为报告的结果提供解释，使读者更好地理解这一结果。比如，尽管如第 8 章中所述，来自 SES 较低家庭的学生成年后取得成功的可能性较低，但修读较高比例的专业外课程对这一群体的影响尤为明显：SES 较低的情况下，比起那些修读课程大部分为专业课程的毕业生，那些修读的课程中超过一半是专业外课程的学生比其他成年人成功的概率要高 72%。

总而言之，正是由于本研究采用了这种测量和分析方法，读者的注意力才能够集中在本书希望他们关注的地方——不是忙于根据教育经历的不同水平预测会出现何种程度的理想的成年人行为，而是用于判断哪些博雅教育经历最常与期望的博雅教育成效相关。我们希望，本书报告的调查结果的模式能够激发更多研究者进行进一步的研究，探讨博雅教育对人们生活的方方面面的影响。

表A4.1a　人口统计特征和人生结果

性　别

结果：博雅教育经历	每种情况下的案例数				卡方 （Chi square）	自由度 （df）	显著性 （sig）	事件 风险率	相对效应 百分比
	较低 女	较高 女	较低 男	较高 男					
领导力	157	420	99	318	1.52	1994	.22	1.05	5%
利他主义	312	270	219	199	0.14	11000	.70	1.03	3%
终身学习	273	309	171	247	3.55	11000	.06	1.11	11%
文化参与	273	309	209	209	0.93	11000	.33	0.94	−6%
充实感	283	299	229	189	3.69	11000	.06	0.88	−12%
*个人成功	305	277	171	247	12.89	11000	<.001	1.24	24%

续 表

种族 / 族裔

结果：个人属性	每种情况下的案例数				卡方（Chi square）	自由度（df）	显著性（sig）	事件风险率	相对效应百分比
	较低非白人	较高非白人	较低白人	较高白人					
领导力	29	84	227	654	0.01	1994	.98	1.00	0%
*利他主义	70	43	461	426	4.00	11000	.05	1.26	26%
终身学习	51	62	393	494	0.03	11000	.87	1.02	2%
文化参与	56	57	426	461	0.09	11000	.76	1.03	3%
充实感	58	55	454	433	0.01	11000	.98	1.00	0%
*个人成功	70	43	406	481	10.51	11000	.001	1.43	43%

续　表

SES

结果： 个人属性	每种情况下的案例数				卡方 (Chi square)	自由度 (df)	显著性 (sig)	事件 风险率	相对效应 百分比
	较低 SES较低	较高 SES较低	较低 SES较高	较高 SES较高					
领导力	124	303	132	435	4.23	1994	.04	1.08	8%
利他主义	229	200	302	269	0.02	11000	.88	1.01	1%
终身学习	193	236	251	320	0.11	11000	.75	1.02	2%
文化参与	224	205	258	313	4.85	11000	.03	1.15	15%
充实感	239	190	273	298	6.12	11000	.013	1.18	18%
*个人成功	233	196	243	328	13.57	11000	<.001	1.26	26%

续 表

SAT/ACT 成绩

结果：个人属性	每种情况下的案例数				卡方（Chi square）	自由度（df）	显著性（sig）	事件风险率	相对效应百分比
	较低 SAT成绩较低	较高 SAT成绩较低	较低 SAT成绩较高	较高 SAT成绩较高					
领导力	78	246	82	225	0.58	1631	.45	0.97	−3%
利他主义	182	142	187	121	1.34	1632	.25	0.90	−10%
终身学习	141	183	129	179	0.17	1632	.68	1.03	3%
文化参与	153	171	126	182	2.55	1632	.11	1.12	12%
充实感	162	162	152	156	0.03	1632	.87	1.01	1%
个人成功	160	164	153	155	0.05	1632	.82	0.99	−1%

注：标有星号（*）的属性是有意义的，因为它们满足所有报告分析中通用的标准：它们在水平 $p < .05$ 上具有统计学意义，组间差异的幅度为 20% 或更大（详见附录 5）。

附录 5：统计结果

　　表 A5.1 至 A5.6 列出了对第 6 章、第 7 章和第 8 章中报告的所有效应的统计分析，其顺序与这些效应在各章中出现的顺序相同。所有报告的结果都是实质性的，这意味着一是基于双侧卡方检验，组间差异在 $p < .05$ 水平上具有统计学意义；二是组间差异的幅度（即相对效应百分比）为 20% 或更大。虽然要求具有统计学意义且效应幅度相对较大，意味着有部分具有统计学意义的结果将不会被报告，但通过只考虑较大的效应，我们可以将注意力集中在那些产生更大差异的属性上，因此可能更有意义。

　　幅度统计数据根据事件风险比计算。这一统计数据常用于横断面和流行病学研究，以报告暴露于特定经历对后续出现的结果的效应。该比率等于具有高水平特定博雅教育经历的群体中出现相应成年人行为的概率除以具有低水平博雅教育经历的群体中出现相应成年人行为的概率。比如，表 A5.1 的第一行报告了那些在大学体验过较少或较多发展视野经历的人的领导力发生率。领导力的差异在 $p < .001$ 水平上具有统计学意义（卡

方值 =42.31，自由度 =1994）。在体验过培养开阔视野经历的大学生中，成年后领导力的发生率为 86%（即在 383 名体验过培养开阔视野经历的毕业生中，328 人成年后成为领导者），而在大学期间较少有开阔视野的经历的人中，高领导力的发生率仅为 67%（即在 611 名大学期间缺乏开阔视野的经历的学生中，410 人成年后成为领导者），据此可计算出事件风险比为 1.28（86/67）。用百分比表示这个比率，即可得到相对效应百分比为 28%〔（1.28－1）/100〕，换句话说，在大学期间有更多开阔视野的经历的人成年后成为领导者的概率增加了 28%。

在本研究中，使用这一比率比单纯计算两个百分比之间的差异更有意义，因为其目的在于描述与大学经历相关的成年人行为概率的变化，而不在于表明（或暗示）一定百分比的具有博雅教育经历的个人将表现出这些成年人行为。

表 A5.1 领导力

成年后结果：领导力 博雅教育经历	每种情况下的案例数				卡方 (Chi square)	自由度 (df)	显著性 (sig)	事件 风险率	相对效应 百分比
	低 低 低	高 高 低	低 高 高	高 高 高					
总体									
非职业化本科专业	69	195	187	543	0.03	1994	.87	1.01	1%
学习跨度	140	297	115	441	16.10	1994	<.001	1.17	17%
智力技能发展	105	219	151	519	11.13	1994	.001	1.15	15%
参与式教学法	146	344	110	394	8.25	1994	.004	1.11	11%
*开阔视野的经历	201	410	55	328	42.31	1994	<.001	1.28	28%
*经常在课外与同学讨论和平/正义等话题	107	176	149	560	29.79	1992	<.001	1.27	27%
*经常与不同宗教信仰、政治观点和个人价值观的人交谈	186	378	70	380	35.58	1994	<.001	1.26	26%

（左侧纵向标签：博雅教育特征）

续　表

成年后结果：领导力 博雅教育经历	每种情况下的案例数				卡方 （Chi square）	自由度 （df）	显著性 （sig）	事件 风险率	相对效应 百分比
	低 低	高 低	低 高	高 高					
*真正的学习共同体	183	367	73	371	36.40	1994	<.001	1.25	25%
博雅教育特征 *经常与教师在课外就学术话题展开讨论	180	378	76	360	28.14	1994	<.001	1.22	22%
*经常与教师在课外就非学术话题展开讨论	214	500	42	238	23.58	1994	<.001	1.21	21%
*有一位能带来长期影响的本科生导师	142	253	114	485	35.63	1994	<.001	1.26	26%

注：带有星号（*）的项目表示具有实质性效应，即符合本附录导言部分所示标准（p <.05，相对效应 ≥ 20%）。不符合这些标准的项目则视为不具有统计学意义。

表 A5.2a 利他主义

成年后结果：利他主义	每种情况下的案例数				卡方 (Chi square)	自由度 (df)	显著性 (sig)	事件风险率	相对效应百分比
博雅教育经历	低 低	高 低	低 高	高 高					
总体									
非职业化本科专业	144	124	387	345	0.06	11000	.81	1.02	2%
学习跨度	248	190	283	277	3.66	11000	.06	1.14	14%
智力技能发展	177	149	354	320	0.28	11000	.60	1.04	4%
参与式教学法	264	231	237	238	0.02	11000	.88	1.07	7%
开阔视野的经历	344	272	187	197	4.85	11000	.03	1.16	16%
博雅教育特征 *真正的学习共同体	321	232	210	237	12.16	11000	.001	1.26	26%
*经常与教师在课外就非学术话题展开讨论	402	317	129	152	8.12	11000	.005	1.23	23%
*住在大学宿舍里	210	138	321	326	10.47	1995	.001	1.27	27%

301

续 表

成年后结果：利他主义 博雅教育经历	每种情况下的案例数				卡方 (Chi square)	自由度 (df)	显著性 (sig)	事件风险率	相对效应百分比
	低 低	高 低	低 高	高 高					
*有一位能带来长期影响的本科生导师	231	167	300	302	6.48	11000	.012	1.20	20%
*积极参与学院或大学组织	287	197	244	272	14.47	11000	<.001	1.30	30%
*领导一个学院或大学组织	403	319	128	149	7.42	11000	.007	1.22	22%
捐赠更大比例收入									
博雅教育特征 *真正的学习共同体	392	86	262	102	11.99	1842	.001	1.56	56%
*积极参与学院或大学组织	350	72	304	116	13.53	1842	<.001	1.62	62%
*在大学宿舍里居住三年以上	256	52	394	136	8.62	1838	.003	1.52	52%

续　表

	成年后结果：利他主义	每种情况下的案例数				卡方(Chi square)	自由度(df)	显著性(sig)	事件风险率	相对效应百分比
	博雅教育经历	低低	高低	低高	高高					
博雅教育特征	*大部分教授都能够叫出学生名字	123	23	528	165	4.50	1839	.003	1.51	51%
	*领导一个学院或大学组织	493	121	161	67	8.98	1842	.003	1.49	49%
	*有一位能带来长期影响的本科生导师	278	62	376	126	5.51	1842	.023	1.38	38%
	*非职业化专业	488	125	166	63	4.87	1842	.032	1.35	35%
	花时间参加志愿工作									
	*真正的学习共同体	305	178	239	263	24.03	1985	<.001	1.42	42%
	*经常与教师在课外就非学术话题展开讨论	381	326	102	176	23.62	1985	<.001	1.37	37%

续　表

成年后结果：利他主义 博雅教育经历	每种情况下的案例数				卡方 (Chi square)	自由度 (df)	显著性 (sig)	事件 风险率	相对效应 百分比
	低 低	高 低	低 高	高 高					
博雅教育特征									
*积极参与学院或大学组织	272	206	211	296	23.01	1985	<.001	1.35	35%
*领导一个学院或大学组织	379	333	104	168	17.71	1984	<.001	1.32	32%
*拥有一位能带来长期影响的本科生导师	220	170	263	332	14.05	1985	<.001	1.28	28%
*大部分教授都能够叫出学生名字	92	69	390	431	5.01	1982	.031	1.22	22%
*经常与教师在课外就学术话题展开讨论	295	253	188	246	10.15	1985	.002	1.23	23%
*在大学宿舍里居住三年以上	190	156	291	344	7.40	1981	.007	1.20	20%

表 A5.2b （续表）

族裔与利他主义

| | 结果 | 每种情况下的案例数 | | | | 卡方 (Chi square) | 自由度 (df) | 显著性 (sig) | 事件风险率 | 相对效应百分比 |
		较低 低	较高 低	较低 高	较高 高					
博雅教育经历	非职业化本科专业	144	124	387	345	0.06	11000	.81	1.02	2%
	白人	128	117	333	309	0.01	1887	.92	1.01	1%
	非白人	16	7	54	36	0.71	1113	.40	1.31	31%
博雅教育特征	学习跨度	248	190	283	277	3.66	1998	.06	1.14	14%
	白人	212	171	249	253	2.88	1885	.09	1.13	13%
	非白人	36	19	34	34	0.56	1113	.06	1.45	45%
	智力技能发展	177	149	354	320	0.28	11000	.60	1.04	4%

续　表

博雅教育特征	结果:博雅教育经历	每种情况下的案例数				卡方(Chi square)	自由度(df)	显著性(sig)	事件风险率	相对效应百分比
		较低 低	较高 低	较低 高	较高 高					
博雅教育经历	白人	144	139	317	287	0.20	1887	.66	0.97	−3%
	*非白人	33	10	37	33	6.45	1113	.011	2.03	103%
参与式教学法		264	231	267	238	0.02	11000	.88	1.01	1%
	白人	224	209	237	217	0.02	1887	.89	0.99	−1%
	非白人	40	22	30	21	0.39	1381	.54	1.16	16%
开阔视野的经历		344	272	187	197	4.85	11000	.028	1.16	16%
	白人	311	257	150	169	4.89	1887	.03	1.17	17%
	非白人	33	15	37	28	1.64	1113	.20	1.38	38%
*真正的学习共同体		321	232	210	237	12.16	11000	<.001	1.26	26%

续　表

		每种情况下的案例数				卡方 （Chi square）	自由度 （df）	显著性 （sig）	事件 风险率	相对效应 百分比
结果： 博雅教育经历		较低 低	较高 低	较低 高	较高 高					
博雅教育特征	*白人	281	212	180	214	11.23	1820	.001	1.26	26%
	非白人	40	20	30	23	1.21	1113	.27	1.30	30%

注：带有星号（*）的项目表示具有实质性效应，即符合本附录引言部分所示标准（$p < .05$，相对效应 ≥ 20%）。不符合这些标准的项目则视为不具有统计学意义。

表 A5.2c （续表）

族裔与利他主义：真正的学习共同体

	成年后结果：利他主义 博雅教育经历	每种情况下的案例数				卡方 （Chi square）	自由度 （df）	显著性 （sig）	事件 风险率	相对效应 百分比
		较低 低	较高 低	较低 高	较高 高					
博雅教育特征	*真正的学习共同体	321	232	210	237	12.16	11000	<.001	1.26	26%
	*白人	281	212	180	214	11.23	1887	.001	1.26	26%
	非白人	40	20	30	23	1.21	1113	.27	1.30	30%
	*经常与教师在课外就非学术话题展开讨论	402	317	129	152	8.12	11000	.004	1.23	23%
	*白人	352	288	109	138	8.44	1887	.004	1.24	24%
	非白人	50	29	20	14	0.20	1113	.65	1.12	12%

续　表

博雅教育特征	成年后结果：利他主义 博雅教育经历	每种情况下的案例数				卡方 (Chi square)	自由度 (df)	显著性 (sig)	事件 风险率	相对效应 百分比
		较低 低	较高 低	较低 较高高	较高 高					
	*在大学宿舍里居住三年以上	210	138	321	326	10.47	1995	.001	1.27	27%
	*白人	177	124	284	297	7.83	1882	.005	1.24	24%
	非白人	33	14	37	29	2.33	1113	.13	1.48	48%
	*有一位能带来长期影响的本科生导师	231	167	300	302	6.48	11000	.011	1.20	20%
	*白人	202	150	259	276	6.85	1887	.009	1.21	21%
	非白人	29	17	41	26	0.04	1113	.84	1.05	5%
	*积极参与学院或大学组织	287	197	244	272	14.47	11000	<.001	1.30	30%
	*白人	254	182	207	244	13.57	1887	<.001	1.30	30%
	非白人	33	15	37	28	1.64	1113	.20	1.38	38%

续 表

博雅教育经历 / 成年后结果:利他主义	每种情况下的案例数				卡方 (Chi square)	自由度 (df)	显著性 (sig)	事件风险率	相对效应百分比
	较低 低	较高 低	较低 高	较高 高					
博雅教育特征 *领导一个学院或大学组织	403	319	128	149	7.42	1999	.006	1.22	22%
*白人	355	292	106	133	7.74	1886	.005	1.23	23%
非白人	48	27	22	16	0.40	1113	.53	1.17	17%

注:带有星号(*)的项目表示具有实质性效应,即符合本附录导言部分所示标准($p <.05$,相对效应 ≥ 20%)。不符合这些标准的项目则视为不具有统计学意义。

表 A5.3

终身学习

成年后结果：终身学习程度 博雅教育经历	每种情况下的案例数				卡方 （Chi square）	自由度 （df）	显著性 （sig）	事件 风险率	相对效应 百分比
	低 低	高 低	低 高	高 高					
总体									
博雅教育特征									
*非职业化本科专业	145	123	299	433	13.97	11000	<.001	1.29	29%
*非商科或会计专业	66	48	378	508	9.49	11000	0.003	1.36	36%
*学习跨度	229	209	214	346	19.71	1998	<.001	1.29	29%
*在大部分课堂上从哲学、伦理学的视角讨论问题	184	161	256	390	17.11	1991	<.001	1.29	29%
*修读的课程中超过一半是专业外课程	316	341	125	205	9.28	1987	.003	1.20	20%

续 表

成年后结果：终身学习程度 博雅教育经历	每种情况下的案例数				卡方 (Chi square)	自由度 (df)	显著性 (sig)	事件 风险率	相对效应 百分比
	低低	高低	低高	高高					
*智力技能发展 优势	181	145	263	411	24.23	11000	<.001	1.37	37%
*教授鼓励学生检视自身观点	81	59	363	494	11.71	1997	<.001	1.37	37%
*大多数课程要求撰写论文	76	59	366	495	8.99	1996	.003	1.32	32%
*课程作业常没有"标准答案"	119	104	324	450	9.28	1997	.003	1.25	25%
*参与式教学法	255	240	189	316	20.10	11000	<.001	1.29	29%
*在大学第一年的上课班级人数更经常为20、30人及以下	192	182	252	373	11.50	1999	.001	1.23	23%
*在大学一、二年级参加讨论为学习重点的研讨课	119	104	324	450	9.28	1997	.003	1.25	25%

博雅教育特征

续 表

成年后结果：终身学习程度 博雅教育经历	每种情况下的案例数				卡方 （Chi square）	自由度 （df）	显著性 （sig）	事件 风险率	相对效应 百分比
	低 低	高 低	低 高	高 高					
*培养开阔视野	321	295	123	261	38.63	11000	<.001	1.42	42%
*经常在课外和同学讨论有关和平、正义、人权或平等的话题	172	113	272	440	40.42	1997	<.001	1.56	56%
*将它与不同宗教信仰、政治观点、个人价值观的人对话	297	272	146	284	33.03	1999	<.001	1.38	38%
*将了解来自其他文化的人作为大学的一个重要组成部分	119	98	324	456	12.16	1997	.001	1.29	29%
博雅教育特征 *真正的学习共同体	283	270	161	286	23.00	11000	<.001	1.31	31%
*有行动主义相关的大学经历	225	199	217	355	22.58	1996	.001	1.32	32%
*经常与教师在课外就非学术话题展开讨论	351	368	93	188	20.23	11000	<.001	1.31	31%

续　表

成年后结果：终身学习程度 博雅教育经历	每种情况下的案例数				卡方 (Chi square)	自由度 (df)	显著性 (sig)	事件 风险率	相对效应 百分比
	低 低	高 低	低 高	高 高					
博雅教育特征									
*大多数教授能叫出学生名字	91	72	352	482	10.25	1997	.001	1.31	31%
*经常与教师在课外就学术话题展开讨论	284	277	160	279	20.05	11000	<.001	1.29	29%
*有一位能带来长期影响的本科生导师	204	194	240	362	12.59	11000	<.001	1.23	23%
取得更高学历									
*课程作业中常包括没有一标准答案的问题	120	102	342	430	6.59	1994	0.12	1.21	21%
*在大学一、二年级参加以讨论为学习重点的研讨课	120	102	342	430	6.59	1994	0.12	1.21	21%
*经常在课外和同学讨论有关和平、正义等话题	170	114	293	417	28.18	1994	<.001	1.46	46%

续　表

成年后结果：终身学习程度 博雅教育经历	每种情况下的案例数				卡方 （Chi square）	自由度 （df）	显著性 （sig）	事件 风险率	相对效应 百分比
	低 低	高 低	低 高	高 高					
博雅教育特征　*有一位能带来长期影响的本科生导师	211	185	252	349	12.37	1997	<.001	1.24	24%
*大多数教授能叫出学生名字	89	74	373	458	5.17	1994	.026	1.21	21%

注：带有星号（*）的项目表示具有实质性效应，即符合本附录导言部分所示标准（p <.05，相对效应 ≥ 20%）。不符合这些标准的项目则视为不具有统计学意义。

315

表 A5.4

文化参与

成年后结果：文化参与程度 / 博雅教育经历	每种情况下的案例数				卡方 (Chi square)	自由度 (df)	显著性 (sig)	事件风险率	相对效应百分比
	低 低	高 低	低 高	高 高					
总体									
*非职业化本科专业	158	110	324	408	16.96	11000	<.001	1.36	36%
参加音乐会、戏剧和/或参观博物馆	269	52	463	216	27.10	11000	<.001	1.96	96%
*阅读、观看或讨论艺术	180	39	552	229	11.56	11000	.001	1.65	65%
*学习跨度	254	184	227	333	29.99	1998	<.001	1.42	42%
*大量人文学科课程	256	176	224	336	36.22	1992	<.001	1.47	47%

博雅教育特征

续　表

博雅教育特征	成年后结果：文化参与程度 博雅教育经历	每种情况下的案例数				卡方 (Chi square)	自由度 (df)	显著性 (sig)	事件 风险率	相对效应 百分比
		低 低	高 低	低 高	高 高					
	*大部分课程中都包括讨论与哲学或伦理学有关的主题	195	150	281	365	15.28	1991	<.001	1.30	30%
	智力技能发展	193	133	289	385	23.45	11000	<.001	1.40	40%
	*大多数课程要求撰写论文	86	49	394	467	15.05	1996	<.001	1.49	49%
	*课程作业常没有唯一标准答案	133	90	347	427	15.20	1997	<.001	1.37	37%
	参与式教学法	267	228	215	290	12.93	11000	<.001	1.25	25%
	*在大部分课程中学生在讨论中起主导作用	61	35	421	483	10.01	11000	.002	1.47	47%
	*在大学一、二年级参加以讨论为学习重点的研讨课	133	90	347	427	15.21	1997	<.001	1.37	37%

续　表

成年后结果：文化参与程度 博雅教育经历	每种情况下的案例数				卡方（Chi square）	自由度（df）	显著性（sig）	事件风险率	相对效应百分比
	低 低	高 低	低 高	高 高					
*培养开阔视野	322	294	160	224	10.66	11000	.001	1.22	22%
*将了解来自不同文化背景的人作为大学教育的重要组成部分	131	86	350	430	16.33	1997	<.001	1.39	39%
*经常在课外和同学讨论有关和平、正义、人权或平等的话题	166	119	316	396	15.67	1997	<.001	1.33	33%
*经常与宗教信仰、政治观点，或个人价值观迥异的人进行讨论	304	265	177	253	14.76	1999	<.001	1.26	26%
*真正的学习共同体	310	243	172	275	30.60	11000	<.001	1.40	40%
*行动主义是大学生活的重要组成部分	230	194	249	323	11.20	1996	.001	1.23	23%

博雅教育特征

续　表

成年后后结果：文化参与程度 / 博雅教育经历	每种情况下的案例数				卡方 (Chi square)	自由度 (df)	显著性 (sig)	事件风险率	相对效应百分比
	低 低	高 低	低 高	高 高					
博雅教育特征									
*经常与教师在课外就非学术话题展开讨论	383	336	99	182	26.33	11000	<.001	1.39	39%
*有一位能带来长期影响的本科生导师	224	174	258	344	17.29	11000	<.001	1.31	31%
*经常与教师在课外就学术话题展开讨论	302	259	180	259	16.24	11000	<.001	1.28	28%
*在大学宿舍里居住三年以上	192	156	286	361	10.91	1995	.001	1.24	24%

注：带有星号（*）的项目表示具有实质性效应，即符合本附录导言部分所示标准（$p <.05$，相对效应 $\geq$ 20%）。不符合这些标准的项目则视为不具有统计学意义。

表 A5.5　　充实感

成年后结果：充实感程度 博雅教育经历	每种情况下的案例数				卡方 （Chi square）	自由度 （df）	显著性 （sig）	事件 风险率	相对效应 百分比
	低 低	高 低	低 高	高 高					
总体									
*非职业化本科专业	169	99	343	389	20.61	11000	<.001	1.44	44%
*学习跨度	277	161	233	327	46.04	1998	<.001	1.59	59%
*大部分课程中都包括讨论与哲学或伦理学有关的主题	223	122	282	364	39.63	1991	<.001	1.59	59%
*大量人文学科课程	260	172	245	315	26.36	1992	<.001	1.41	41%
*智力技能发展	216	110	296	378	43.89	11000	<.001	1.66	66%

博雅教育特征

续 表

成年后结果：充实感程度		每种情况下的案例数				卡方（Chi square）	自由度（df）	显著性（sig）	事件风险率	相对效应百分比
		低低	高低	低高	高高					
博雅教育经历	*教授鼓励学生检视自身观点优劣	110	30	400	457	49.00	1997	<.001	2.49	149%
	*课程作业常常有唯一标准答案	149	74	360	414	28.56	1997	<.001	1.61	61%
	*大多数课程要求撰写论文	89	46	419	442	13.92	1996	<.001	1.51	51%
博雅教育特征	*参与式教学法	288	207	224	281	19.12	11000	<.001	1.33	33%
	*在大部分课程中学生在大讨论中起主导作用	64	32	448	456	10.17	11000	.002	1.51	51%
	*在大学一、二年级参加以讨论为学习重点的研讨课	149	74	360	414	28.56	1997	<.001	1.61	61%

续　表

成年后结果：充实感程度	每种情况下的案例数				卡方 （Chi square）	自由度 （df）	显著性 （sig）	事件 风险率	相对效应 百分比
博雅教育经历	低 低	高 低	低 高	高 高					
*在大学第一年的上课班级人数为20、30人及以下	212	162	300	325	7.06	1999	.009	1.20	20%
培养开阔视野	336	280	176	208	7.19	11000	.007	1.19	19%
*真正的学习共同体	329	224	183	264	34.06	11000	<.001	1.46	46%
*大多数教授能叫出学生名字	112	51	398	436	24.01	1997	<.001	1.67	67%
*有行动主义相关的大学经历	255	169	254	318	24.13	1996	<.001	1.39	39%
*有一位能带来长期影响的本科生导师	237	161	275	327	18.44	11000	<.001	1.34	34%

博雅教育特征

续 表

成年后结果：充实感程度 博雅教育经历	每种情况下的案例数				卡方 （Chi square）	自由度 （df）	显著性 （sig）	事件 风险率	相对效应 百分比
	低 低	高 低	低 高	高 高					
博雅教育特征 *经常与教师在课外就学术话题展开讨论	321	240	191	248	18.53	11000	<.001	1.32	32%
*经常与教师在课外就非学术话题展开讨论	391	328	121	160	10.36	11000	.002	1.25	25%
*领导一个学院或大学组织	388	334	123	154	6.98	1999	<.001	1.20	20%

注：带有星号（*）的项目表示具有实质性效应，即符合本附录导言部分所示标准（p <.05，相对效应 ≥ 20%）。不符合这些标准的项目则视为不具有统计学意义。

成功

表 A5.6a　个人成功

成年后结果：充实感程度	每种情况下的案例数				卡方 (Chi square)	自由度 (df)	显著性 (sig)	事件风险率	相对效应百分比
	低	高	低	高					
*性别	女 305	女 277	男 171	男 247	12.89	11000	<.001	1.24	24%
*族裔	非白人 70	非白人 43	白人 406	白人 481	10.51	11000	.001	1.43	43%
*SES	较低 233	较低 196	较高 243	较高 328	13.57	11000	<.001	1.26	26%
SAT/ACT成绩	较低 160	较低 164	较高 153	较高 155	0.05	1632	.82	0.99	−1%

收入

结果：	每种情况下的案例数				卡方 （Chi square）	自由度 （df）	显著性 （sig）	事件 风险率	相对效应 百分比
	低	高	低	高					
性别	女 350	女 232	男 219	男 199	5.95	11000	.015	1.19	19%
*族裔	非白人 84	非白人 29	白人 485	白人 402	15.79	11000	<.001	1.77	77%
*SES	较低 272	较低 157	较高 297	较高 274	12.96	11000	<.001	1.31	31%
SAT/ACT成绩	较低 190	较低 134	较高 185	较高 123	0.13	1632	.72	0.97	−3%

职　位

结果：	每种情况下的案例数				卡方 （Chi square）	自由度 （df）	显著性 （sig）	事件 风险率	相对效应 百分比
	低	高	低	高					
*性别	女 308	女 122	男 200	男 130	10.23	1760	.001	1.39	39%
族裔	非白人 61	非白人 25	白人 447	白人 227	0.73	1760	.39	1.16	16%
SES	较低 217	较低 94	较高 291	较高 158	2.04	1760	.15	1.16	16%
SAT/ACT成绩	较低 170	较低 84	较高 177	较高 79	0.29	1510	.59	0.93	−7%

超过半数课程为非专业课程：收入

表 A5.6b（续表）

结果：超过半数课程为非专业课程	每种情况下的案例数				卡方（Chi square）	自由度（df）	显著性（sig）	事件风险率	相对效应百分比
	较低 否	较高 否	较低 是	较高 是					
总体	396	261	168	162	7.87	1987	.005	1.24	24%
*SAT/ACT成绩	262	158	113	97	4.27	1630	.039	1.23	23%
*较低	140	83	50	50	4.66	1323	.031	1.34	34%
*较高	122	75	63	47	0.64	1301	.42	1.12	12%
族裔	396	281	168	162	7.87	1987	.005	1.18	18%
非白人	57	23	27	6	1.37	1113	.24	0.63	−37%
*白人	339	238	141	156	10.07	1874	.002	1.27	27%

续　表

结果：超过半数课程为非专业课程	每种情况下的案例数				卡方（Chi square）	自由度（df）	显著性（sig）	事件风险率	相对效应百分比
	否		是						
	较低	较高	较低	较高					
*性别	396	261	168	162	7.87	1987	.005	1.24	24%
女	250	147	95	77	3.01	1569	.083	1.21	21%
*男	146	114	73	85	3.90	1418	.048	1.23	23%
*SES	396	261	168	162	7.87	1987	.005	1.24	24%
*较低	198	97	72	56	4.57	1423	.033	1.33	33%
较高	198	164	96	106	2.67	1564	.10	1.16	16%

老年组调查对象和人口统计特征：成功

结果：	每种情况下的案例数				卡方 （Chi square）	自由度 （df）	显著性 （sig）	事件 风险率	相对效应 百分比
	较低	较高	较低	较高					
SAT/ACT成绩	较低 27	较高 62	较高 13	较高 45	1.11	1147	.29	1.11	11%
族裔	非白人 8	非白人 10	白人 97	白人 220	1.52	1335	.22	1.25	25%
性别	女 57	女 108	男 48	男 122	1.55	1335	.21	1.10	10%
*SES	较低 56	较低 90	较高 49	较高 140	5.91	1335	.015	1.20	20%

注：带有星号（*）的项目表示具有实质性效应，即符合本附录导言部分所示标准（$p < .05$，相对效应 $\geq 20\%$）。不符合这些标准的项目则视为不具有统计学意义。

表 A5.6c（续表）

老年组调查对象和博雅教育特征：成功

成年后结果：个人成功程度	每种情况下的案例数				卡方 (Chi square)	自由度 (df)	显著性 (sig)	事件 风险率	相对效应 百分比
博雅教育经历	低 低	高 低	低 高	高 高					
总体									
非职业化本科专业	42	68	63	162	3.56	1335	.059	1.16	16%
学习跨度	56	107	49	122	1.26	1334	.262	1.09	9%
智力技能发展	54	89	51	141	4.78	1335	.029	1.18	18%
参与式教学法	78	148	27	82	3.24	1335	.072	1.15	15%
开阔视野的经历	70	131	35	99	2.83	1335	.092	1.13	13%
*真正的学习共同体	85	139	20	91	13.70	1335	<.001	1.32	32%

老年组调查对象和真正的学习共同体：成功

成年后结果：个人成功程度 博雅教育经历	每种情况下的案例数				卡方 （Chi square）	自由度 （df）	显著性 （sig）	事件 风险率	相对效应 百分比
	低 低	高 低	低 高	高 高					
*真正的学习共同体	85	139	20	91	13.70	1335	<.001	1.32	32%
*中学阶段家庭SES较低	42	53	9	97	10.03	1145	.002	1.64	64%
*中学阶段家庭SES较高	38	86	11	54	4.18	1189	.011	1.20	20%
*经常与教师在课外就学术话题展开讨论	84	125	21	105	20.22	1335	<.001	1.39	39%
*中学阶段家庭SES较低	43	46	13	44	9.56	1146	.002	1.49	49%
*中学阶段家庭SES较高	41	79	8	61	11.62	1189	.001	1.34	34%
*经常与教师在课外就非学术话题展开讨论	90	166	15	64	7.33	1335	.007	1.25	25%
*中学阶段家庭SES较低	47	62	9	28	4.13	1145	.042	1.33	33%

续　表

成年后结果：个人成功程度 博雅教育经历	每种情况下的案例数				卡方 (Chi square)	自由度 (df)	显著性 (sig)	事件 风险率	相对效应 百分比
	低 低	高 低	低 高	高 高					
*中学阶段家庭SES较高	43	104	6	36	3.81	1189	.05	1.21	21%
*有一位能带来长期影响的 本科生导师	56	94	39	136	13.97	1335	<.001	1.24	24%
*中学阶段家庭SES较低	34	34	22	56	7.30	1146	.007	1.44	4%
*中学阶段家庭SES较高	32	60	17	80	7.32	1189	.007	1.26	26%

老年组调查对象和非专业课程：成功和收入

表 A5.6d（续表）

结果：超过半数课程	每种情况下的案例数				卡方（Chi square）	自由度（df）	显著性（sig）	事件风险率	相对效应百分比
	较低 否	较高 是	较低 否	较高 是					
*成功	77	27	134	88	5.80	1326	.016	1.53	53%
*SES较低	42	13	51	35	4.35	1141	.037	1.72	72%
SES较高	35	14	83	53	1.69	1185	.19	1.36	36%
*目前收入	105	35	106	80	11.35	1326	.001	1.72	72%
*SES较低	52	17	41	31	5.32	1141	.021	1.75	75%
*SES较高	53	18	65	49	5.89	1185	.015	1.70	70%

注：带有星号（*）的项目表示具有实质性效应，即符合本附录导言部分所示标准（$p < .05$，相对效应 $\geq 20\%$）。不符合这些标准的项目则视为不具有统计学意义。

参考文献 ①

第1章

1. 美国国际贸易署，美国商务部报告——2016年顶级市场报告。

2. Wildavsky, "The Rise of Liberal Arts in Hong Kong."

3. Aggarwal, "The New Wave of Liberal Arts."

4. Sharma, "Liberal Arts Universities on Par with IITs, IIMs Are Next on Modi Govt's Education Plan."

5. Purinton and Skaggs, *American Universities Abroad*.

6. Nishimura and Sasao, *Doing Liberal Arts Education*.

7. 请参见全球博雅教育联盟，网址：www.LiberalArtsAlliance.org。

8. Kam, "Finding Myself Through My College Major."

9. 美国学院与大学联合会，"It Takes More than a Major: Employer Priorities for College Learning and Student Success."。

10. Cuban, "Because of AI, the Value of a Computer Science Degree Will Diminish over Time."

11. Zakaria, *In Defense of the Liberal Arts*, 151.

12. Brooks, "The Humanist Vocation."

13. Brooks, *The Road to Character*.

14. Lydgate, "Visionary Technologist, Prodigal Son."

15. Microsoft, *The Future Computed*.

16. Detweiler, "Lessons from Middle East 'de Tocquevilles.'"

17. Kimball, *Orators & Philosophers*.

18. Doerr, *Measure What Matters*.

19. Gardner, *The Mind's New Science*, 388.

20. Neem, *What's the Point of College?*, 9.

21. 美国教育部国家教育统计中心，"Digest of Education Statistics 2016," 643。

---

①　本参考文献中的英文作者名及文献名不加翻译，以便读者查证。——译者注

22. 美国教育部国家教育统计中心，"National Postsecondary Student Aid Study Features," 14。

23. 美国教育部，"National Center for Education Statistics, Baccalaureate and Beyond."。

24. 美国教育部联邦学生援助办公室，"Official Cohort Default Rates for Schools."。

第 2 章

本章中的部分观点已在Detweiler, "International Perspectives on Liberal Education: International Insights on the Essence of the Liberal Arts"; Harward, "Is the Civic a Culturally Dependent Concept?"; 及Purinton and Skaggs, *American Universities Abroad*等论著中进行过总结。

1. Detweiler et al., "Creating Liberal Learners."

2. Kimball, *Orators & Philosophers*, 21.

3. 关于在小学、中学和高等教育中深入探索古典希腊教育的内容和特点，请参见 Marrou, *A History of Education in Antiquity*。

4. Marrou, *A History of Education in Antiquity*, 186–187.

5. Marrou, *A History of Education in Antiquity*, 187.

6. Kimball, *Orators & Philosophers*, 17.

7. Marrou, *A History of Education in Antiquity*, 217, 219, 225.

8. Marrou, *A History of Education in Antiquity*, 67, 165–166, and 221, respectively.

9. Marrou, *A History of Education in Antiquity*, 67.

10. Thomas *Literacy and Orality in Ancient Greece*.

11. Marrou, *A History of Education in Antiquity*, 239.

12. Marrou, *A History of Education in Antiquity*, 246.

13. Marrou, *A History of Education in Antiquity*, 284.

14. Kimball, *Orators & Philosophers*, 13.

15. 英文版本请参见Stahl and Johnson, *Martianus Capella and the Seven Liberal Arts*。

16. Stahl and Johnson, *Martianus Capella and the Seven Liberal Arts*, 65.

17. Stahl and Johnson, *Martianus Capella and the Seven Liberal Arts*, 67.

18. Nakosteen, *History of Islamic Origins of Western Education*, 17.

19. Nakosteen, *History of Islamic Origins of Western Education*, 21.

20. Lyons, *The House of Wisdom*, 66.

21. Freely, *Aladdin's Lamp*, 72–75.

22. 完整叙述请参见Lyons, *The House of Wisdom*, ch. 3。

23. Morgan, *Lost History*, 10–11.

24. Morgan, *Lost History*, 59–60.

25. Lyons, *The House of Wisdom*, 65.

26. Freely, *Aladdin's Lamp*, 107.

27. Nakosteen, *History of Islamic Origins of Western Education*, 56.

28. Nakosteen, *History of Islamic Origins of Western Education*, 50–51.

29. Berkey, *The Transmission of Knowledge*, 21.

30. Nakosteen, *History of Islamic Origins of Western Education*, 57.

31. Nakosteen, *History of Islamic Origins of Western Education*, 57, 46.

32. Nakosteen, *History of Islamic Origins of Western Education*, 38.

33. Nakosteen, *History of Islamic Origins of Western Education*, 179, 53.

34. Brown, *The Abacus and the Cross*, 14.

35. Brown, *The Abacus and the Cross*, 36.

36. Lyons, *The House of Wisdom*, 36.

37. Brown, *The Abacus and the Cross*, 50.

38. Brown, *The Abacus and the Cross*, 53.

39. Personal communication, March 5, 2018.

40. Brown, *The Abacus and the Cross*, 159.

41. Freely, *Aladdin's Lamp*, 83.

42. Kimball, *Orators & Philosophers*, 39.

43. Bisaha, *Creating East and West*, 107.

44. Lyons, *The House of Wisdom*, 161.

45. H. O. Taylor, *The Mediaeval Mind*, 379.

46. Pederson, *The First Universities*, 295.

47. Lucas, *American Higher Education*, 42.

48. Lucas, *American Higher Education*, 47.

49. Kimball, *Orators & Philosophers*, 41.

50. Taylor, *The Mediaeval Mind*, 377–378.

51. Pederson, *The First Universities*, 127.

52. Pederson, *The First Universities*, 143.

53. Lucas, *American Higher Education*, 44.

54. Pederson, *The First Universities*, 248–249.

55. Haskins, *The Rise of Universities*, 54–55.

56. Pederson, *The First Universities*, 250–251.

57. Rudolph, *The American College & University*, 4 and 7.

58. Lucas, *American Higher Education*, 104.

59. Lucas, *American Higher Education*, 109–110.

60. Schmidt, *The Liberal Arts College*, 7.

61. Schmidt, *The Liberal Arts College*, 78.

62. Rudolph, *The American College & University*, 87.

63. Schmidt, *The Liberal Arts College*, 79–80.

64. Morison, *The Founding of Harvard College*, 250.

65. Lucas, *American Higher Education*, 105.

66. Lucas, *American Higher Education*, 112.

67. Reich, *The Common Good*, 18.

第3章

1. Delbanco, *College*, 177.

2. Ruegg, *A History of the University in Europe*, 3.

3. Kohli, *State-Directed Development*, 1.

4. Menard, Reitter, and Wellmon, *The Rise of the Research University*, 106.

5. Hohendorf, "Wilhelm von Humboldt, 1767–1835," 665; M. C. Taylor, *Crisis on Campus*, 18.

6. Hohendorf, "Wilhelm von Humboldt, 1767–1835," 665–666.

7. Wilhelm von Humboldt, as quoted by Hohendorf, "Wilhelm von Humboldt, 1767–1835," 673.

8. UNESCO, *Prospects*, 6.

9. Hohendorf, "Wilhelm von Humboldt, 1767–1835," 673.

10. Hohendorf, "Wilhelm von Humboldt, 1767–1835," 674.

11. Ash, "Bachelor of What, Master of Whom?," 246.

12. Ash, "Bachelor of What, Master of Whom?," 246.

13. Jarausch, "Graduation and Careers," 381.

14. Ruegg, *A History of the University in Europe*, 6.

15. Cocks and Jarausch, *German Professions*, 1800–1950, 4.

16. Jarausch, "Graduation and Careers," 373.

17. Menard et al., *The Rise of the Research University*, 138.

18. Taylor, *Crisis on Campus*, 18.

19. Menard et al., *The Rise of the Research University*, 139.

20.该报告的正式名称为《关于耶鲁学院教学课程的报告》(*Reports on the Course of Instruction in Yale College*),由耶鲁学院学校委员会(the Committee of the Corporation and the Academical Faculty)撰写。

21. 耶鲁学院学校委员会, *Reports on the Course of Instruction in Yale College*, 29。

22. 耶鲁学院学校委员会, *Reports on the Course of Instruction in Yale College*, 15。

23. 耶鲁学院学校委员会, *Reports on the Course of Instruction in Yale College*, 7–8。

24. 耶鲁学院学校委员会, *Reports on the Course of Instruction in Yale College*, 9。

25. 耶鲁学院学校委员会, *Reports on the Course of Instruction in Yale College*, 10。

26. Lucas, *American Higher Education*, 117.

27. Lucas, *American Higher Education*, 117.

28. Geiger, *A History of American Higher Education*, 194.

29. Schmidt, *The Liberal Arts College*, 11.

30. 转引自Geiger, *A History of American Higher Education*, 194。

31. Heins, *Throughout All the Years*.

32. A. Taylor, *William Cooper's Town*.

33. Heins, *Throughout All the Years*, 150.

34. 转引自Lucas, *American Higher Education*, 119。

35. Geiger, *A History of American Higher Education*, 398.

36. Rudolph, *The American College & University*, 53–58.

37. Westmayer, *A History of American Higher Education*, 121.

38. Geiger, *A History of American Higher Education*, 193.

39. Chen and Kisker, *The Shaping of American Higher Education*, 24.

40. Rudolph, *The American College &University*, 62.

41. 转引自Lucas, *American Higher Education*, 65。

42. Rudolph, *The American College & University*, 58–59.

43. Geiger, *A History of American Higher Education*, 205–206.

44. OurDocuments.gov, "An Act Donating Public Lands to the Several States and Territories Which May Provide Colleges for the Benefit of Agriculture and Mechanic Arts," 第4节。

45. Founding university president Daniel Coit Gilman, as quoted in Hawkins, *Pioneer*, 37.

46. Hawkins, *Pioneer*, 217.

第4章

1. Committee of the Corporation and the Academical Faculty, *Reports on the Course of Instruction in Yale College*, 15, 27.

2.百分比四舍五入后总计101％。

3. Committee of the Corporation and the Academical Faculty, *Reports on the Course of Instruction in Yale College*, 15.

4. Schmidt, *The Liberal Arts College*, 44.

5. Committee of the Corporation and the Academical Faculty, *Reports on the Course of Instruction in Yale College*, 8.

6. Committee of the Corporation and the Academical Faculty, *Reports on the Course of Instruction in Yale College*, 33–34.

7. Kimball, *Orators & Philosophers*, 270.

8. Dodge, *Muslim Education in Medieval Times*, 17.

9. Dodge, *Muslim Education in Medieval Times*, 79.

10. Committee of the Corporation and the Academical Faculty, *Reports on the Course of Instruction in Yale College*, 7, 30.

11. Committee of the Corporation and the Academical Faculty, *Reports on the Course of Instruction in Yale College*, 11, 13.

12. Marrou, *A History of Education in Antiquity*, 219.

13. Committee of the Corporation and the Academical Faculty, *Reports on the Course of Instruction in Yale College*, 15, 20.

14. Committee of the Corporation and the Academical Faculty, *Reports on the Course of Instruction in Yale College*, 9.

第5章

1. 参见the College Board Advocacy & Policy Center的研究报告, *Five Ways Ed Pays*。

2. *U.S. News and World Report*, "Economic Diversity National Liberal Arts Colleges."

3. College Board, "Trends in Student Aid 2019," 27.

4. Olsen et al., *An Introduction to Epidemiology for Health Professionals*.

第 6 章

1. 耶鲁学院学校委员会, *Reports on the Course of Instruction in Yale College*, 29。

2. 耶鲁学院学校委员会, *Reports on the Course of Instruction in Yale College*, 15。

第 7 章

1. 关于在小学、中学和高等教育中深入探索古典希腊教育的内容和特点,请参见 Marrou, *A History of Education in Antiquity*。

2. 耶鲁学院学校委员会, *Reports on the Course of Instruction in Yale College*, 15。

第 8 章

1. Isaacson, *Benjamin Franklin*.

2. Franklin, *The Autobiography of Benjamin Franklin*, 160.

3. 耶鲁学院学校委员会, *Reports on the Course of Instruction in Yale College*, 14–15。

4. 耶鲁学院学校委员会, *Reports on the Course of Instruction in Yale College*, 28。

5. Lucas, *American Higher Education*, 119.

6. 对该项目进行反向编码——那些过着充实生活的人会更经常思考自己的生活和未来。

7. Buffett, *Berkshire Hathaway Shareholders Report 2008*.

8. 美国劳工部劳工统计局, "基于一项全国性纵向调查的岗位数量、劳动力市场经验和收入增长结果(Number of Jobs, Labor Market Experience, and Earnings Growth Results from a National Longitudinal Survey)"。

第 9 章

1. Grazer, *Face to Face*, 189.

2. Kaplan, *The Case against Education*.

3. Gardner, *The Mind's New Science*, 386.

4. Gardner, *The Mind's New Science*, 388.

5. Pascarella and Terenzini, *How College Affects Students*, 600.

6. "Cognition" 词条, 牛津英语大词典(*Oxford English Dictionary*), 网址: https://en.oxforddictionaries.com/definition/cognition。

7. Wentzel, "Students' Relationships with Teachers as Motivational Contexts," 301.

8. Bawa, "Retention in Online Courses."

9. Immordino-Yang, *Emotions, Learning, and the Brain*, 18 and 17, respectively.

10. Pekrun, "Emotions at School," 587.

11. Immordino-Yang, *Emotions, Learning, and the Brain*, 19.

12. Marrou, *A History of Education in Antiquity*, 67, 165–166, and 221, respectively.

13. Walton and Cohen, "A Brief Social-Belonging Intervention Improves Academic and Health Outcomes in Minority Students," 1447–1451.

14. Strayhorn, *College Students' Sense of Belonging*.

15. Morison, *The Founding of Harvard College*, 252.

第 10 章

1. Mahew et al., *How College Affects Students*, 554.

第 11 章

1. Arum and Roksa, *Aspiring Adults Adrift*, 34.

2. Chambliss and Takacs, *How College Works*, 157.

3. 盖洛普 / 普渡大学，"Great Jobs, Great Lives."。

4. Crabtree, "Students at Smaller Colleges More Likely to Say Faculty Care."

5. Statista, "The Top Ten Most Important Factors Considered in Deciding upon a College in the United States 2015."

6. 巴尔的摩艺术与科学集团，"College-Bound Students Use a Wide Variety of College Rankings Sources."。

7. 密歇根州立大学（Michigan State University）大学生就业研究所（Collegiate Employment Research Institute），"Recruiting Trends 2016–2017."。

8. Long, "The New Normal."

9. The Balance. "How Often Do People Change Jobs?"

10. Arum and Roksa, *Academically Adrift*, 104–109.

11. Anders, *You Can Do Anything*.

12. Stross, *A Practical Education*.

13. Harley, *The Fuzzy and the Techie*.

14. 世界经济论坛（World Economic Forum），"Jobs of Tomorrow."。

15. 世界经济论坛，"Jobs of Tomorrow," 12。

16. Kumar S. and George, "Why Skills—Not Degrees—Will Shape the Future of Work."

17. Clydesdale, *The Purposeful Graduate*, xviii.

18. Walton and Cohen, "A Brief Social-Belonging Intervention Improves Academic and Health Outcomes in Minority Students," 1447–1451.

19. Strayhorn, *College Students' Sense of Belonging*.

20. 微软公司，*The Future Computed*, 19。

21. Casap，转引自 Lederman, "A Silicone Valley 'Evangelist' Who Doesn't Bash Higher Ed."。

22. Wentzel, "Students' Relationships with Teachers as Motivational Contexts," 301.

23. Johnson, *On Being a Mentor*.

24. Hurlburt and McGrath, "The Shifting Academic Workforce."

25. 美国大学教授协会（American Association of University Professors），"Data Snapshot."。

26. Delbanco, *College*, 171.

27. 参见 Miller and Meghan, *Generation Z Goes to College*。

28. 美国全国州长协会（National Governors Association），*Degrees for What Job?*

29. 美国院校研究协会（Association for Institutional Research），"Trends in College Spending,"，图A3。

第 12 章

1. Kipling, *Captains Courageous*.
2. Jefferson, "Letter to George Wythe," 243.
3. Durant and Durant, *The Lessons of History*, 101–102.

附录 1

1. Deslauriers, Schelew, and Wieman, "Improved Learning in a Large Enrollment Physics Class," 862–864.
2. Walton and Cohen, "A Brief Social-Belonging Intervention Improves Academic and Health Outcomes of Minority Students," 1447–1451.
3. 其中的多数报告，请参见NSSE, "Our Research: Projects, Publications, and More," 网址：https://nsse.indiana.edu/research/publications-presentations/index.html。
4. Kuh, *High-Impact Educational Practices*, esp. footnote 10.
5. 参见Seifert et al., "The Effects of Liberal Arts Experiences on Liberal Arts Outcomes," 107–125; and Pascarella and Blaich, "Lessons from the Wabash National Study of Liberal Arts Education."。
6. 参见Light, *Making the Most of College*。
7. Arum and Roksa, *Aspiring Adults Adrift*, 134.
8. Arum and Roksa, *Aspiring Adults Adrift*, 80.
9. Bain, *What the Best College Students Do*.
10. Pascarella et al., *Liberal Arts Colleges and Liberal Arts Education*.
11. 盖洛普/普渡大学，"Great Jobs, Great Lives," 4, 5（着重点为本文作者所加）。
12. Pascarella and Terenzini, *How College Affects Students*, 600.